Alger

HISTOIRE
DE
L'ALGÉRIE

depuis

les temps les plus reculés jusqu'à nos jours,

Par

J. J. E. ROY.

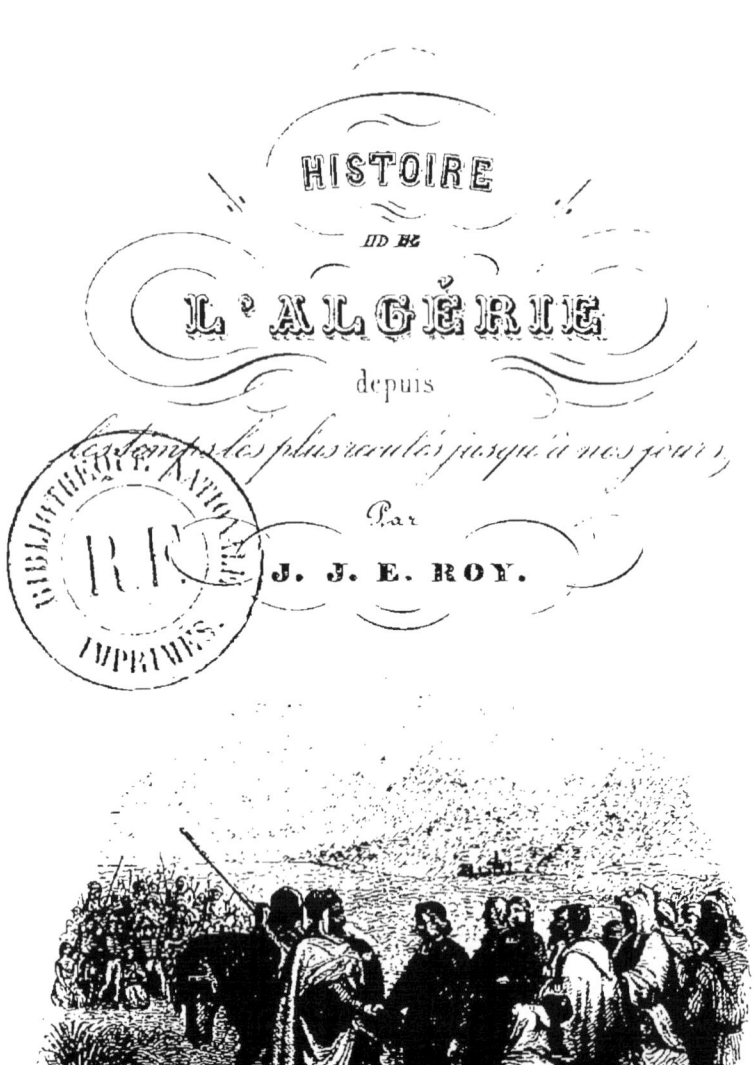

Échange de Prisonniers

Tours.
A. MAME ET Cᵉ
EDITEURS

HISTOIRE

DE

L'ALGÉRIE

DEPUIS LES TEMPS LES PLUS ANCIENS
JUSQU'A NOS JOURS

PAR J.-J.-E. ROY

—

QUATRIÈME ÉDITION

REVUE ET AUGMENTÉE

TOURS

ALFRED MAME ET FILS, ÉDITEURS

—

M DCCC LXXX

HISTOIRE

L'ALGÉRIE

PREMIÈRE PARTIE

CHAPITRE I

Introduction. — Limites de l'Algérie. — Ses divisions naturelles et politiques.— Montagnes; leur constitution géologique; vallées et plaines. — Rivières et principaux cours d'eau. — Lacs. — Description de la zone maritime, ou *Sahel*. — Climat de l'Algérie. — Fertilité du sol; ses productions. — Richesses forestières. — Règne animal.

Entre la mer Méditerranée au nord et le grand désert du Sahara au sud, entre la régence de Tunis à l'est et l'empire du Maroc à l'ouest, s'étend une vaste contrée qui fut pendant trois siècles, sous le nom de régence d'Alger, un repaire de pirates, la honte et l'effroi des nations chrétiennes.

Au mois de juin 1830, une armée française abordait ces rivages inhospitaliers, et dans une courte et glorieuse campagne s'emparait de la ville d'Alger, détruisait sans retour cette puissance fondée sur le brigandage, et affranchissait la chrétienté du tribut déshonorant qu'elle lui avait trop longtemps payé.

Au mois de juillet 1857, vingt-sept ans après la première expédition, une autre armée française achevait de soumettre la grande Kabylie, restée jusque-là indépendante, et complétait ainsi la conquête de tout le territoire de l'ancienne régence.

Maintenant, dans toute l'étendue de ce pays, qu'à bon droit aujourd'hui nous pouvons nommer l'Afrique française, et que nous appelons simplement l'Algérie, il n'y a pas la plus petite portion de territoire qui ne reconnaisse notre autorité.

A présent que nous n'avons plus qu'à consolider et à coloniser cette belle conquête, le moment nous paraît opportun d'en retracer l'histoire depuis le jour où le drapeau français a été planté sur les remparts d'Alger vaincue, malgré les titres pompeux de *Victorieuse* et de *Bien-Gardée* que lui donnaient les musulmans, jusqu'au jour où le fort Napoléon, bâti sur les crêtes du Jurjura, nous garantit la soumission d'un peuple qui se glorifiait jusqu'ici d'avoir résisté à tous les envahisseurs du sol africain, depuis les Carthaginois et les Romains jusqu'aux Arabes et aux Turcs.

A côté du récit des batailles, des combats, des prises de villes, des exploits de nos soldats, en un mot, de tout ce qui constitue la conquête à main armée de ce pays, se placera naturellement le récit de ce qui en constitue la conquête pacifique, c'est-à-dire l'histoire des établissements et des institutions utiles dont on l'a doté, et de tout ce qui a été fait pour aider au développement de son agriculture et de son commerce, lui assurer les bienfaits de la civilisation, et dédommager largement la mère patrie des sacrifices qu'elle a faits sur cette terre devenue désormais partie intégrante de l'empire français.

Mais avant d'aborder l'histoire de l'occupation française, il est important de jeter un coup d'œil sur le pays que nous avons soumis, de donner une idée générale de son aspect, de son climat, de ses productions diverses, des peuples qui l'habitent, et des principaux événements qui s'y sont accomplis avant notre arrivée. Ce sera un moyen de mieux apprécier l'importance de notre conquête, ses difficultés, et les avantages que nous pouvons en retirer.

L'Algérie a pour limite naturelle au nord la Méditerranée, qui en baigne les côtes sur une longueur de plus de huit cents kilomètres, en suivant une ligne inclinée généralement à l'est-nord-est, de sorte que les deux points extrêmes du littoral algérien présentent une différence assez considérable en latitude : tout le rivage qui est compris entre le 35e et le 37e degré, ce qui établit une différence, entre les latitudes des points extrêmes, d'environ deux degrés ou deux cents kilomètres.

La délimitation méridionale de l'Algérie est une ligne d'oasis unies entre elles par des relations fréquentes, rattachées aux populations du nord par les premières nécessités de la vie, séparées brusquement des populations du sud par une mer de sable, plus difficile à traverser que la mer Méditerranée.

La nature elle-même a fixé ces deux limites du nord et du sud de l'Algérie; quant à celles de l'est et de l'ouest, elles sont purement politiques, et par conséquent plus difficiles à déterminer.

La frontière de l'est, qui sépare l'Algérie de la régence de Tunis, commence dans le sud vers le 32e degré de latitude, passe entre deux terres de parcours de deux oasis, dont l'une appartient à la régence de Tunis et l'autre à l'Algérie, se dirige vers Tebessa, et suit le cours de l'Oued-Hélal jusqu'à la mer.

A l'ouest, la délimitation de l'Algérie et de l'empire du Maroc est peut-être plus insaisissable que celle de l'est, quoiqu'elle ait été fixée par un traité solennel, conclu le 18 mars 1845, entre le général comte de la Ruë, plénipotentiaire de l'*empereur des Français* (titre donné au roi Louis-Philippe dans ce traité), et Sidi-Ahmida-ben-Ali, plénipotentiaire de l'empereur du Maroc.

Il a été arrêté en principe que la limite *resterait telle qu'elle existait entre les deux pays avant la conquête de l'empire d'Algérie par les Français.* (Art. 1er.)

Les plénipotentiaires ont déterminé *la limite au moyen des lieux par lesquels elle passe,* sans laisser aucun signe visible sur le sol. (Art. 2.)

Sans entrer dans le détail de cette délimitation, nous dirons que la frontière de l'Algérie, telle qu'elle a été fixée d'un commun accord entre les plénipotentiaires, passe dans le sud à vingt-cinq kilomètres à l'est de l'oasis marocaine de Figuig, dans le nord à dix kilomètres de la ville marocaine d'Oudjda, et qu'elle vient aboutir sur la côte à vingt-quatre ou vingt-six kilomètres à l'ouest de Djema-Ghazouat ou Nemours, qui est notre dernier établissement maritime de ce côté.

Ainsi délimitée, l'Algérie embrasse de l'est à l'ouest un peu plus de la largeur de la France. La distance en ligne droite de la Calle à Nemours est de neuf cent cinquante kilomètres (environ deux cent trente-sept lieues), et celle de Strasbourg à Brest n'est que de neuf cents kilomètres (environ deux cent vingt-cinq lieues).

L'Algérie telle que nous venons de la définir est comprise entre le 32e et le 37e degré de latitude, entre le 7e degré de longitude orientale et le 4e degré de longitude occidentale, à compter du méridien de Paris. Elle embrasse donc cinq degrés du nord au sud et dix degrés de l'est à l'ouest.

Elle présente une superficie de trente-neuf millions quatre-vingt-dix mille hectares. La superficie de la France étant de cinquante-deux millions sept cent soixante-huit mille hectares, il en résulte que l'étendue de l'Algérie est égale aux trois quarts de celle de la France.

Dans sa distribution intérieure, l'Algérie présente une loi entièrement conforme à celle qui fixe la délimitation de son territoire : elle a des divisions naturelles du sud au nord, et des divisions politiques de l'est à l'ouest.

Entre le rivage de la Méditerranée et le désert de Sahara règne une chaîne de montagnes connue sous le nom général d'*Atlas,* et qui forme la ligne de partage des eaux entre cette mer et le grand désert. Cette ligne, qui traverse l'Algérie de l'est à l'ouest et d'une frontière à l'autre, la partage en deux zones, connues sous les noms de Tell et de Sahara. Quelques géographes distinguent en outre une troisième zone, qu'ils appellent maritime, parce qu'elle est baignée par la mer, et abordable par des points nombreux. C'est elle qui reçoit directement les produits de l'industrie européenne, lesquels par les échanges pénétreront jusqu'au centre de l'Afrique.

Le Tell, avec lequel on confond souvent la zone maritime, comprend les plateaux de l'Atlas, les plaines intérieures, propres à la culture, et si fertiles, qu'il faut chercher au loin des débouchés à ses fruits.

Le Sahara est cette région sèche, sablonneuse, brûlante, partagée, dans la partie qui appartient à l'Algérie, en nombreuses oasis, couvertes de palmiers et de plantes tropicales.

Ces deux zones se distinguent d'une manière tranchée par la différence de leurs produits : le Tell est la région des céréales ; le Sahara est la région des palmiers.

La définition seule des deux zones suffit pour faire pressentir l'influence capitale que cette division naturelle doit exercer sur l'existence et la destinée de l'Algérie. Les populations sahariennes, n'ayant pas de blé ou n'en obtenant que des quantités insignifiantes, se trouvent dans la nécessité d'en acheter aux tribus du Tell. Cette obligation les amène chaque année dans la zone productive des céréales, et les rend inévitablement tributaires du pouvoir qui l'occupe.

L'ensemble des deux principales zones naturelles qui composent l'Algérie est coupé transversalement par des lignes qui en déterminent la division politique.

Elles partagent l'étendue de nos possessions en trois provinces et trois préfectures, ayant pour chefs-lieux Alger, Constantine, Oran. Chaque province comprend à la fois une portion du Tell et une portion du Sahara.

Bien que la division en provinces ait surtout un caractère politique, elle se rattache cependant à la division naturelle par un lien de dépendance que nous devons faire connaître.

Chaque année, au printemps, les tribus du Sahara viennent s'établir, avec tout le mobilier de la vie nomade, vers les limites méridionales du Tell. Elles y demeurent pendant tout l'été, vendant leur récolte de dattes et achetant leur provision de blé.

Les lieux de séjour sont presque invariables; chaque année la même époque retrouve les mêmes tribus campées aux mêmes lieux.

Les transactions nombreuses qui s'accomplissent durant cette période de l'année, et qui intéressent toute la population de l'Algérie, se concentrent sur certains points, qui réunissent alors dans un mouvement de fusion commerciale les deux zones extrêmes de nos possessions.

Dans ce mouvement d'échanges, il se forme divers faisceaux d'intérêts, dont les fils partant les uns du nord, les autres du sud, viennent se réunir et converger en certains points fixes.

L'ordre administratif aussi bien que l'intérêt politique font un devoir de respecter dans la formation des provinces l'existence et l'intégrité de ces faisceaux. On voit comment une division politique tracée dans le Tell détermine une division correspondante dans le Sahara.

L'étendue relative du Tell et du Sahara varie sensiblement dans les trois provinces. Dans la province d'Alger, la surface du Tell n'est que le tiers de celle du Sahara; elle en est la moitié dans la province d'Oran; elle est presque les deux tiers dans la province de Constantine.

Ainsi, au point de vue de l'agriculture et de la colonisation, la province d'Alger est la moins bien partagée des trois; la province d'Oran occupe la seconde place, et la province de Constantine, la première.

Si l'on compare l'étendue absolue du Tell dans les trois provinces, c'est encore celle de Constantine qui l'emporte sur les deux autres. En effet, dans les provinces réunies d'Alger et d'Oran, le Tell, ou région des terres de labour, occupe un espace de soixante-quatre mille cinq cents kilomètres carrés; dans celle de Constantine seule, il couvre une étendue de soixante-treize mille quatre cents kilomètres carrés. La province de Constantine ouvre donc à elle seule un champ plus large à la colonisation agricole que les deux autres ensemble.

Toutes les montagnes qui séparent le Sahara de la Méditerranée forment la masse de l'Atlas. Les géographes ont longtemps distingué le grand et le petit Atlas, désignant par ce dernier nom cette chaîne peu élevée, mais escarpée, qui suit le littoral depuis le détroit de Gibraltar, à travers le Maroc et l'Algérie, jusqu'à Tunis. Mais cette distinction est arbitraire et manque d'exactitude; car les deux chaînes ne sont parfaitement distinctes en aucun endroit, et l'intervalle qui les sépare est lui-même un pays de montagnes entrecoupé de profondes vallées. Aucune des cimes de l'Atlas ne s'élève jusqu'à la région des neiges perpétuelles; elles sont presque toujours couronnées de vastes et magnifiques forêts de pins. Le massif du Jurjura et surtout les monts Aurès semblent être les points culminants.

La constitution géologique de ces montagnes présente des calcaires anciens, alternant avec un schiste talqueux; puis viennent les marnes schisteuses alternant avec des calcaires secondaires; enfin des calcaires grossiers avec des marnes blanchâtres, des sables ferrugineux reposant sur des marnes bleues gypseuses. Ce terrain est particulièrement développé près d'Oran, et les plaines dont le sol en est formé sont d'une grande fertilité, tandis que du côté d'Alger il paraît peu propre à la végétation. On a également trouvé, mais en petites quantités, des roches volcaniques, des trachites, des laves, des ponces et des scories. Parmi les gemmes (ou pierres précieuses), il faut citer les diamants, les calcédoines, les grenats, les macles, les tourmalines, des cristaux, du quartz et de belles lames de mica. Il y a aussi des mines d'or, d'argent, d'antimoine, de fer, de plomb et de cuivre. Ces trois derniers métaux surtout se rencontrent en gisements nombreux et puissants.

Au milieu des récifs montagneux qui sillonnent l'Algérie, s'étendent de nombreuses vallées qui parfois forment de vastes plaines, parmi lesquelles on cite en première ligne celles de la Métidja près d'Alger et de la Medjana dans les environs de Bone; au versant méridional de l'Atlas, on cite encore celles de Seresso, d'El-Mehaguen, d'El-Mansef, d'El-Mita, d'El-Ouazâren.

Les rivières de l'Algérie ne sont pas navigables, et

par conséquent sont dépourvues de toute valeur comme moyen de transport; mais elles en ont une considérable comme puissance motrice et comme puissance fécondante. Tantôt elles se précipitent entre les rochers, et alors il est facile et peu dispendieux d'en employer les eaux à la création d'usines; tantôt elles coulent dans les vallées, et il est facile de les détourner pour les employer aux irrigations. La conformation des berges les rend également propres à ce double usage, et ce qui semble au premier abord un vice radical devient à ce nouveau point de vue une qualité éminente.

Les principaux cours d'eau sur le versant de la Méditerranée sont la Mafrag, la Seibouse, qui se jettent dans la mer près de Bone, ainsi que la Boudjima, petite rivière dont le cours est fort lent; le Béni-Melki, qui débouche dans le golfe de Stora; l'Oued-el-Kebir [1] ou Rummel, qui passe à Constantine; le Bouberak, l'Isser, l'Hamise, l'Harach, la Mazafran, le Chélif, le fleuve le plus important de l'Algérie; la Macta, le Rio-Salado et la Tafna; sur le versant du désert, l'Oued-Medjerdah et l'Oued-Milleg, l'Oued-Rosran, l'Oued-Bedjer, l'Oued-Djellâl, l'Oued-el-Djedi, dont le parcours est considérable, et dont les principaux affluents sont l'Oued-el-Arab, l'Oued-el-Abied, l'Oued-Hadjer, l'Oued-Oulad-Abdi, l'Oued-el-Tell, l'Oued-Djeah, et l'Oued-el-Féirad. Les autres cours d'eau sont peu considérables et imparfaitement connus.

---

[1] Ce nom, qui signifie le *grand fleuve*, est souvent donné par les Arabes aux cours d'eau d'une certaine importance; c'est le nom qu'ils ont donné à une des principales rivières d'Espagne, et qu'elle a conservé, pour ainsi dire, sans altération; nous voulons parler du Guadalquivir, qui est, en effet, une des principales rivières de la Péninsule.

Parmi les lacs il faut citer : dans la province de Constantine, le Guerah-el-Hout, le Guerah-el-Boheira, le lac Fetzara, la Sebkha-Serkak ; dans la province d'Alger, le lac Alouta ; dans celle d'Oran, la Sebkha ou lac salé, et quelques autres plus petits. Le Sahara algérien contient un grand nombre de lacs, où se jettent les fleuves qui l'arrosent. Les plus importants sont : le lac de Zaghez, le Chot-el-Saïda, le lac de Nsiga, le lac Felghigh, le lac Melghigh et le lac de Chegga.

Pour la description de la zone maritime, que les indigènes appellent *Sahel*, nous la suivrons de l'ouest à l'est à partir des frontières du Maroc.

Le cap Malouia est le premier qu'on rencontre depuis la fixation des frontières ; on passe ensuite devant Djema-Ghazouat, aujourd'hui Nemours ; après on trouve le cap Hone, plus loin le cap Noé, formé de terres hautes et coupées à pic du côté de la mer ; le cap Fégalo, un des plus avancés de la côte, très escarpé et presque taillé à pic ; le cap Lindlès, puis une baie profonde bordée de plages et de falaises ; le cap Falcon, la baie de las Aguadas, la baie d'Oran. Le mouillage d'Oran est défendu des vents d'ouest et de nord-ouest par la pointe du fort Lamouna ; et le fort Mers-el-Kebir, qui s'avance comme un môle vers l'est, en fait le meilleur abri qu'on puisse trouver sur la côte d'Algérie. Le cap Ferrat sépare la baie d'Oran de celle d'Arzeu, qui offre un excellent mouillage pour toutes les saisons aux bâtiments ordinaires du commerce. Mais si Arzeu a un bon mouillage, il manque d'eau. Oran a la qualité et le défaut opposés : cette ville est située dans la partie la plus reculée de la baie qui porte son nom, sur les deux rives d'un ruisseau qui lui donne en tout temps une eau limpide et abondante. Mais les navires ne peuvent mouiller devant la ville que pendant l'été; après l'équinoxe d'automne, ils doivent se retirer, soit à Mers-el-Kebir, soit à Arzeu. Même pendant la belle saison, le débarcadère cesse d'être praticable dès que la brise du nord-est commence à fraîchir.

Après la baie d'Arzeu vient la pointe du Chélif, puis une suite de falaises ou de terres peu élevées, le cap Ivi, une courbure de la côte, peu sensible mais prolongée, et le cap Ténès. Ce cap est formé d'une grosse masse de roches escarpées, derrière laquelle sont deux villes de ce nom, l'une indigène, l'autre française. La ville indigène, qui est l'aînée, est appelée par les Français le *vieux Ténès*. La ville nouvelle s'est formée au bord de la mer, sur un petit plateau isolé de toutes parts; elle occupe l'emplacement d'une cité romaine appelée *Cartenan*.

Depuis Ténès jusqu'à Cherchell, la côte présente un rideau presque continu de montagnes. Cherchell, l'ancienne Julia Cæsarea, la capitale de la Mauritanie Césarienne et l'une des cités les plus importantes de l'Afrique romaine, n'est plus aujourd'hui pour nous qu'une crique de petit cabotage, praticable pour les petits bâtiments et inaccessible même aux plus petits bateaux à vapeur. — On trouve ensuite le Raz-el-Amousch, composé de terres hautes qui occupent une grande surface, la presqu'île de Sidi-Ferruch, où l'armée française débarqua le 14 juin 1830, et le cap Caxine.

La baie d'Alger vient ensuite; la côte est rocailleuse d'abord, puis forme une large plage qui tourne à l'est-sud-est et se courbe insensiblement en remon-

tant enfin vers le nord jusqu'à l'Hamise. Là le sable
disparaît; c'est une falaise qui, s'élevant graduellement jusqu'au cap Matifou, forme la partie orientale
de la baie d'Alger. — Jusqu'au cap Bengut, il n'y a ni
abri ni mouillage. A partir de Dellys, la côte est sans
sinuosités remarquables jusqu'au cap Corbelin. Une
longue plage de sable terminée par de basses falaises
forme le cordon de la côte jusqu'au cap Sigli. De ce
point au cap Carbou, la côte présente à la mer une
muraille de grands rochers. La baie de Bougie vient
ensuite, et offre un abri sûr en toutes saisons. Bougie
a été autrefois une des premières cités de l'islamisme
sur la côte barbaresque; sa population était évaluée
à cent mille âmes; elle est bien déchue aujourd'hui de
cette splendeur, et quand les Français s'en emparèrent.
en 1833, elle comptait au plus mille habitants. Mais
entre nos mains elle est destinée à se relever bientôt
de sa décadence; sa position maritime est admirable,
et un jour cette ville sera le Gibraltar de nos possessions d'Afrique.

De Bougie jusqu'au port de Djidjelli la côte n'est
qu'une suite de bas rochers. Du cap Boudjaroni ou
Bouzaroni, point le plus septentrional de toute la
côte de l'Algérie, appelé par les indigènes Ras-Seba-
Rous (cap des sept caps), jusqu'à la baie de Collo, la
côte est variée et pittoresque; puis on trouve le Raz-
Bibi, formé de mamelons disposés en pointe étroite;
une côte soutenue par d'énormes rochers; une baie
de nouveaux escarpements de rochers; la petite anse
de Stora, que les indigènes regardent comme le
meilleur port du littoral; et enfin le cap Filfila. Le
grand enfoncement compris entre ce cap et le cap de
Fer se nomme *golfe de Stora*. La côte se redresse

après avoir dépassé Philippeville vers le nord-est jusqu'au cap de Garde. La plage qui borde la ville de Bone tourne au sud, et la portion de la côte comprise entre les caps de Garde et Rosa forme le golfe de Bone. Immédiatement après, nous trouvons la Calle, ancien établissement de la compagnie française d'Afrique, et le cap Roux, limite de l'Algérie.

Dans cette rapide description des côtes,de l'Algérie, nous avons mentionné les principales villes qui se rencontrent sur le littoral. Nous reviendrons avec détail sur chacune d'elles à mesure qu'elles seront appelées à figurer dans cette histoire.

Située dans la plus chaude moitié de la zone tempérée, mais encore loin du tropique, l'Algérie doit à cette heureuse position, ainsi qu'à l'élévation montueuse du sol et au voisinage de la mer, un climat extrêmement doux et salubre sur les pentes septentrionales de l'Atlas; l'hiver offre une température moyenne de 12 à 18 degrés centigrades, et dans l'été elle atteint de 35 à 40 degrés; des vents frais et des brises régulières viennent en modérer l'ardeur. D'avril en octobre le ciel est constamment pur; puis viennent les pluies, qui durent jusqu'en mars. Le nombre des jours pluvieux n'est guère que de quarante dans l'année; mais la quantité d'eau tombée est considérable, et peut s'évaluer à une moyenne de soixante-seize centimètres. Les vents les plus communs sont ceux du nord et du nord-ouest; les plus rares sont ceux d'est et d'ouest; le vent du sud, ou *simoun*, qui souffle trois ou quatre fois par mois dans l'été, produit une chaleur accablante; mais il est rare qu'il dure plus de vingt-quatre heures.

La végétation est telle qu'on doit l'attendre du

climat, et la contrée n'a point dégénéré; c'est toujours cette fertilité si renommée des anciens. Tous les fruits de l'Europe méridionale y croissent en abondance. Les oranges, les citrons, les amandes, les jujubes, les caroubes, les figues, les bananes, les noix, les mûres, les raisins; et généralement tous nos fruits à pépin et à noyau y sont d'une qualité supérieure. Le dattier, le pistachier, l'olivier, l'arbousier, la vigne même et l'oranger sont des produits spontanés du sol. Les plaines donnent les plus riches moissons de céréales; le riz se cultive dans les vallées, plus humides. Tous nos légumes et nos herbages potagers y réussissent parfaitement, aussi bien que toutes les variétés de melons. L'indigo, le coton et surtout le tabac y ont été introduits depuis la conquête, et font déjà prévoir une source féconde de revenus pour l'Algérie.

Tous nos arbres et nos fleurs d'agrément y croissent naturellement côte à côte de la raquette, de l'agave, du sumac, des cystes, du genêt épineux, de l'absinthe, de la menthe et de la sauge.

Les montagnes du littoral sont couvertes d'épaisses forêts; il s'y trouve des pins d'Alep de la plus grande beauté, particulièrement sur le mont Boudjareah, massif isolé qui occupe, en avant de la plaine de la Métidja, une aire de trente-trois mille hectares; les sommets du cap Boudjaroni, entre Djidjelli et Collo, sont garnis de grands arbres; on aperçoit de Bone, sur les cimes de l'Edough, une futaie qui s'étend sur le revers opposé et dans les vallées de la Seibouse. L'Algérie possède surtout en grande quantité deux arbres fruitiers d'un produit précieux, le chêne à glands doux et le liège.

Dans le règne animal on doit citer : parmi les zoophytes, le corail et l'éponge; parmi les insectes, la sauterelle, la punaise, les moustiques et la puce surtout, véritable fléau pour l'épiderme délicat de l'Européen. L'eau des mares contient de petites sangsues presque imperceptibles, qui occasionnent de fréquents accidents. Les scorpions et les tarentules y sont très dangereux. Les poissons de mer et d'eau douce sont les mêmes que ceux des côtes et des rivières de Provence. Les reptiles sont très communs et très variés, les crapauds d'une taille remarquable, les lézards très multipliés, ainsi que les caméléons. Les tortues de terre et d'eau douce sont extrêmement nombreuses, sans parler de celles que la Méditerranée apporte sur les côtes. Les oiseaux sont à peu près ceux de l'Europe. Quant aux mammifères, parmi les carnassiers on rencontre le lion, la panthère, l'once, le lynx, le chacal, l'hyène, l'ours, le loup, le chien, le chat, le renard, la genette et l'ichneumon; parmi les rongeurs, le rat, la gerboise, le porc-épic, le lièvre; parmi les pachydermes, le sanglier; parmi les ruminants, les antilopes et les gazelles, et enfin les animaux domestiques, comme le cheval, l'âne, le mulet, le chameau, le dromadaire, le bœuf, le mouton et la chèvre.

Quant aux diverses races d'hommes que l'on rencontre en Algérie, nous allons donner, dans un précis rapide de l'histoire ancienne et du moyen âge de ce pays, l'origine des établissements formés par les peuples dont les descendants composaient la population de la régence au moment de l'occupation française. Lorsque nous serons arrivés à l'organisation établie par la France, aux progrès et à l'his-

toire de notre colonisation, nous présenterons le tableau de l'état actuel de ces mêmes peuples, de
leurs mœurs, de leurs habitudes, et de leur aptitude
plus ou moins marquée à entrer dans la voie de la
civilisation.

CHAPITRE II

Période antéhistorique. — Le nord de l'Afrique, et par conséquent l'Algérie actuelle, a subi dans le cours des temps de nombreuses et violentes invasions; des races nouvelles sont venues se mêler aux races indigènes; chaque conquête a amené avec elle sa religion, qui, devenue bientôt dominante, a supplanté la foi des vaincus; les territoires ont été remaniés, les délimitations changées après chaque révolution, après tous les événements politiques importants; et cependant on est frappé, en parcourant ces annales si variées, si souvent renouvelées dans un cadre si mouvant, de trouver toujours les traits principaux des races qui occupent aujourd'hui le sol, de reconnaître leurs mœurs, leur caractère, et de saisir les preuves, pour ainsi dire vivantes, de leur origine et de la légitimité de leur descendance.

Rien n'est plus obscur que toutes les questions qui se rattachent aux origines des premiers habitants du nord de l'Afrique. S'il faut en croire Salluste, qui avait été gouverneur de la Numidie, et qui s'appuyait sur des traditions populaires et sur les livres du roi numide Hiempsal, toute la contrée connue maintenant sous le nom général de Barbarie, et par conséquent l'Algérie, eut pour premiers habitants les *Gétules* et les *Libyens,* peuples sauvages, vivant sans lois, sans gouvernement, se nourrissant de la chair des bêtes fauves et de l'herbe des champs, se reposant où la nuit les surprenait. Continuons maintenant son récit :

« A la mort d'Hercule, qui périt en Espagne, selon l'opinion répandue en Afrique, son armée, composée d'hommes de toutes les nations, se trouva sans chef; aussi ne tarda-t-elle pas à se disperser. Parmi les peuples qui la composaient, les Mèdes, les Perses et les Arméniens passèrent en Afrique et vinrent s'établir sur les côtes de la Méditerranée. Les Perses s'approchèrent davantage de l'Océan; ils se firent des cabanes avec leurs vaisseaux renversés, se mêlèrent aux Gétules par des mariages; et comme dans leurs fréquentes excursions ils avaient changé souvent de demeure, ils se donnèrent à eux-mêmes le nom de *Numides*. Encore aujourd'hui les habitations des paysans numides, appelées *mapales,* ont conservé leur forme oblongue, et leurs toits cintrés ressemblent à des carènes de vaisseaux.

« Aux Mèdes et aux Arméniens se joignirent les Libyens, peuple plus voisin de la mer d'Afrique que les Gétules, qui étaient plus près du soleil et de la région du feu. Ils ne tardèrent pas à bâtir des villes. Les Libyens altérèrent peu à peu le nom de Mèdes, et dans leur idiome barbare les appelèrent *Maures*.

« Les Perses furent ceux dont la puissance prit le plus rapide accroissement; bientôt l'excès de leur population força les jeunes gens de se séparer de leurs pères, et d'aller occuper, près de Carthage, le pays qui porte aujourd'hui le nom de Numidie[1]. »

En rapportant ces traditions, Salluste lui-même est loin d'en garantir l'authenticité, et il a soin d'ajouter : *Cæterum fides ejus rei penes auctores erit.* En effet, ce nom de *Numides,* pris par ces peuples parce qu'ils menaient une vie errante, et que dans la langue grecque on nomme *nomades* les peuples qui errent en faisant paître leurs troupeaux; celui de *Maures,* venant par altération de celui de *Mèdes,* nous paraissent des étymologies un peu forcées et encore un peu plus douteuses.

A la tradition mentionnée par Salluste nous en ajouterons une autre rapportée par Procope. Suivant cet historien, à l'époque de l'invasion de la Palestine par Jésus (Josué), fils de Navi, tous les peuples qui habitaient la région maritime, depuis Sidon jusqu'aux frontières de l'Égypte, et qui obéissaient à un seul roi, les Gergésiens, les Jébuséens, et les autres tribus nommées par les livres des Hébreux, abandonnèrent leur patrie pour échapper au glaive exterminateur des Israélites, traversèrent l'Égypte, allèrent s'établir en

---

[1] Salluste, *Jugurtha,* ch. xviii.

Afrique, dont ils occupèrent toute la côte septentrionale jusqu'aux colonnes d'Hercule, et fondèrent dans cette contrée un grand nombre de villes, dans lesquelles la langue phénicienne était encore en usage de son temps, au VIᵉ siècle de l'ère chrétienne. « Ces émigrés, ajoute-t-il, ont construit un château fort à l'endroit où s'élève maintenant la ville de Tigisis. Là, près d'une source très abondante, sont deux stèles de marbre blanc, portant une inscription en lettres phéniciennes qui signifie : « Nous sommes ceux qui avons fui loin de la trace du brigand Jésus, fils de Navi. » Suidas rapporte la même tradition, et mentionne la même inscription. Ces graves témoignages, qu'il est difficile de récuser, ont trouvé des incrédules. Gibbon admet l'existence des stèles; mais il doute des inscriptions; Mannert, dans sa géographie des États barbaresques, regarde la tradition elle-même comme absurde, et cherche à réfuter le passage entier de Procope. La savante commission nommée par l'Académie des inscriptions et belles-lettres pour s'occuper de recherches sur la géographie ancienne du nord de l'Afrique pensait bien différemment et avec plus de sagesse, quand elle disait dans son rapport, publié en 1835 : « Certes l'espoir de retrouver des stèles aussi curieuses pour l'histoire, et qui sont indiquées avec tant de précision par un auteur véridique, par un témoin oculaire, mérite qu'on dirige des explorations et des fouilles entre Lambasa (Tezzouta) et Tamugadis, où était placé Tigisis; » et quand elle reproduit le passage entier de Procope sur l'origine des divers peuples qui habitent l'Afrique, parce qu'il lui a semblé un modèle de raison, de jugement et de saine critique.

Pour nous, nous ne pensons pas que l'Afrique septentrionale ait été peuplée en une seule fois et définitivement par l'arrivée des fugitifs de la Palestine; mais en considérant la tendance des races phéniciennes et arabes à se répandre sur le rivage africain, la facilité avec laquelle elles s'y établissent, les nombreuses affinités qu'on découvre entre elles et les tribus dont nous faisons l'histoire, nous croyons non seulement à l'émigration qu'atteste Procope, mais encore à beaucoup d'autres des mêmes peuples dans les mêmes contrées, en sorte que pour nous le fond de la population numide et mauritanienne doit être rattaché à la race sémitique [1].

Quoi qu'il en soit, à l'époque où les émigrés de Tyr élevèrent, non loin des lieux qu'occupe aujourd'hui Tunis, la ville qui devait balancer la fortune de Rome, toute la contrée qui porte maintenant le nom d'Algérie était occupée par les Numides, qui avaient pour voisins, à l'ouest des *Maures* [2], à l'est des *Libyens,* au sud des *Gétules.* Ajoutons à ces grandes divisions les Garamantes, les Maziques, et une foule d'autres peuplades moins connues. Du reste tous ces peuples avaient entre eux une ressemblance qui attestait leur origine commune; une distinction fondamentale pouvait cependant servir à partager cette grande famille en deux groupes; c'est celle qui repose sur le caractère nomade ou sédentaire des tribus.

---

[1] M. L. Lacroix, *Hist. de la Numidie et de la Mauritanie.*

[2] Les savants ont longtemps discuté sur l'origine du nom de *Maure;* il paraît à peu près reconnu aujourd'hui que ce mot vient de *Mahur,* qui signifiait occidental. Par la même raison, les Arabes ont donné plus tard à la contrée habitée par les Maures le nom de *Maghreb,* qui a la même signification.

Les tribus du premier groupe étaient célèbres par
leur goût pour la vie errante, et, sous le nom générique de Numides, on les retrouve toujours semblables à elles-mêmes, depuis les temps héroïques
ou antéhistoriques, sous les dénominations carthaginoise, romaine, vandale, arabe et turque. Ce sont
ces cavaliers intrépides, maigres, basanés, montés
à poil sur des chevaux de peu d'apparence, mais
rapides et infatigables, et qu'ils guident avec une
corde tressée de jonc en guise de bride : tels ils apparaissaient aux Romains du temps de Virgile, qui
les qualifiait d'*infrœni*, tels ils apparurent encore
à l'armée conquérante de 1830, quand les contingents de l'intérieur se rendirent à l'appel du pacha
turc sur les rivages de Sidi-Ferruch. Déjà les chefs
de tribus gétules avaient ce goût des belles armes,
des armes de luxe, qu'ils n'ont jamais perdu depuis.
Quant à la partie inférieure de la nation, c'est une
race dure et exercée aux fatigues, qui couche sur la
terre et s'entasse dans ces *mapalia* décrits par Salluste, et si étroits qu'à peine y pouvait-on respirer :
comme les Arabes du désert, avec lesquels elles
offrent tant de points de ressemblance, ces tribus né-
gligent l'agriculture et méprisent celles qui s'y livrent.

Dès lors chez elles le gouvernement paraît être
ce qu'il a toujours été, un mélange de despotisme et
de liberté, que l'exemple récent du gouvernement
d'Abd-el-Kader rend plus facile à concevoir. D'une
part, des chefs qui semblaient absolus, et que les
historiens antiques ont désignés sous le nom de rois,
ou sous celui de *phylarques* quand leur autorité
s'exerçait sur un nombre d'hommes plus restreint;
de l'autre, une agglomération d'individus qui pa-

raissent si libres dans leurs actions, qu'Appien les qualifie d'*autonomoi*, αὐτόνομοι (ayant leur gouvernement propre). Ces faits, que l'on croirait d'abord contradictoires, s'expliquent facilement par la nécessité, toujours imposée au chef nomade africain pour conserver cette autorité que l'on croit absolue, de la faire ployer devant des caprices d'individus énergiques et libres, constamment prêts à lui échapper par le désert.

Sous le rapport de la religion, comme sous celui du gouvernement et de la langue, une certaine conformité générale paraît régner entre tous les Libyens, Gétules, Numides, Maurusiens, etc. Les principaux objets du culte sont les astres, le soleil et la lune, et la mer, qu'ils adorent sous des noms que les Romains ont traduits par ceux de Neptune, Triton, etc. On voit parmi eux les sacrifices humains en usage, comme ils le furent plus tard à Carthage. Quelques-unes de ces tribus, au témoignage de Léon, pratiquaient le sabéisme, ou religion des mages, qui aurait été apportée d'Orient en Afrique par les Perses.

Période carthaginoise. — Telles étaient les populations près desquelles vinrent s'asseoir, dans le IXe siècle avant Jésus-Christ, d'une part la civilisation carthaginoise, de l'autre la civilisation grecque de la Cyrénaïque. Les deux émigrations qui leur donnèrent naissance, en refoulant à l'intérieur les tribus du littoral, ne parvinrent à aucune époque à les asservir.

Carthage devint riche et puissante; mais sa domination en Afrique ne fut ni aussi étendue ni aussi incontestée qu'on le croit généralement. Au commencement de la seconde guerre punique, c'est-à-dire au temps de sa plus grande splendeur, elle occupait, il est vrai, toutes les côtes d'Afrique, depuis la Petite-Syrte (golfe de Cabès) jusqu'aux colonnes d'Hercule (détroit de Gibraltar); mais, comme elle visait à la domination des mers et non à celle du continent, elle se bornait à la possession des côtes, laissant aux Numides l'intérieur des terres, et se bornant à leur imposer des tributs quand elle le pouvait, et à recruter chez eux des soldats, qui tournaient souvent contre elle les armes qu'elle leur avait données.

La domination des Carthaginois avait déjà plusieurs siècles de durée, lorsqu'ils se rencontrèrent en Sicile avec les Romains (266 ans avant J.-C.). La lutte s'engagea aussitôt entre les deux peuples : on sait qu'elle se termina par la ruine de Carthage (146 ans avant J.-C.).

Période romaine. — Les Romains, après s'être emparés du domaine de Carthage, conquirent sur Jugurtha toute la Numidie, mais sans la conserver d'abord; ils en donnèrent la plus belle part au roi de Mauritanie, Bocchus, qui les avait aidés à détruire leur ennemi, et ils laissèrent le reste à un prince indigène, Juba, le fondateur de Julia Cæsarea (aujourd'hui Cherchell). Puis ils enlevèrent à Juba cette nouvelle Numidie, fraction de l'ancienne, et l'abandonnèrent à un autre Juba, jusqu'à ce que, les États du roi maure Bocchus leur étant aussi échus, ils en investirent le second Juba, en lui reprenant la nouvelle Numidie. Enfin, quatre-vingts ans après, la Mauritanie fut reprise à son tour pour former deux nouvelles provinces, dont la plus orientale, appelée Mauritanie Césarienne, était précisément la fraction occidentale naguère démembrée de l'ancienne Numidie. L'Algérie actuelle, alors représentée par la Nouvelle-Numidie et la Mauritanie Césarienne réunies, se trouvait constituer deux provinces subordonnées à un centre placé en dehors d'elles : ce centre était Carthage, relevée par les Gracques, embellie par Auguste, et devenue chef-lieu d'une province gouvernée par un proconsul. La Numidie et la Bysacène, toutes deux limitrophes de la province Carthaginoise, étaient gouvernées l'une et l'autre par des consulaires; et, pour compléter la symétrie, les Mauritanies Césarienne et Sitifienne, qui suivaient la Numidie, et la Tripolitaine, qui suivait la Bysacène, avaient chacune un de ces commandants du second ordre, qu'on appelait présidents. Les territoires les plus éloignés appartenaient à d'autres centres : la Mauritanie Tingitane, qui comprenait une partie de l'empire actuel de Maroc, était liée aux destinées de l'Espagne, comme la Cyrénaïque, placée à l'est, et qui forme à peu près l'État actuel de Tripoli de Barbarie, relevait de l'Égypte.

La province d'Afrique (c'est ainsi que se nommait l'ensemble des possessions romaines dans cette partie du monde) se façonna promptement sous les empereurs à la civilisation romaine. Presque tout entière possédée par les propriétaires romains, elle devint le grenier de Rome et de l'Italie : aussi les empereurs donnèrent-ils tous leurs soins à en assurer la tranquillité. Cependant cette tranquillité fut troublée par plusieurs révoltes occasionnées par les exactions des gouverneurs romains. Le plus considérable de ces soulèvements eut lieu sous l'empire de Tibère, et fut dirigé par un chef numide nommé Tacfarinas. « Cet homme, dit Tacite, était un Numide déserteur des armées romaines, où il avait servi comme auxiliaire. Il réunit d'abord, pour le vol et le butin, des bandes vagabondes accoutumées aux brigandages ; bientôt il sut les discipliner, les ranger sous les drapeaux, les distribuer en compagnies ; enfin de chef d'aventuriers, il devint général des Musulans[1]. » Ce peuple, que Tacite appelle puissant, habitait près du confluent de l'Hamise et du Bagrada.

Il est curieux de suivre dans Tacite tous les détails de cette révolte de Tacfarinas, qui faillit compromettre sérieusement la puissance romaine en Afrique. On croirait lire la guerre d'Abd-el-Kader, ses défaites, ses attaques imprévues, ses fuites rapides qui le dérobent à toutes poursuites, puis son retour soudain ; mais le dénouement est plus honorable pour le vieux guerrier numide que pour l'émir notre contemporain. Après une lutte plus longue et peut-être plus courageusement soutenue, Tacfarinas se fait tuer dans le dernier combat qu'il livre aux Romains, au lieu de se rendre leur prisonnier.

Après l'apaisement de cette révolte, la population romaine en Afrique commença à s'accroître notablement. Les colons affluaient non seulement d'Italie, mais de Gaule et d'Espagne. Telle était la marche ascendante des établissements romains, qu'au commencement du règne de Vespasien la seule Mauritanie Césarienne comptait treize colonies romaines, trois municipes libres, deux colonies en possession du droit latin, et une jouissant du droit italique, et

---

[1] Tacite, *Annal.*, liv. II, ch. LII.

qu'au temps de Pline la Numidie avait douze colonies romaines ou italiques, cinq municipes et trente villes libres. Ces deux provinces renfermaient en outre un certain nombre de villes tributaires.

Sous le règne d'Antonin le Pieux, les Mauritanies paraissent avoir été le théâtre d'une insurrection qui peu à peu gagna jusqu'à la province d'Afrique; mais ni les détails ni les caractères de ce mouvement ne sont bien connus.

Dans les troubles qui agitaient l'empire, l'Afrique dut suivre généralement l'impulsion qui lui venait d'Italie. Une fois cependant elle prétendit imprimer le mouvement au lieu de le recevoir. Sous le règne de Maximin, les habitants de la province d'Afrique, fatigués de la domination tyrannique de ce prince, se soulevèrent et revêtirent de la pourpre impériale le proconsul de la province, Gordien, qui subit le pouvoir, loin de le demander. Il semblait pressentir que ses nouveaux sujets, si prompts à l'élever, seraient tout aussi prompts à l'abandonner. En vain le sénat, ratifiant le choix fait par les Africains, et que justifiaient d'ailleurs les vertus du nouveau prince, déclare Maximin déchu de l'empire et traître à la patrie; les révoltés cèdent, presque sans combat, à l'apparition d'une armée de vétérans romains et de barbares. Gordien, vaincu, se donne la mort; Carthage et la province rentrent sans résistance sous le pouvoir du tyran.

L'administration de Probus, qui gouverna l'Afrique sous les empereurs Gallien, Aurélien et Tacite (de 268 à 280), fut signalée par la soumission des Marmarides (voisins de l'Égypte), jusque-là insoumis, et par l'emploi des armées romaines en Afrique à des constructions d'utilité générale, voies publiques, temples, ponts, portiques, etc.

Une révolte peu importante, dirigée par un paysan pannonien nommé Alexandre, qui aspirait à l'empire, devint pour l'avide et cruel Maxence l'occasion de déployer contre les principales villes d'Afrique, contre Cirta et Carthage même, qui avait été rebâtie avec magnificence, un luxe de rigueurs inouï. Dans un siège soutenu par Cirta, où s'était réfugié Alexandre, cette ville fut très maltraitée. Les ruines que la guerre y avait entassées ne devaient être réparées, et la ville ne recouvrer son ancienne splendeur, que sous le règne du vainqueur de Maxence, Constantin, qui releva ces ruines et fit de Cirta une ville nouvelle sous le nom de Constantine, qu'elle porte encore aujourd'hui.

Cependant, au moment où l'empire d'Occident s'écroulait de toutes parts, un grand nombre d'habitants de l'Italie se réfugièrent en Afrique pour échapper à l'invasion des barbares, et vinrent accroître dans cette partie du monde les forces du parti impérial. L'Afrique se trouva donc alors plus romaine que l'Italie; les noms les plus éclatants de la littérature latine, dans les derniers temps, lui appartiennent : citons entre autres Apulée, Tertullien, saint Cyprien, Arnobe, saint Augustin. Les arts n'y étaient pas moins cultivés que les lettres : de tous côtés s'élevaient des villes, des monuments, dont les ruines frappent aujourd'hui nos soldats d'étonnement. On peut lire, en effet, dans une *Histoire de l'Algérie,* par le docteur Wagner, écrivain allemand, qui suivit les troupes françaises dans leur expédition de Constantine, l'admiration de l'armée quand, marchant sur l'ancienne capitale de Jugurtha, et frappée de la tristesse et de l'uniformité de la route, elle découvrait tout à coup les ruines de l'ancienne Calama (Ghelma). « Personne, dit le narrateur, ne s'attendait à cette rencontre; ces grandes ruines jetées dans la solitude ranimèrent l'esprit de l'armée; elles l'avertissaient solennellement qu'avant la France il y avait eu un peuple qui avait conquis et civilisé cette terre, et qu'il n'y avait pas un coin de l'Afrique septentrionale, si stérile qu'il parût être, qui n'eût quelque monument imprévu, du haut duquel Rome contemplait la France. »

PÉRIODE VANDALE. — Quand les barbares ravagèrent l'Italie, quelques tentatives faites en Afrique, pour se séparer de la métropole, furent facilement réprimées; mais, en 428, Boniface, qui commandait pour l'empereur Valentinien, se révolta ouvertement, et appela à son secours les Vandales, alors maîtres de l'Espagne. Genséric, un de leurs chefs, ayant passé a mer à la tête d'une puissante armée, s'empara de toutes les places qui tenaient encore pour l'empereur, et s'avança jusque sous les murs de Carthage, qu'occupait Boniface. Celui-ci, voyant alors qu'au lieu d'amis il s'était donné des maîtres, fit près du chef barbare d'inutiles démarches pour l'engager à se retirer, l'attaqua, et fut vaincu.

Maîtres d'une des plus belles provinces de l'empire, les Vandales s'y établirent, firent de Carthage leur capitale, et restèrent tranquilles possesseurs du pays pendant plus d'un siècle. Ils poussèrent même leurs excursions jusqu'en Italie; Rome fut prise et pillée par Genséric, et Carthage, vengée, s'enrichit des dépouilles romaines.

Mais la puissance des Vandales en Afrique ne dura guère au delà du règne de Genséric, son fondateur. Leur force décrut chaque jour sous les quatre successeurs de Genséric : Hunerik, Gunthamond, Thrasamond et Hilderik. Les tribus nomades, qui déjà, dans les derniers temps de la domination romaine, avaient regagné du terrain sur le pays conquis à la civilisation, devinrent plus entreprenantes à mesure que les moyens de résistance s'affaiblirent. L'empire vandale présentait donc déjà de notables symptômes d'affaiblissement et de décadence, lorsque la chute de Hilderik vint offrir à l'empereur Justinien un prétexte pour envoyer son général Bélisaire à la conquête de l'Afrique.

Gélimer, qui venait de remporter quelques succès contre les Maures, fut proclamé roi à la place de Hilderik; celui-ci avait été renversé du trône et jeté dans une prison. Justinien, allié de Hilderik, envoya des ambassadeurs à Gélimer, pour l'engager à rendre à ce prince la liberté et le trône; mais le nouveau roi ne tint pas compte des lettres de l'empereur d'Orient.

Bientôt Bélisaire débarqua en Afrique à la tête d'une armée de trente mille hommes d'excellentes troupes, bien exercées et pleines de confiance dans leur général. Aussi les succès de Bélisaire furent rapides, et en moins d'un an il soumit tout le pays, jusqu'aux colonnes d'Hercule (533-534), et détruisit sans retour l'empire des Vandales.

PÉRIODE BYZANTINE. — La domination byzantine remit extérieurement l'Afrique dans l'état où elle se trouvait au moment de la conquête vandale. Celle-ci venait de s'effacer du sol presque en un instant, et l'oligarchie qu'elle avait constituée, toujours peu nombreuse relativement à l'état du pays occupé, alla se perdre dans les rangs de l'armée romaine, où fut incorporé ce qu'elle renfermait de plus énergique.

Mais les administrateurs envoyés de Grèce sous le noms d'exarques ne tardèrent pas à livrer le pays à une avide exploitation, et excitèrent des soulèvements, même dans l'armée qui avait pris part à la conquête.

Salomon, successeur de Bélisaire dans le commandement de l'Afrique, parvint par son énergie à apaiser ces troubles. Ses triomphes sur les Maures remirent un instant au pouvoir de l'empereur de Constantinople quelques portions intérieures du pays qui déjà lui échappaient. Les monts Aurès, devenus le centre d'une résistance active de la part des indigènes, furent conquis par lui et fortifiés contre de nouvelles incursions. En Numidie, le domaine des Byzantins n'allait guère au delà des premières chaînes de l'Atlas; sur le littoral, les villes de Césarée, de Tingis et de Septem, n'assuraient que très imparfaitement la domination grecque au delà de leurs enceintes.

Des révoltes perpétuelles dans le sein de l'armée signalaient un vice profond dans l'organisation militaire de l'Afrique. Cependant, après la mort de Justinien, la puissance byzantine se soutint encore quelque temps. Sous le règne de Tibère, successeur du faible Justin, l'exarque Gennadius semble faire revivre en Afrique les beaux temps de l'administration de Probus. A partir de cette époque, pendant les règnes de Tibère, de Maurice et de Phocas, l'histoire se tait sur l'Afrique. Ce silence est presque une preuve du calme dont jouit alors cette contrée. Sous Héraclius, l'Afrique fournit de grandes forces à ce prince pour sa guerre

contre les Perses, ce qui prouve encore la tranquillité
et la soumission de ce pays. Cependant il est probable
qu'à la fin l'Afrique eût secoué le joug qui pesait sur
elle, et se fût constituée, à l'égard de l'empire, qui
s'amoindrissait chaque jour et penchait à sa ruine,
dans un état de complète indépendance. Alors, peut-
être, en demeurant en possession de toutes les traditions de l'antiquité, elle eût contribué par des relations
fréquentes au développement moral et intellectuel de
l'Europe, et abrégé pour notre continent la durée du
moyen âge. Mais toutes ces conjectures se trouvent
anéanties par l'apparition d'un peuple appelé pour la
première fois, en dehors de ses déserts, à jouer un rôle
sur la scène du monde, et qui vint, sous la double inspiration du fanatisme et de la soif du pillage, envahir
cette terre féconde, et faire disparaître jusqu'au dernier
vestige de cette civilisation qu'avaient apportée tour à
tour sur ses côtes, depuis l'Égypte jusqu'à l'Atlantique,
les Phéniciens, les Grecs et les Romains.

Avant de parler de l'invasion des Arabes, nous
devons jeter un coup d'œil rétrospectif sur l'état du
christianisme en Afrique, depuis l'époque où l'Évangile y a été prêché pour la première fois, jusqu'au
moment où l'islamisme est venu renverser ses derniers temples et briser ses autels.

Dans l'esquisse rapide des faits historiques que nous
venons de présenter, nous n'avons pas parlé de l'histoire religieuse de l'Afrique, et cependant, en aucune
contrée de l'ancien monde, le christianisme n'a été
aussi florissant qu'il le fut pendant près de cinq siècles
dans ce pays. Mais, en mêlant au récit des événements
politiques celui des événements religieux, nous avons
craint, et de ralentir notre récit, et de ne donner

qu'une idée insuffisante des derniers. Nous avons
donc pensé qu'il valait mieux résumer dans un chapitre spécial, et qui aura pour titre *l'Afrique chrétienne,* toute l'histoire du christianisme dans cette
contrée.

CHAPITRE III

Introduction du christianisme en Afrique. — Ses progrès rapides. —
Persécutions exercées par les empereurs romains.— Les douze martyrs
scyllitains. — Effet des persécutions. — Martyre de sainte Perpétue et
de sainte Félicité. — Tertullien ; ses écrits ; son *Apologétique.* — Ana-
lyse et extrait de cet ouvrage. — Jugement sur les ouvrages de Tertullien ; ses erreurs. — Schismes dans l'Église d'Afrique. — Saint
Cyprien ; son origine ; sa conversion. — Il est élu évêque de Carthage.
— Persécution de l'empereur Décius. — Relâchement dans la ferveur
des chrétiens. — Schisme dans l'Église de Carthage. — A quelle occasion. — Saint Cyprien convoque un concile. — Nouveau concile ;
nouveau schisme. — Martyre de saint Cyprien. — Nouvelles persécutions ; nombreux martyrs. — Hérésie des manichéens. — Dernière
persécution sous Dioclétien.— Les *traditeurs.* — Schisme des donatistes. — Graves désordres occasionnés par ce schisme.—Vains efforts
de l'empereur Constantin pour s'opposer à ce schisme. — Concile de
Latran ; concile d'Arles. — Les donatistes refusent de se soumettre
aux décisions de ces conciles. — L'empereur confirme l'arrêt porté
contre les donatistes. — Les *circoncellions;* leurs désordres. — Naissance de saint Augustin. — Les premières années de sa vie. — Sa
conversion. — Son baptême. — Son retour en Afrique.— Sa vie re-
tirée. — Ses premiers ouvrages. — Il est ordonné prêtre et nommé
coadjuteur de l'évêque d'Hippone. — Ses travaux dans le saint ministère. — Fondation d'une communauté religieuse. — Son zèle, sa
piété, sa foi. — Nombre considérable d'ouvrages qu'il a publiés. —
La *Cité de Dieu.* — Cause qui détermine saint Augustin à écrire ce
livre. — Objet de cet ouvrage. — Ses sermons. — Ses lettres. —
Mort de saint Augustin pendant le siège d'Hippone par les Vandales.
— Persécution exercée par les Vandales contre les catholiques. —
Impuissance de la domination byzantine à ranimer le catholicisme

expirant. — Dispersion des catholiques par suite de l'invasion arabe. — Liste des évêques de quelques-unes des villes qui font aujourd'hui partie de l'Algérie.

On ne connaît pas d'une manière bien précise ni à quelle époque ni par quels missionnaires le christianisme fut introduit en Afrique. On pense généralement que, dès la fin du Ier siècle, quelques disciples des apôtres vinrent d'Asie ou d'Europe, sur des vaisseaux marchands, apporter l'Évangile dans les populeuses et riches cités du littoral africain. Carthage dut être le point de départ de la prédication. Il est aussi vraisemblable que ce fut dans cette capitale de la province romaine d'Afrique que fut élevé le premier siège épiscopal. Ce qu'il y a de certain, c'est que la doctrine nouvelle se répandit avec rapidité dans l'intérieur des terres, et que là, comme ailleurs, elle gagna des hommes de toutes les classes, depuis les esclaves jusqu'à ceux qui occupaient le premier rang dans la société romaine. Ces faits sont attestés par de nombreux documents, et notamment par les actes des martyrs.

Saint Cyprien nous apprend que dès la fin du IIe siècle il y avait dans la Proconsulaire et dans la Numidie un grand nombre d'évêchés [1]. Agrippinus est le premier évêque connu de Carthage. Il eut pour successeur Optat.

La rapidité avec laquelle la doctrine chrétienne se répandit en Afrique alarma le gouvernement impérial, et Septime-Sévère ordonna au proconsul Vigellius Saturnin de faire d'actives recherches et de punir par

[1] Cypriani epist. 71 ad Quint. — Morcelli, *Africa christiana*, t. Ier, p. 30.

le dernier supplice ceux qui refuseraient de jurer par
le génie des empereurs et de sacrifier aux dieux. Bientôt
douze chrétiens de la ville de Scylla furent saisis et
amenés à Carthage devant le tribunal proconsulaire.
Saturnin leur promit le pardon des empereurs s'ils
voulaient revenir au culte des divinités de l'empire.
Tous répondirent d'une voix unanime : « Nous sommes
chrétiens, et nous voulons rester chrétiens. » — Spérat
était le plus ardent des accusés ; il stimulait le courage
de ses compagnons par sa fermeté et la véhémence de
ses réponses.

Le proconsul, les voyant inébranlables, rendit contre
eux la sentence suivante : « Spérat, Narzal, Cittin,
Véturius, Félix, Acyllin, Létantius, et les cinq femmes,
Januaria, Générosa, Vestina, Donata et Secunda,
s'étant confessés chrétiens, et ayant refusé l'honneur
et le respect à l'empereur, j'ordonne qu'ils aient la
tête tranchée. » — Après la lecture de cette sentence,
Spérat et ses compagnons s'écrièrent : « Nous rendons
grâces à Dieu, qui nous fait l'honneur aujourd'hui de
nous recevoir martyrs dans le ciel pour la confession
de son nom. » — Après ces mots, ils furent menés au
lieu du supplice, où ils se mirent à genoux tous ensemble, et, ayant rendu grâces à Jésus-Christ, ils
eurent tous la tête tranchée [1]. »

Ces douze martyrs, appelés communément *les mar-*
tyrs scyllitains, sont les prémices de l'Afrique. Un
exemplaire de leurs actes se termine par ces mots :
« Les martyrs du Christ furent consommés le 17 juillet,
et intercèdent pour nous auprès de Jésus-Christ Notre-
Seigneur, à qui l'honneur et la gloire, avec le Père et

---

[1] Ruinart. — Et *Act. Sanctor.* 17 *julii.*

le Saint-Esprit, aux siècles des siècles. Amen. » Dans ce même exemplaire, ainsi que dans un autre également ancien, l'année se trouve marquée par le deuxième consulat de Claude, ce qui indique l'an 200 de J.-C., la huitième année de l'empire de Sévère, et la deuxième de son fils Antonin Caracalla.

La sanglante exécution des martyrs scyllitains, loin de ralentir le zèle des chrétiens, ne fit que l'enflammer. « Tel fut le progrès de cet enthousiasme, dit M. Villemain, que là, comme ailleurs, la cruauté des gouverneurs romains fut vaincue par la foule des victimes. Toute la province d'Afrique se remplit d'églises, d'évêchés. Le nombre, la richesse des chrétiens s'accroissaient dans les époques de tolérance ; le zèle et la foi s'exaltaient dans les jours de persécution : et cette alternative favorisait doublement l'essor du culte nouveau [1]. »

La persécution suivit son cours. Tous les chrétiens amenés devant les magistrats imitèrent l'exemple des Scyllitains, leurs illustres devanciers ; ils confessaient avec une fermeté inébranlable la foi de Jésus-Christ, et marchaient au supplice tranquilles et résignés. Dieu seul connaît le nombre des martyrs immolés à cette époque pour la gloire de son nom. Les deux plus célèbres furent deux jeunes femmes, Perpétue et Félicité, dont la mémoire est rappelée chaque jour dans le canon de la messe, et dont les actes se lisaient publiquement dans les églises au temps de saint Augustin, qui a prononcé plusieurs panégyriques des deux saintes. Félicité était esclave ; Perpétue, issue d'une famille noble, était mariée à un homme de condition. Elles

---

[1] M. Villemain, *De l'Éloquence chrétienne au* ive *siècle.*

furent martyrisées dans le cirque de Carthage avec plusieurs autres chrétiens, savoir : Révocat, frère de Félicité, esclave comme elle, Saturnin et Satur. Leurs corps, recueillis par les fidèles, furent déposés dans la grande église de Carthage, où, un siècle plus tard, quand le christianisme fut triomphant, les chrétiens se rendaient en plus grand nombre pour célébrer leur fête, que la curiosité n'avait attiré leurs ancêtres païens à l'amphithéâtre pour se repaître de leur supplice.

Cependant, à la vue de tant de sang versé, il y eut des voix qui s'élevèrent pour demander compte aux bourreaux de leurs inutiles fureurs. Le plus éloquent interprète de l'Église persécutée fut alors un homme originaire de Carthage, Tertullien, qui, après une vie agitée, avait adopté la croyance du christianisme et était entré, suivant le témoignage d'Eusèbe, dans les ordres sacrés. Il écrivit pour la défense de ses frères un livre célèbre, l'*Apologétique*. Dans les pages véhémentes de ce plaidoyer, il n'implore point humblement pour les chrétiens la pitié des bourreaux. « La vraie doctrine, dit-il, ne demande point de grâce, parce qu'elle n'est point étonnée de son sort. Elle sait qu'elle est nouvelle et étrangère en ce monde, et que parmi les étrangers on trouve aisément des ennemis. Son origine, sa demeure, son espérance, sa puissance, sa gloire, tout est dans le ciel. Pour le présent elle ne veut qu'une chose, c'est qu'on ne la condamne pas avant de la connaître. Les lois de l'empire seront-elles affaiblies si vous l'écoutez?

« La preuve qu'on ne la connaît point, c'est que tous ceux qui auparavant la haïssaient faute de la connaître, quand ils cessent de l'ignorer cessent également de la haïr. C'est la connaissance qui nous donne des chrétiens. Ils commencent à haïr ce qu'ils étaient, et à professer ce qu'ils haïssaient. De là cette multitude qui vous épouvante. La ville en est assiégée, s'écrie-t-on de toutes parts ; les champs, les bourgs, les îles, tout est plein de chrétiens. Vous pleurez comme une calamité de voir tout sexe, tout âge, toute condition et même tout rang s'enrôler sous ce nom. Et de tout cela vous ne soupçonnez pas même qu'il peut y avoir là quelque bien qui vous échappe, etc. etc. »

L'*Apologétique* disculpe en outre les chrétiens ; il montre la fausseté des accusations portées contre eux ; mais le but de l'auteur est moins de prouver l'innocence des chrétiens que d'instruire ceux auxquels il s'adresse : en un mot, l'*Apologétique* est moins une justification qu'une prédication. C'est aussi contre l'ancienne religion une vigoureuse satire. En expliquant le christianisme, Tertullien l'oppose nécessairement au polythéisme, qu'il attaque avec une logique pressante, et en s'aidant plus d'une fois, dans la discussion, de railleries mordantes. Çà et là on rencontre dans son œuvre, à côté de l'exagération et de l'emphase africaines, des traits d'une haute éloquence ; telle est cette réponse adressée à ceux qui s'étonnaient des réclamations des chrétiens et disaient : De quoi vous plaignez-vous, puisque vous voulez souffrir ? « Nous aimons les souffrances, répond-il, comme on aime la guerre ; on ne s'y engage pas volontiers, à cause des alarmes et des périls ; mais on y combat de toutes ses forces, et on s'y réjouit de la victoire. Notre combat, à nous chrétiens, consiste à être traînés devant les tribunaux pour y défendre la vérité aux dépens de notre vie. Vous avez beau nous montrer comme chose infamante les pieux auxquels vous nous attachez, le bûcher sur

lequel vous nous brûlez. Ce sont là nos robes de fête,
nos chars de triomphe, les éclatants témoignages de
notre victoire. Nous sommes, dites-vous, des furieux
et des fous à cause de ce mépris de la mort, qui a
pourtant rendu à jamais illustres Scévola, Régulus,
Empédocle, Anaxarque et tant d'autres : eh quoi!
faut-il donc souffrir toutes sortes de maux pour la
patrie, pour l'empire, pour l'amitié, et rien pour
Dieu? » Nous citerons encore ce passage tant de fois
répété : « Puisque, comme nous l'avons dit, il nous
est ordonné d'aimer nos ennemis, qui pourrions-nous
haïr? De même, s'il nous est défendu de nous venger
de ceux qui nous offensent pour ne pas leur ressem-
bler, qui pourrions-nous offenser? Vous-mêmes, je
vous en fais juges, combien de fois vous êtes-vous
déchaînés contre les chrétiens! Combien de fois, sans
même attendre vos ordres, la populace, de son seul
mouvement, ne nous a-t-elle pas poursuivis les pierres
ou les torches à la main! Dans les fureurs des baccha-
nales on n'épargne pas même les chrétiens morts,
défigurés, demi-consumés. Cependant nous a-t-on
jamais vus chercher à nous venger, nous que l'on
pousse avec tant d'acharnement, nous qu'on n'épargne
pas même dans la mort? Pourtant il nous suffirait
d'une seule nuit et de quelques torches, s'il nous était
permis de repousser le mal par le mal, pour tirer des
maux dont on nous accable une terrible vengeance.
Mais loin de nous l'idée qu'on puisse venger une
société divine par le fer humain, ou que cette société
puisse s'affliger des épreuves qui la font connaître!
Que si nous en venions à des représailles ouvertes,
manquerions-nous de forces et de troupes? Les
Maures, les Marcomans, les Parthes même, quelque

nation que ce soit renfermée dans ses frontières, est-elle plus nombreuse que nous, c'est-à-dire qu'une nation qui n'a d'autres limites que l'univers? Nous ne sommes que d'hier, et nous remplissons tout ce qui est à vous, vos villes, vos places fortifiées, vos colonies, vos bourgades, vos assemblées, vos camps, vos tribus, vos décuries, le palais, le sénat, le forum; nous ne vous laissons que vos temples! »

On comprend qu'un tel livre, si plein de raison, de chaleur et d'éloquence, dut avoir un immense retentissement. Aussi il gagna bien des âmes à la religion, et raffermit ceux que la persécution avait ébranlés. Plus d'un chrétien sans doute, en lisant l'œuvre de Tertullien, dut répéter dans un élan d'irrésistible enthousiasme quelques-unes des paroles qui terminent l'*Apologétique :* « Courage, magistrats! puisque le peuple vous trouve meilleurs quand vous lui immolez des chrétiens, condamnez-nous, tourmentez-nous, déchirez-nous, écrasez-nous! Le sang des chrétiens est une semence féconde. Nous multiplions à mesure que vous nous moissonnez. »

Tertullien composa un grand nombre d'autres ouvrages en faveur des chrétiens. Il ne se contenta pas d'attaquer victorieusement l'idôlatrie, mais il fit encore une rude guerre aux Juifs, aux schismatiques et aux hérésiarques, qui parurent dès les premiers siècles de l'Église et surtout en Afrique. Dans tous ces ouvrages consacrés à la polémique, comme dans le traité qu'il écrivit sur le baptême, la pénitence, la prière, les spectacles, la chasteté, la patience, etc. etc., on trouve les qualités et les défauts de l'*Apologétique :* une logique pressante, une chaleur qui se manifeste par des traits d'une sublime éloquence, souvent aussi une fine raillerie, une grande vivacité et parfois de la grâce ; mais dans tous ces livres on rencontre les vices de l'esprit africain, un goût prononcé pour les images hardies, de l'exagération et de l'emphase, et çà et là de la gêne, des obscurités et de la confusion. Toutefois les beautés, plus nombreuses et plus saillantes que les défauts, ont acquis à Tertullien une gloire que le temps n'a point encore affaiblie [1].

Malheureusement, ce qui est bien autrement grave que quelques défauts de style, Tertullien, qu'un Père de l'Église a appelé le *prince des Pères latins,* ne sut pas se défendre lui-même des erreurs contre lesquelles il avait si courageusement lutté. Par suite de quelques contrariétés, qu'il n'eut pas la patience de supporter (lui qui avait écrit un admirable traité sur cette vertu si nécessaire, dit-il, pour avoir la bonne santé de la foi), il embrassa l'erreur des *montanistes,* secte créée par Montan, qui se disait inspiré par l'Esprit ou le Paraclet. Plus tard son esprit indépendant le détacha des montanistes. Il se fit lui-même chef d'une nouvelle secte, dont les membres s'appelaient de son nom *tertullianistes.* Ils étaient nombreux en Afrique. Ce fut saint Augustin qui ramena ces schismatiques dans le sein de l'Église catholique.

Nous nous sommes étendu assez longuement sur Tertullien, parce qu'il nous semble résumer en quelque sorte dans sa personne le christianisme en Afrique : pur, ardent, enthousiaste à sa naissance et pendant la persécution ; puis, par l'influence, soit de l'orgueil humain, soit de tout autre vice, dégénérant en schismes et en hérésies.

[1] M. Jean Yanoski, *Notice sur l'Afrique chrétienne,* publiée dans le 43ᵉ volume de l'*Univers pittoresque.*

En effet, aussitôt que la persécution se ralentit, les schismes et les troubles intérieurs de l'Église d'Afrique recommencèrent.

A peu près vers l'époque où Tertullien achevait sa longue carrière, saint Cyprien fut élevé sur le siège épiscopal de Carthage. Cyprien appartenait à une des plus riches et des plus illustres familles païennes de l'Afrique romaine. Il avait reçu une brillante éducation, et s'était déjà distingué dans les sciences et par sa parole éloquente, lorsque, dans un âge avancé, il se convertit à la foi chrétienne.

A compter de ce moment, Cyprien mit toute la puissance de ses talents et de son zèle au service de la croyance qu'il avait embrassée. Il se livra avec ardeur à l'étude des saintes Écritures et des ouvrages de Tertullien, pour lequel il professait une grande admiration ; puis, lorsqu'il se sentit suffisamment fortifié par sa nouvelle étude, il essaya à son tour, par de nombreux écrits, de défendre le christianisme.

Il y avait à peine un an qu'il avait été élevé à la prêtrise, lorsque mourut Donat, l'évêque de Carthage. Plusieurs se mirent sur les rangs pour lui succéder ; mais le clergé et le peuple appelèrent Cyprien, qui se tenait à l'écart, et le proclamèrent évêque en l'an 248.

A peine Cyprien était-il monté sur son siège, qu'une violente persécution ordonnée par l'empereur Décius éclata contre les chrétiens. L'évêque de Carthage crut devoir se soustraire par la retraite à la fureur de ses ennemis, pensant que sa vie serait plus utile un jour à ses frères que l'exemple de son martyre.

On remarqua à cette époque qu'un funeste relâchement s'était opéré dans les mœurs des chrétiens. Si la

persécution de Décius fournit encore un certain nombre
de martyrs et de confesseurs, tels que Mappellicus,
Paul, Fortunion, Bassus et quelques autres, qui
s'illustrèrent par leur courage et leur dévouement,
l'ancienne gloire de l'Église d'Afrique, qui avait brillé
de tant d'éclat au temps de Septime-Sévère, fut ternie
par de nombreuses apostasies. En vain, du fond de sa
retraite, l'évêque encourageait ses frères; un bien
petit nombre seulement suivit ses conseils, et les autres
sacrifièrent lâchement aux idoles.

Quand la persécution se ralentit, un autre sujet de
douleur vint accabler Cyprien : le schisme divisa son
Église. Parmi les chrétiens qui avaient renié leur foi
et leur Dieu, plusieurs se repentirent, et, en l'absence
de leur évêque, qui les eût fait rentrer dans le sein de
l'Église, ils s'adressèrent, suivant un vieil usage, à
quelques-uns de ceux qui étaient restés fermes pendant la persécution, et qui avaient confessé sans crainte
le nom du Christ au milieu des tourments. Les évêques
et les prêtres avaient égard aux recommandations des
martyrs; en leur considération, ils se montraient volontiers indulgents, et abrégeaient pour les faibles et
les lâches le temps de la pénitence. Car il faut remarquer que ces recommandations, que ces *billets d'in-*
dulgence, comme on les appelait, accordés par les
confesseurs de la foi, ne suffisaient pas pour réconcilier
avec l'Église les apostats repentants; il fallait toujours
l'absolution de l'évêque, ou d'un prêtre approuvé par
lui. Or il arriva qu'en Afrique, dans la circonstance
dont nous parlons, la plupart des martyrs à qui les
apostats s'adressèrent ne leur accordèrent des billets
d'indulgence qu'avec une extrême réserve et sous la
condition expresse qu'ils se feraient absoudre, dès

qu'ils le pourraient, par l'autorité légitime; mais d'autres, trop fiers du courage qu'ils avaient montré, s'imaginèrent que par leurs seuls mérites ils avaient droit de réconcilier avec l'Église tous ceux qui étaient tombés. Un certain Lucien fut de ce nombre, et poussa même l'arrogance jusqu'à écrire à Cyprien qu'en sa qualité de confesseur de la foi lui, Lucien, avait *donné la paix* (réconciliation avec l'Église) à ceux qui s'étaient bien conduits depuis leur apostasie, ajoutant : « Et nous voulons que vous le fassiez savoir aux autres évêques.» (On n'a pas oublié que l'évêque de Carthage était métropolitain de l'Église d'Afrique.) Cyprien ne tint pas compte d'une semblable réclamation. Mais bientôt un homme puissant, qui s'appelait Félicissime, se mit à la tête des apostats qui réclamaient une prompte absolution, et se déclara en lutte ouverte avec Cyprien. Le saint évêque envoya de sa retraite deux évêques et deux prêtres pour faire une enquête sur la conduite de ceux qui appartenaient à son Église. Félicissime ne leur permit pas d'accomplir leur mission, et les repoussa avec menace. A cette nouvelle, Cyprien lança une sentence d'excommunication contre Félicissime et ses adhérents.

Enfin Cyprien rentra à Carthage, et pour rétablir la paix de l'Église il convoqua, en 251, un concile où se rassemblèrent soixante-dix évêques d'Afrique. On traita dans cette réunion les questions qui se rattachaient au fait de l'apostasie et du schisme. Les évêques proportionnèrent à la gravité des délits les rigueurs de la pénitence, et prononcèrent l'excommunication contre ceux qui refuseraient de se soumettre aux décrets du concile. L'Église d'Afrique, pour que ses décisions fussent revêtues d'une autorité irréfragable, envoya les règlements du concile au pape saint Corneille, à Rome. Celui-ci les approuva dans une assemblée qui, sans compter les prêtres et les diacres, se composait de soixante évêques.

L'année suivante, 252, un autre concile, tenu à Carthage, abrégea le temps de pénitence fixé pour les apostats, et les admit sans plus tarder à la communion des fidèles. Le motif de cette indulgence était l'approche d'une nouvelle persécution. Malheureusement ce concile fut l'occasion d'un nouveau schisme. Privat de Lambèse, qui avait été condamné comme hérétique quelques années auparavant par un concile tenu à Lambèse, et composé de quatre-vingt-dix évêques, se présenta pour siéger dans le concile de Carthage de 252. Il fut rejeté. Dans sa colère, il s'environna de quelques excommuniés, et choisit un certain Fortunat, qu'il consacra et proclama évêque de Carthage. Les schismatiques, pour assurer le succès de leur entreprise, écrivirent au pape Corneille une lettre remplie des plus odieuses calomnies. Félicissime fut chargé de porter cette lettre à Rome; mais Corneille, qui connaissait Cyprien, repoussa ses accusateurs [1].

La persécution qui avait motivé la réunion du dernier concile de Carthage n'atteignit point l'Afrique; ce fut Rome surtout qu'elle frappa, et le pape saint Corneille en fut une des premières victimes. Mais, en l'absence des persécutions, la vie de saint Cyprien n'en fut pas moins agitée et laborieuse. Enfin, en 257, l'empereur Valérien ordonna de poursuivre les chrétiens par tout l'empire. Cyprien fut d'abord exilé de Carthage; mais, ayant obtenu, en 258, l'autorisation

[1] M. Jean Yanoski, *Afrique chrétienne.*

de revenir dans sa métropole, il fut arrêté par ordre du proconsul Galérius-Maxime, qui le condamna à avoir la tête tranchée. Saint Cyprien souffrit le martyre le 14 septembre 258.

La persécution qui avait frappé saint Cyprien fit de nombreux ravages en Afrique. L'évêque d'Hippone, Théogène, fut mis à mort. A Utique, on jeta dans un four à chaux cent cinquante, d'autres disent trois cents chrétiens. A Carthage, les martyrs Lucius, Montanus, Flavien, Julien, Victorius, Primolus, Renus et Donatien, suivirent de près saint Cyprien. En Numidie, à Cirta (Constantine) et à Lambèse, le glaive des persécuteurs immola une grande quantité de victimes, parmi lesquelles il faut compter Émilien, Agapius, Secundinus, Marien, Jacques, Antonia et Tertulla. La persécution ne cessa qu'au moment où l'empereur Valérien tomba aux mains des Perses. Elle reprit ensuite sous Aurélien, puis sous Dioclétien, en 296; et, comme pour ajouter aux maux de l'Église d'Afrique, l'hérésie des manichéens se répandit alors dans cette contrée.

Enfin la dernière persécution sous les empereurs, et la plus terrible, fut celle qui suivit le fameux édit de Nicomédie, publié en 303 par Dioclétien et Galérius. En vertu de cet édit, les églises devaient être détruites, et les livres de la religion chrétienne consumés par les flammes. Les chrétiens étaient mis hors la loi; les juges impériaux pouvaient, suivant des cas déterminés, les exproprier, les priver de la liberté, leur ôter la vie.

C'était le dernier effort du paganisme expirant, et il n'en fut que plus effroyable.

Nous n'entrerons pas dans tous les détails de cette persécution en Afrique : nous dirons seulement qu'à

Cirta (Constantine) ce fut un prêtre de la vieille religion, Munatius Félix, flamine perpétuel, qui se chargea de mettre à exécution l'édit des empereurs. Il fit démolir les églises, et procéda avec un zèle infatigable à la recherche des livres sacrés. L'Église de Cirta se montra faible en ces jours de persécution; ses prêtres et ses lecteurs se soumirent sans opposition aux ordres du flamine Félix, et lui livrèrent les ornements du culte, les vases sacrés et tous leurs livres.

Félix, évêque de Tibiur, petite ville de la Proconsulaire, n'imita point la conduite des prêtres de Cirta. Il aima mieux souffrir le martyre que de livrer aux magistrats les livres de son église. D'autres évêques furent moins courageux, et, pour se soustraire au dernier supplice, se hâtèrent de livrer les saintes Écritures.

Cette malheureuse Église d'Afrique semblait destinée à ne plus pouvoir vivre en paix. Dès que les ennemis du nom chrétien cessaient de la persécuter, elle était déchirée par les mains de ses propres enfants. Quand la persécution suscitée par l'édit de Nicomédie se ralentit, ceux qui s'étaient montrés forts dans le danger s'enorgueillirent, et poursuivirent de leurs mépris et de leur haine les hommes qui par crainte, peut-être par surprise, s'étaient dessaisis, dans les mains des bourreaux, du dépôt sacré qui leur avait été confié. Ces derniers portaient le nom de *traditeurs*.

Saint Cyprien avait eu pour successeurs, sur le siège de Carthage, Carpophore, Lucien et Mensurius. Ce dernier mourut en 311, vers la fin de la dernière persécution. Les chrétiens de Carthage procédèrent à l'élection d'un nouvel évêque. Ils se réunirent, prêtre et peuple, et tous proclamèrent d'un commun accord le diacre Cécilien. Félix, évêque d'Aptonge, lui imposa les mains. Mais bientôt une vive opposition se manifesta contre cette élection. Botrus et Céleusius, deux clercs ambitieux qui aspiraient à cette chaire, mécontents de n'avoir pas été élus, formèrent un parti contre le nouvel évêque; ils eurent l'adresse de gagner à leur cause des personnes influentes, entre autres une femme riche et puissante, nommée Lucilla, ennemie de Cécilien parce que celui-ci, n'étant que simple diacre, l'avait jadis offensée par de justes et sévères remontrances. Un homme intrigant et habile, nommé Donat des Cases Noires, fût bientôt l'âme de ce parti, et il eut l'art d'y faire entrer la plupart des évêques de Numidie, blessés de n'avoir point été appelés à l'ordination de Cécilien.

Ces évêques se réunirent à Carthage, et formèrent un conciliabule, non dans la basilique où se trouvait Cécilien avec son clergé et le peuple, mais dans une maison particulière appartenant à des personnes de leur parti. Ils citèrent Cécilien à comparaître devant eux. Il refusa de s'y rendre. Alors ils prononcèrent contre lui une sentence de condamnation fondée sur les trois chefs suivants : 1º parce que Cécilien avait refusé de comparaître devant eux; 2º parce qu'il avait été sacré par des traditeurs; 3º enfin (ce qui ne fut jamais prouvé), parce qu'il avait empêché les fidèles, au temps de la persécution, de porter secours aux martyrs jetés dans les prisons. En conséquence, ils déclarèrent le siège de Carthage vacant, et élurent pour évêque un nommé Majorin, attaché à la maison de Lucilla, et qui n'avait jamais rempli dans l'Église d'autres fonctions que celles de lecteur.

A partir de cet instant, il y eut donc deux Églises à Carthage. « Telle fut, disent les historiens ecclésiastiques, l'origine du schisme des *donatistes*, car on leur donna ce nom à cause de Donat des Cases-Noires, et d'un autre Donat plus fameux, qui succéda à Majorin dans le titre d'évêque de Carthage. » Cette dissidence devait bientôt avoir, non seulement dans la capitale de l'Afrique, mais encore dans toutes les provinces, de graves résultats. Elle engendra des désordres sans nombre, elle disposa les peuples à se séparer de l'unité de l'Église et prépara les esprits à recevoir les erreurs de l'arianisme, que devaient apporter les Vandales. Quand ce schisme prit naissance, c'était au moment même où la religion triomphante venait de s'asseoir avec Constantin sur le trône des Césars. Les donatistes s'adressèrent à ce prince pour faire condamner Cécilien, et les reconnaître eux-mêmes comme faisant partie de la véritable Église. Constantin, en recevant leur requête, s'écria : « Quoi! vous me demandez des juges, à moi qui suis dans le siècle, tandis que moi-même j'attends le jugement du Christ ! » Et la cause fut renvoyée devant le papè Melchiade, qui, ayant convoqué un certain nombre d'évêques de Gaule et d'Italie, les assembla en concile dans le palais de Latran le 2 octobre 313. Cécilien y parut avec dix évêques catholiques, et Donat des Cases-Noires avec dix évêques de son parti. Après de longues discussions qui durèrent plusieurs jours, le concile déclara Cécilien innocent des accusations portées contre lui et approuva son ordination; Donat des Cases-Noires fut condamné comme coupable de calomnie et d'autres crimes, qu'il avait lui-même avoués; quant aux évêques qui avaient tenu le conciliabule de

Carthage et ceux même qui avaient accompagné Donat à Rome, le concile déclara ne point se séparer de leur communion, n'en excluant que Donat, l'auteur de tout le mal.

Mais les donatistes refusèrent de se soumettre à la décision, pourtant si sage, si modérée, du concile de Latran. Ils en appelèrent de nouveau à l'empereur, qui s'écria : « Quelle effronterie! quelle fureur! quelle rage! ils interjettent appel comme les païens dans leurs procès! » Cependant Constantin usa de patience dans l'espoir de pacifier une de ses plus belles provinces, et il provoqua la réunion d'un nouveau concile. Cette fois il fut convoqué à Arles, et des évêques des Gaules, de la Bretagne, de l'Italie et de l'Espagne en firent partie. Le jugement du concile d'Arles fut en tous points conforme à celui du concile de Latran, sinon qu'il se montra plus sévère contre les dissidents opiniâtres. Les Pères du concile soumirent leurs décisions au pape, qui les approuva.

Le concile d'Arles ne fut pas tout à fait inutile pour les donatistes; plusieurs renoncèrent au schisme pour se réunir à Cécilien; mais quelques chicaneurs entêtés appelèrent du jugement des évêques à l'empereur lui-même. Il en fut extrêmement affligé d'abord; mais enfin, cédant à leurs importunités, il consentit à revoir lui-même l'affaire. La chose fut donc évoquée à son tribunal, et par un jugement prononcé à Milan, le 10 novembre 316, il confirma l'arrêt porté contre les donatistes dans les conciles de Latran et d'Arles.

Les donatistes ne se rendirent pas plus au jugement de l'empereur qu'à celui des évêques. Constantin se vit obligé de bannir les plus séditieux; les magistrats voulurent user de rigueur pour faire exécuter les

ordres de l'empereur; mais les donatistes opposèrent
la force à la force. Dans plusieurs villes, à Constantine
entre autres (c'était le nouveau nom de Cirta), ils
s'emparèrent des églises et résistèrent ouvertement
aux catholiques et à l'empereur. La sévérité des édits
portés contre eux ne les arrêta point; leur zèle ne fit
que s'accroître, et bientôt, dans les classes inférieures,
qui embrassèrent en général la cause du schisme, ce
zèle prit le caractère d'un violent et sombre enthousiasme. Ce fut alors que se montrèrent les premières
bandes de *circoncellions,* nom donné à ces nouveaux
prosélytes des donatistes, mais qui dépassèrent bientôt
leurs chefs. Ces sectaires étaient pour la plupart des
esclaves, des colons, de petits propriétaires ruinés par
le fisc; ils ne s'inquiétaient pas seulement, ou même
ils ne s'inquiétaient guère de la querelle qui séparait
Donat de Cécilien; comme ils appartenaient à la classe
opprimée et souffrante, ce qu'ils voulaient, c'était une
réorganisation sociale, c'était le règne de la parfaite
égalité, et cela, disaient-ils, au nom des principes du
christianisme, qu'ils dénaturaient en l'exagérant, et
dont surtout ils n'avaient pas les mœurs. Otez-leur le
fanatisme, ce sont les bagaudes de la Gaule, ce sont
les ancêtres de la jacquerie, dont on retrouve encore
des descendants parmi les socialistes modernes.

Les bandes de circoncellions se livrèrent à de si
graves désordres, qu'il fallut envoyer contre elles des
troupes qui en firent un grand carnage; mais les populations insurgées ne rentrèrent dans le devoir que
plusieurs années après. Pendant la plus grande partie
du IVe siècle, les doctrines sociales et religieuses des
circoncellions et des donatistes agitèrent les provinces
de l'Afrique.

Vers le milieu de ce même IVe siècle, en 354, naissait à Tagaste, petite ville de la Numidie, un homme qui devait être un des plus redoutables adversaires des donatistes, et de tous les hérétiques et schismatiques en général, en même temps qu'il devait être une des plus éclatantes lumières de l'Église catholique ; nos lecteurs ont déjà nommé saint Augustin.

Nous regrettons que la nature et l'étendue de ce livre ne nous permettent de parler que bien succinctement d'un si grand saint; mais le peu que nous en dirons suffira pour rappeler à nos jeunes lecteurs sa vie et ses écrits, ou pour leur donner le désir de les connaître plus amplement s'ils ne les connaissent pas encore.

La ville où naquit Augustin n'existe plus, et l'on ne retrouve plus aujourd'hui l'emplacement même qu'elle occupait. On sait seulement qu'elle était située dans la Numidie orientale, à peu de distance d'Hippone, vers la frontière actuelle de l'Algérie et de la régence de Tunis.

Le père d'Augustin, Patrice, était un des hommes notables de Tagaste; il faisait partie du corps des décurions. Sa mère, qui exerça une si grande influence sur sa vie, et qui tint une si grande place dans ses affections, s'appelait Monique.

Il étudia d'abord à Madaure, puis à Tagaste, sa patrie, puis à Carthage. Ses mœurs se corrompirent dans cette dernière ville autant que son esprit s'y perfectionna. La secte des manichéens fit d'Augustin un prosélyte, qui en devint bientôt un apôtre. Il professa ensuite la rhétorique à Carthage, à Rome, à Milan. Saint Ambroise occupait à cette époque le siège de cette dernière ville, et ses prédications étaient célèbres.

L'amour de l'éloquence attira d'abord Augustin, et peu à peu il en vint à goûter non seulement la diction, mais aussi la doctrine du saint prélat. Les livres des platoniciens contribuèrent encore à le soulever au-dessus du matérialisme, dont il ne pouvait sortir, et à le placer sur le seuil de la religion. Platon, comme il l'avoue lui-même, lui fit entrevoir la vérité tant désirée; mais l'Évangile et les saintes Écritures achevèrent de lui dévoiler ce qui ne lui apparaissait encore que d'une manière vague et confuse.

Pendant qu'il était dans ces dispositions, sa mère vint le rejoindre; Alype et Nébride, ses vertueux amis, vinrent vivre avec lui. Ses méditations devenaient de plus en plus profondes, sa vie prenait chaque jour plus de gravité; il marchait d'un pas rapide vers la religion : il était convaincu, mais quitter tout attachement à la terre lui paraissait trop rude. Ses agitations, ses combats redoublaient; tout le poussait vers une sublime résolution; enfin, un jour qu'on lui avait raconté comment deux officiers de l'empereur venaient d'abandonner leur brillante existence pour vivre chrétiennement, il sentit en lui un mouvement extraordinaire, et une lutte décisive s'engagea dans son âme. Il quitta son ami Alype; il ne pouvait plus parler, tant il était agité. Il alla se coucher sous un figuier, se roulant par terre, versant des torrents de larmes; il demanda à Dieu de lui donner plus de force. Alors il lui sembla entendre une voix qui disait : « Prenez, et lisez. » Il se leva, et, prenant les *Épîtres* de saint Paul, il les ouvrit au hasard, et lut ces mots : « Ne vivez pas dans les festins ni dans l'impu- « dicité. Revêtez-vous de Notre-Seigneur Jésus- « Christ, et ne cherchez pas à contenter votre chair

« suivant les désirs de votre sensualité. » De ce moment il se sentit tranquille et soulagé ; son sort fut fixé.

Cette scène, la plus sublime peut-être qui puisse se passer dans le cœur d'un homme, est dépeinte d'une façon admirable dans les *Confessions;* on ne saurait rien lire de plus vrai, de plus touchant, de plus élevé. Cette époque de sa vie a paru si intéressante, que l'Église, par un privilège que saint Augustin ne partage qu'avec saint Paul, l'a consacrée par une fête particulière, qui se célèbre le 5 du mois de mai.

Dès lors il ne s'occupa plus qu'à vivre saintement. Après s'y être préparé dans la retraite par la méditation et la pénitence, il fut jugé digne de recevoir le baptême, et ce sacrement lui fut conféré par saint Ambroise, à la pâque de 387, dans la trente-troisième année de son âge.

Il résolut de retourner en Afrique. Ce fut alors qu'il perdit sa mère : douleur cruelle, que la religion seule put adoucir.

Il renonça dès lors à la profession de rhéteur, et se borna à celle d'observateur exact de l'Évangile. De retour en Afrique, il vendit ses biens pour en donner le produit aux pauvres, et conserva seulement de quoi vivre frugalement en commun avec quelques amis. Cependant ses écrits et ses travaux sur la religion allaient toujours se multipliant. A cette époque, il avait déjà publié un grand nombre de livres, parmi lesquels nous citerons celui qu'il fit contre les académiciens et leur scepticisme; un autre sur la vie bienheureuse ; un troisième intitulé : *De l'Ordre;* ses *Soliloques;* ses livres des *Mœurs de l'Église,* écrits contre les manichéens ; son livre *De la Grandeur de l'âme,* et le commencement de son ouvrage sur le *libre arbitre.*

Il vivait ainsi depuis trois ans dans la retraite, lorsqu'un jour, étant à l'église d'Hippone, l'évêque, qui était vieux, témoigna le désir d'ordonner un prêtre qui pût l'aider et lui succéder, et il désigna Augustin. Celui-ci se faisait une idée si sévère des devoirs du saint ministère, qu'il refusa d'abord de céder à ce désir de l'évêque ; mais les vœux du peuple se montrèrent si unanimes et si persévérants, qu'il ne put résister à la voix publique, tout en lui obéissant avec crainte et douleur.

Une fois entré dans les ordres sacrés, il redoubla d'austérités, et commença à prêcher avec un prodigieux succès. Il fonda un monastère où il rassembla autour de lui ses amis les plus chers, Alype, Évodius, Possidius. Là on recevait des enfants pour les instruire, des catéchumènes pour les disposer au baptême. Plusieurs autres Églises en tirèrent des colonies pour faire de semblables institutions, qui furent la pépinière de l'épiscopat. Ces communautés de prêtres et de clercs ont servi plus tard de modèle à l'érection des séminaires et d'un grand nombre de communautés religieuses.

A compter de cette époque surtout, on peut dire que saint Augustin devint un athlète infatigable pour combattre les ennemis de la foi ; les manichéens, les donatistes, les pélagiens furent tour à tour attaqués et confondus par la puissance de sa parole ou de ses écrits. En 393, un concile le donna pour coadjuteur à l'évêque d'Hippone, Valère, que jusqu'alors il avait simplement aidé dans ses fonctions. Dans ce rang élevé, son zèle, son génie, ses vertus brillèrent d'un nouvel éclat. Sa piété, sa douceur, son savoir, ses succès dans la conversion des hérétiques, sa charité envers les pauvres, ses soins éclairés pour les affaires civiles lui attirèrent la vénération de toute l'Afrique. L'énumération seule de ses travaux et de ses ouvrages nous entraînerait trop loin. Il nous suffira de dire que saint Augustin employa sa vie entière à maintenir la foi catholique contre les attaques de toute espèce, et à la répandre par ses vertus. Sa réputation s'étendit bientôt au delà des rivages de l'Afrique. De tous les points du monde chrétien on lui soumettait toutes les difficultés, et l'on implorait son savoir et son éloquence. Il répondait avec un zèle infatigable à toutes les demandes qu'on lui adressait, ce qui ne l'empêchait pas de faire au peuple de fréquentes instructions, de visiter ou d'accueillir tous les citoyens d'Hippone qui réclamaient son assistance, et d'intervenir comme juge et comme médiateur dans les différends qui s'élevaient entre les membres de son Église.

On conçoit à peine qu'au milieu d'occupations si diverses et si nombreuses Augustin ait trouvé pour écrire quelques instants de loisir; et cependant le recueil de ses œuvres forme onze volumes in-folio, et tout ce qu'il a écrit ne nous est pas parvenu. Celui de ses ouvrages qu'on regarde comme le plus beau, le plus complet, est la *Cité de Dieu*. La philosophie, l'érudition, une logique exacte, la religion, la piété, tout se trouve réuni dans ce grand et magnifique ouvrage. Il l'entreprit après la prise de Rome par Alaric, en 410, pour répondre aux plaintes des païens, qui attribuaient les irruptions des barbares et les malheurs de l'empire à l'établissement de la religion chrétienne et à la destruction des temples. Saint Augustin s'attache à démontrer dans ce livre combien, même lorsqu'elle est éclairée par la plus pure philosophie, l'idolâtrie est impuissante à donner aux hommes, même le bonheur de cette vie. Puis il explique ce que c'est que la cité céleste, c'est-à-dire l'Église de Dieu, qui subsiste là-haut dans toute sa gloire, et dont quelques fragments sont dispersés parmi la cité terrestre : c'est l'opposition continuelle de l'amour des choses de ce monde avec l'amour des choses divines, et leur combat commencé depuis la chute des anges. Presque toute la doctrine de saint Augustin se retrouve dans ce livre, qui est sans doute la plus noble peinture de la religion chrétienne; elle y est présentée, comme dans tous ses écrits, avec une douceur pénétrante. Il semble toujours appeler les hommes au bonheur et à la plénitude de l'âme, non pas seulement pour l'éternité, mais encore pour cette vie : on sent qu'il parlait d'après son expérience. Lui-même, plein de passion et de scrupule, n'avait pu trouver le calme que dans cet asile.

Si, parmi les Pères de l'Église, il y en a de plus savants que saint Augustin, de plus habiles dans le langage, d'un goût plus pur; s'il y en a aussi qui aient eu occasion de souffrir davantage pour la foi, il n'en est point qui attirent plus à la religion, qui la fassent aimer davantage, qui pénètrent plus dans le cœur de l'homme. Les peintres, dans leurs tableaux, lui ont donné pour symbole un cœur enflammé.

On reproche à ses écrits l'emploi trop fréquent des allégories; mais elles lui fournissent une certaine facilité pour appuyer les instructions qu'il donnait à son peuple. On lui reproche également les pointes, les antithèses, les rimes même, alors en vogue, mais qu'il a admises tard dans ses discours; car ses premiers écrits sont cités comme des modèles dans le genre de traiter les graves questions de la doctrine, et il n'affaiblit depuis son style, selon la remarque d'Érasme, que pour s'accommoder au goût de ceux à qui il parlait.

Ses ouvrages, en général, forment un cours complet de théologie. Le seul livre de la *Doctrine chrétienne* contient, au jugement de Bossuet, plus de principes pour entendre l'Écriture sainte qu'il n'y en a dans tous les autres docteurs. Ses *sermons*, dont il nous reste plus de quatre cents, sont de simples homélies, improvisées pour la plupart, où l'on voit un pasteur qui instruit ses brebis, un maître ses disciples, un père ses enfants. Ils sont écrits sans art, sans plan; mais on voit qu'il savait imprimer ses instructions dans les esprits par des expressions agréables ou touchantes, des pensées vives ou subtiles, adaptées au génie des Africains, qui en étaient souvent émus jusqu'aux larmes. Comme tous les grands hommes, il s'est peint dans ses *lettres;* il y développe sa belle âme, y fait admirer une vaste étendue de connaissances, une éloquence naturelle, une prudence consommée, un zèle ardent pour les intérêts de l'Église, un amour constant pour la vérité, une piété tendre et solide, une bonté qui ne se refusait à personne, une modestie sans égale. Consulté de toutes parts, et sur toutes sortes de questions, plusieurs de ses réponses sont des traités complets : on y retrouve presque entière l'histoire ecclésiastique de son temps, surtout celle des donatistes et des pélagiens.

Quand les Vandales, appelés par le comte Boniface, apparurent sur les rivages de l'Afrique, saint Augustin

pleura sur les maux présents et futurs de cette contrée. ;
Mais son affliction devint encore bien plus grande
quand la ville d'Hippone fut assiégée. Cependant il
avait la consolation de voir auprès de lui plusieurs
évêques, entre autres Possidius de Calame, un de ses
plus illustres disciples, celui-là même qui nous a
laissé sa vie. Ils mêlaient ensemble leurs prières et
leurs larmes. Saint Augustin demandait à Dieu en
particulier qu'il lui plût de délivrer Hippone des ennemis qui l'assiégeaient, ou du moins de donner à ses
serviteurs la force de supporter les maux dont ils
étaient menacés, ou enfin de le retirer du monde et
de l'appeler à lui. Dieu ne rejeta point ce dernier vœu
de son serviteur; le troisième mois du siège, il tomba
malade de la fièvre, et mourut le 28 août 430. Ainsi il
ne fut pas témoin de la prise, du pillage et de l'incen-
die de sa ville épiscopale.

« Avec saint Augustin, dit un écrivain ecclésiastique contemporain, mourut en quelque sorte l'Afrique
chrétienne et civilisée. Car, depuis cette époque jusqu'à ce qu'elle expira sous le fer des musulmans, son
existence ne fut plus qu'une longue agonie [1]. » En effet,
les Vandales étaient ariens, et ils poursuivirent les catholiques avec un acharnement qui rappelait les pires
jours des persécutions ordonnées par les empereurs
païens. Les donatistes, les manichéens, et tout ce
qu'il y avait en Afrique de sectes hérétiques ou schismatiques, firent cause commune avec les Vandales, et
embrassèrent l'arianisme. Les catholiques étaient donc
réduits à un bien petit nombre, lorsqu'un siècle après
l'invasion des Vandales, les victoires de Bélisaire et

---

[1] Rohrbacher, *Hist. univ. de l'Église catholique*, t. VII, p. 586.

la soumission de toute l'Afrique à l'empire d'Orient amenèrent une réaction en faveur des catholiques. Mais que pouvaient les édits des empereurs pour ranimer un corps à l'agonie? Depuis la conquête de Bélisaire jusqu'à l'invasion des Arabes, l'Église d'Afrique fut non seulement en proie à des déchirements intérieurs, mais elle eut surtout à souffrir de la guerre continuelle que firent à l'empire et à la civilisation les populations indigènes. Guidées pendant un siècle par des chefs qui avaient ravi sans doute à la tactique romaine quelques-uns de ses secrets, elles ne cessèrent de faire des progrès, gagnant chaque jour une nouvelle part de territoire sur la civilisation, et ramenant jusqu'à la côte le paganisme et la barbarie.

Les Arabes, dans la seconde moitié du VIIe siècle, achevèrent l'œuvre des tribus indigènes, et portèrent à la domination romaine le dernier coup. En moins d'un demi-siècle, ils établirent par la force du sabre l'islamisme sur toute la côte septentrionale de l'Afrique. Alors les évêques et les prêtres s'enfuirent et se dispersèrent; les uns se retirèrent sur les terres encore soumises aux empereurs de Constantinople; les autres, en Italie; d'autres enfin, comme Potentinus d'Utique, cherchèrent un asile en Espagne.

Douze siècles après ces événements, nous verrons la croix reparaître de nouveau triomphante sur ces rivages, le siège épiscopal de saint Augustin relevé, le christianisme refleurir, et la civilisation ramenée avec lui sur cette terre si longtemps désolée par la barbarie et le fanatisme.

Pour compléter cet aperçu de l'histoire de la religion catholique en Afrique, nous allons donner la liste des évêques de quelques-unes des villes qui sont soumises aujourd'hui à la domination française [1].

CIRTA (CONSTANTINE)

Crescens est le premier évêque connu. En 255, il vint à Carthage pour assister au concile présidé par saint Cyprien.

Paulus était évêque de Cirta lorsque fut rendu l'édit de Nicomédie (303). Il mourut en 305.

Sylvanus succéda à Paulus.

Zeuzius occupait le siège épiscopal en 330;

Générosus, vers 400.

Profuturus succéda à Générosus; on ne saurait porter au delà de 410 la durée de son épiscopat.

Fortunatus assista à la conférence de Carthage, en 411. Il fut un des sept commissaires choisis par les catholiques.

Honoratus Antoninus était évêque sous le règne de Genséric, roi des Vandales.

Victor est le dernier évêque catholique de Constantine dont l'histoire nous ait conservé le souvenir. Il

---

[1] Nous ferons observer que le nombre des évêchés dans les provinces d'Afrique s'élevait à plus de trois cents, dont la liste nous a été conservée par Morcelli dans son grand ouvrage, *Africa christiana;* nous n'avons pris dans cette liste que ceux des évêchés compris dans l'Algérie actuelle; quant aux noms des évêques, nous avons suivi M. Yanoski, en supprimant Carthage, qui était la métropole, mais qui n'appartient pas à nos possessions.

vint, en 484, à Carthage au concile convoqué dans cette ville par Hunéric, roi des Vandales.

Nous n'avons pas besoin de dire que nous n'avons pas nommé ici les évêques donatistes ou ariens.

HIPPO-REGIUS OU HIPPONE (BONE[1])

Théogène est le premier évêque connu. Il assista au concile convoqué en 255 par saint Cyprien. Nous avons parlé de son martyre.

Fidentius occupa le siège épiscopal vers 304, sans qu'on puisse bien préciser l'époque de son pontificat non plus que celui de

Léontius, qu'on regarde comme le successeur de Fidentius; mais l'était-il médiatement ou immédiatement? c'est ce qu'on ne saurait affirmer d'une manière positive.

Faustinus était donatiste. Suivant Morcelli, il était contemporain des empereurs Constance et Julien.

Valérius ou *Valère* était déjà évêque d'Hippone lorsque saint Augustin revint d'Italie.

Augustinus (SAINT AUGUSTIN), de 395 à 430.

Héraclius avait été désigné au choix du clergé et du peuple par saint Augustin lui-même. Il devait lui succéder; mais il est vraisemblable qu'il ne remplit pas ses fonctions, puisque la ville d'Hippone fut saccagée et brûlée par les Vandales. Cette ville se releva

---

[1] La ville moderne de Bone n'occupe pas l'emplacement d'Hippone; mais elle est située à deux milles seulement de distance.

plus tard de ses ruines; mais on n'y retrouve plus d'évêque catholique, si ce n'est en 1076, que le pape Grégoire VII sacra un évêque d'Hippone, nommé *Servandus*. C'est le dernier des évêques, résidant à Hippone, dont le nom soit arrivé jusqu'à nous. A partir du xive siècle, un grand nombre de prélats européens ont porté le titre qu'avait illustré saint Augustin, mais seulement comme évêques *in partibus*. Morcelli en compte quarante-trois de 1375 à 1795. Aujourd'hui ce titre n'est plus simplement *ad honores;* il a été réuni au titre d'évêque d'Alger par la bulle de notre saint-père le pape Grégoire XVI, qui a érigé l'évêché d'Alger (1838).

SITIFI (SÉTIF)

Sévérus, vers 400.

Novatus assista, dans la ville de Carthage, à la conférence de 411 et au concile de 419.

Donatus vint au concile convoqué, en 484, par Hunéric, roi des Vandales.

Optatus vint au concile convoqué, en 525, par Boniface, évêque de Carthage.

JULIA CÆSAREA (CHERCHELL)

Quatre noms seulement ont échappé à l'oubli.

Fortunatus était évêque de Julia Cæsarea, en 314. Il assista au concile d'Arles, où furent condamnés les donatistes.

Clémens occupait le siège épiscopal au temps de la révolte de Firmus, vers 372.

Deutérius assista à la grande conférence qui eut lieu à Carthage, en 411, entre les catholiques et les donatistes.

Apocarius, enfin, vint au concile qui fut convoqué, en 484, par Hunéric, roi des Vandales.

CUICULUM (DJIMMILAH)

Pudentianus assista au concile de Carthage, convoqué par saint Cyprien en 255.

Elpidéphorus assista, en 348, au concile de Carthage, présidé par le métropolitain Gratus.

Cresconius assista à la conférence de Carthage de 411, entre les catholiques et les donatistes.

Victor vint au concile convoqué, en 484, par Hunéric, roi des Vandales.

Crescens se rendit à Constantinople et assista, en 553, au cinquième concile œcuménique.

ICOSIUM (ALGER)

Crescens assista, en 411, à la conférence de Carthage. Il était du parti des donatistes.

Laurentius assista, en 419, au concile convoqué à Carthage par l'évêque Aurélius.

Victor vint au concile convoqué, en 484, par Hunéric, roi des Vandales.

IGILGILI (DJIDJELLI)

Urbicosus assista, en 411, à la conférence de Carthage.

Domitianus vint au concile convoqué, en 484, par
Hunéric, roi des Vandales.

SALDÆ (BOUGIE)

Pascharius est le seul évêque de cette ville dont le
nom ait échappé à l'oubli. Il figure dans la liste des
évêques qui ont assisté au concile de 484.

CHAPITRE IV

Période arabe. — Des causes qui disposaient les Arabes à l'invasion du nord de l'Afrique.— Nom donné à ce pays par la géographie arabe. — Tradition ancienne sur l'origine commune du peuple envahisseur et du peuple envahi. — Analogie des mœurs et des habitudes de l'un et de l'autre. — État de la domination byzantine à l'époque de l'invasion arabe. — Le prosélytisme religieux pousse les Arabes hors de leur pays.— Pourquoi la doctrine de Mahomet fut adoptée facilement par les Arabes. — L'islamisme ne peut vivre que par la guerre et la conquête. — Invasion et soumission du Maghreb. — Résistance des Berbères. — Changements apportés par l'invasion arabe. — Habile administration de Mouça-ben-Noçaï. — Secte hérétique musulmane en Afrique. — Révolte contre la domination arabe. — Dynasties des Édrissites et des Aghlabites.— Elles sont renversées par les Fathimites. — Secte des *Chiites;* son origine ; ses croyances.— Les Fathimites se fixent en Égypte. — Dynastie des Zirites. — Invasion des Normands de Sicile. — Dynastie des Almoravides. — Dynastie des Almohades. — Conquêtes d'Abd-el-Moumen, le plus illustre des Almohades. — Abou-Jacoub *el-Mansour,* son fils. — Ses succès contre les chrétiens en Espagne.— Mohammed-Abou-Abdallah, fils du précédent, perd la grande bataille de Tolosa contre Alphonse IX, roi de Castille.— Suites de cette bataille. — Chute de la dynastie des Almohades. — Trois dynasties, les Béni-Mérin, les Béni-Afez et les Béni-Zian, se partagent leur empire en Afrique. — Royaume de Tlemcen. — Son état florissant sous les Béni-Zian. — Décadence des trois nouvelles dynasties.— Conquêtes des Espagnols sur le littoral de l'Afrique.

Des causes puissantes et diverses, nées de la constitution même des populations indigènes d'Afrique, de leurs origines probables et de leurs nombreuses affinités avec les hordes arabes qui avaient récemment embrassé l'islamisme, ouvraient à celles-ci ce vaste pays qui, placé au delà de l'Égypte jusqu'à l'Atlantique, à l'occident de leurs déserts, n'était connu des nouvelles populations conquérantes que sous la dénomination générique et vague de *Maghreb* (le couchant)[1]. Ce n'est que longtemps après la conquête de ce pays qu'on trouve dans les géographes arabes une division du Maghreb en trois parties : Maghreb-el-Aksa (le couchant extrême), qui s'étendait depuis l'Atlantique jusqu'à Tlemcen, et qui correspond à peu près à l'empire actuel du Maroc ; Maghreb-el-Ouassat (le couchant du milieu), comprenant le pays à l'est de Tlemcen jusqu'à Bougie, et qui n'était pas aussi considérable que l'Algérie telle que la France la possède ; enfin, la province d'Afrique proprement dite (Afrikia), dont la frontière orientale touchait à l'Egypte.

Des traditions antiques, dont les traces se retrouvaient à la fois et chez la race de l'invasion et parmi les peuplades berbères et numides qui allaient la subir, assignaient à la plupart de ces dernières une origine arabe, ou abrahamique, ou cananéenne. Nous avons déjà parlé de cette hypothèse recueillie par les historiens grecs du Bas-Empire, d'après laquelle une partie de la population indigène se rattachait à ces Cananéens chassés de Palestine par Josué, chef des Israélites. Un autre ordre de traditions donnait pour ancêtres à une partie des tribus nomades d'Afrique les colonies hémiarites qui, au nombre de cinq, auraient, à une époque très reculée, passé d'Arabie dans le Maghreb, sous les ordres de Melik-Afrikis, fils de Kaïs,

---

[1] De là vient le nom de Maugrebins ou Maugrabins donné souvent par nos vieux auteurs aux habitants du pays barbaresque.

et auquel, toujours d'après ces mêmes traditions, l'Afrique eût été redevable de son nom moderne. Quoi qu'il en soit de l'époque et du chef de cette grande émigration, les cinq grandes tribus qui en faisaient partie, et qui, sous les noms de Senhadjah, de Mas-moudah, de Zenatah, de Goumrah et de Haouarah, prirent racine dans le pays, y exercèrent dès lors et depuis une large part d'influence; leur postérité, à travers les vicissitudes de l'histoire si troublée des dominations arabe et turque, après des alliances et des croisements infinis, s'est perpétuée jusqu'à nos jours, et on trouve encore en Algérie des tribus ber-bères portant les mêmes noms que les cinq tribus hémiarites qui pénétrèrent d'abord en Afrique.

Indépendamment de ces rapports de parenté origi-nelle, une analogie frappante se faisait remarquer dans les habitudes et les mœurs sociales des Arabes et celles des anciennes populations du Maghreb que les conquêtes successives des Carthaginois, des Ro-mains et des Vandales avaient refoulées dans les dé-serts du sud et dans les chaînes de montagnes les plus inaccessibles. La vie nomade, la polygamie, l'amour de la guerre et du pillage se retrouvaient également dans les deux races. Leurs langues offraient aussi une certaine conformité, et, à travers des altérations qui indiquaient une antique séparation, semblaient révéler deux peuples frères.

La conquête de l'Afrique devait donc tenter les fils d'Ismaël; leur imagination ardente ajoutait encore aux avantages positifs et réels de cette contrée, en y plaçant de chimériques trésors. Pour les crédules en-fants de l'Arabie, la terre d'Afrique était dès lors et resta depuis la terre des enchantements et des magi-

ciens, la terre de l'or : aussi l'émigration conquérante
put-elle se recruter facilement au sein de tribus pauvres et avides, auxquelles s'offraient en proie des
races épuisées, abâtardies, livrées à tous les maux de
l'anarchie et de la guerre.

En effet, au moment de l'apparition des Arabes, la
domination gréco-romaine présentait, dans toutes
les parties occupées de l'Afrique septentrionale, le
spectacle d'une complète dissolution. Une administration avide et corrompue; des populations écrasées
d'impôts, mécontentes, travaillées d'ailleurs par des
hérésies sans nombre; des campagnes dévastées; des
villes livrées à une immoralité effrayante, perpétuellement menacées par les incursions des peuplades
berbères de l'intérieur : voilà de quoi se composaient
les dépendances africaines de l'empire grec ; tels
étaient les éléments de résistance que les Césars de
Byzance avaient à opposer à l'irruption de hordes ar-
dentes, fanatisées, auxquelles frayaient déjà les voies
l'état religieux du pays, et des affinités réelles et profondes avec la portion cananéenne ou abrahamique de
ses populations.

Enfin la cause principale qui poussait tout à coup
les Arabes hors de leur pays était le prosélytisme religieux. Mahomet venait d'ouvrir une nouvelle ère aux
populations de l'Orient, en produisant à leurs yeux
un nouveau livre de foi. Des traditions obscures, mais
d'ailleurs confirmées, ont mentionné les relations que
Mahomet, à diverses époques de sa vie, aurait entre-
tenues avec des chrétiens orientaux et avec des sectateurs de Moïse et de Zoroastre. Il puisa certainement
dans ces relations la plupart de ses doctrines religieuses; mais il ne connut que de seconde main les

livres sacrés de l'Ancien et du Nouveau Testament. Il s'inspira bien plus des rêveries des rabbins juifs, ou des hérésiarques nestoriens, ariens ou jacobites, que du Pentateuque ou de l'Évangile. Toutefois cette fusion, dans un livre unique, de toutes les idées religieuses en circulation de son temps, fut pour Mahomet une cause de succès auprès de populations livrées à des hérésies sans nombre et aspirant à l'unité. Tandis qu'il n'était pour les uns qu'un rénovateur heureux du culte d'Abraham, il restait pour d'autres presque un chrétien, et pour d'autres encore un disciple modifié de Moïse. Tout servit, d'ailleurs, à Mahomet pour la propagation de ses idées : le glaive et la persuasion, les rêves de son imagination en délire, et jusqu'aux atteintes de l'épilepsie dont il souffrait, et qui passaient aux yeux de ses ignorants et fanatiques disciples pour des extases pendant lesquelles il était en communication avec Dieu.

Au caractère divin de la religion du Christ, à ses dogmes mystérieux et profonds, à l'esprit de douceur et d'abnégation que Jésus était venu prêcher sur la terre, la religion de Mahomet opposait un caractère profondément *humain,* si l'on peut dire, et parfaitement adapté aux passions et aux intérêts matériels des tribus grossières auxquelles elle s'adressait. La religion chrétienne, en combattant les mauvais penchants de l'homme, tend sans cesse à élever son âme vers la perfection ; la religion de Mahomet, au contraire, en favorisant les mêmes penchants, entraîne nécessairement l'homme dans la dégradation et l'abrutissement. L'une est la religion du progrès, du véritable progrès intellectuel et moral ; l'autre en est la négation. Pour se convaincre de ces vérités, ou n'a qu'à jeter les yeux sur les nations diverses qui suivent aujourd'hui l'une ou l'autre de ces deux religions.

L'islamisme, d'après le caractère que lui a imprimé son fondateur, fut avant tout une religion de conquête et d'invasion; et ce caractère fut toujours si bien marqué en lui, que ses destinées mêmes ont depuis toujours été liées aux destinées de la guerre contre les nations qu'il appelait *infidèles*, soit qu'elles fussent chrétiennes ou païennes. Toutes les fois que le *djehad* (la guerre sainte) s'est arrêté, l'islamisme lui-même a commencé à décroître. Il ne vit que par la guerre et semble impuissant pour les fondations pacifiques; aussi n'a-t-il pas été, jusqu'à ce jour, dans ses destinées de fonder des empires durables.

Quoi qu'il en soit, l'islamisme était on ne peut mieux constitué, dans l'origine, pour la mission de guerre qu'il s'était imposée. L'incroyable rapidité de ses conquêtes le prouve bien, et c'était après avoir réduit sous son joug les plus belles portions de la Syrie, de l'Irak et de l'Égypte qu'il se présentait en conquérant devant les Africains, déjà plus qu'à demi vaincus. Par sa triple face, juive, chrétienne et sabéenne, il leur offrait à tous des points de contact avec lui-même. Filles d'Ismaël ou de Canaan, les tribus de l'Arabie se présentaient en sœurs aux tribus d'Afrique pour les délivrer de la domination occidentale et chrétienne.

Nous ne suivrons pas les phases diverses et fort peu intéressantes pour nous de la conquête arabe en Afrique. Nous dirons seulement que le Maghreb, envahi pour la première fois vers l'an 648, sous le califat d'Othman, une seconde fois en 665, fut complètement soumis vers l'an 62 de l'hégire (681 de J.-C.), par Okba, gouverneur pour le calife Iézid. Les Berbères se soulevèrent plusieurs fois contre les envahisseurs arabes, et, tout en acceptant l'islamisme, on peut dire qu'ils partagèrent avec les Arabes la domination du pays, plutôt qu'ils ne leur furent soumis.

Du reste, en moins d'un siècle l'invasion musulmane changea complètement l'état politique et l'aspect du pays. De nouvelles dénominations remplacèrent les noms romains, et les conquérants musulmans firent disparaître jusqu'aux dernières traces des deux cent quatre-vingt-treize églises épiscopales que la persécution des Vandales avait déjà frappées à mort dans les seules limites du moderne territoire algérien.

Sous l'administration de Mouça-ben-'Noçaïr, celui qui fit la conquête de l'Espagne, le Maghreb fut quelque temps pacifié et organisé d'une manière régulière. Mouça s'attacha surtout à gagner les populations berbères et le reste des colonies romaines et vandales. Il rappela aux Berbères leur communauté d'origine avec les Arabes; et, comme ils étaient la plupart ariens ainsi que les descendants des Vandales, il n'eut pas de peine à les convertir à l'islamisme. On sait que cette secte, se rapprochant beaucoup de la doctrine de l'islamisme, regardait Jésus-Christ comme un prophète, et non comme le Fils de Dieu ; cette analogie dans les croyances rendit plus facile la tâche de Mouça. Il sut ménager les superstitions et les préjugés des populations qui habitaient les montagnes. Il n'exigea d'elles que de reconnaître Mahomet comme prophète, laissant au temps de purifier leur foi. Le temps ne les a pas beaucoup éclairés ; car encore aujourd'hui les montagnards de la Kabylie, les descendants des Berbères, ne sont pas des musulmans très fervents. Mais ce que voulait Mouça, en administrateur habile, c'était avant tout de se faire de ces peuples des alliés plutôt que des sujets; et, en effet, il trouva parmi eux de vaillants auxiliaires pour la conquête de l'Espagne.

Le successeur de Mouça, Mohammed-ben-Iézid, s'attacha comme son prédécesseur à la conversion des Berbères; mais avec l'islamisme pénétra dans leurs tribus ce cortège de schisme et d'hérésie qui dès cette époque déchirait la religion de Mahomet : sous le titre commun de *khouaridj,* des sectaires de croyances et de noms divers apportèrent en Afrique le germe de dissensions pareilles à celles qui, sous les empereurs chrétiens, l'avaient déjà tant de fois ensanglantée. Le *khouaridjisme* vint constituer, au sein de la religion de Mahomet, une sorte de protestantisme oriental, conviant à la fois les peuples à l'indépendance politique et religieuse, ramenant ou prétendant ramener les musulmans à la pureté de la foi primitive, à la pratique des bonnes œuvres, à la vie et à l'égalité patriarcales. Ces doctrines se concilièrent rapidement, dans les pauvres et belliqueuses tribus de l'intérieur, de nombreux partisans. Ces tribus, qui jadis avaient fourni aux donatistes et aux circoncellions leurs partisans les plus intrépides, se jetèrent avec fureur, une fois qu'elles eurent embrassé l'islamisme, dans les sectes hérésiarques de la foi nouvelle. Il semblait dans les instincts et dans les destinées de cette terre d'Afrique de rejeter toujours le joug de l'unité religieuse; mais plus d'une fois sous le masque du schisme se cacha l'aspiration à l'indépendance politique : l'appel à la rénovation religieuse ne fut bien souvent, entre les mains des Berbères opprimés, qu'un prétexte voilant leur prétention à devenir les égaux de leurs maîtres, ou quelquefois même qu'une hardie revendication de la suprématie.

On conçoit qu'avec de pareilles dispositions, le Maghreb dut être en proie à des révoltes presque continuelles contre la domination arabe. Les déchirements intérieurs de l'Afrique ne firent que s'accroître quand le califat passa de la main des Ommiades dans celles des Abbassides. Au milieu de l'anarchie qui suivit cette grande révolution, surgirent deux dynasties africaines qui ramenèrent à une sorte d'unité le Maghreb, prêt à se morceler en vingt petits États. Ce sont : dans l'ouest, les Béni-Édris (Édrissites) ; dans l'est, les Béni-Aghlab (Aghlabites).

Les Édrissites régnèrent à Tlemcen, occupèrent Ceuta, Tanger, et tout ce qui composait les anciennes Mauritanies (Tingitane, Sitifienne et Césarienne).

Le siège de l'empire des Aghlabites fut Kaïroan, et plus tard Tunis.

Ces deux dynasties furent renversées par celle des Fathimites, qui joua un rôle si considérable dans tout l'empire musulman. Abou-Obéid-Allah, le fondateur de cette dynastie, se prétendait issu de Fatmah, fille de Mahomet, et d'Ali, son gendre. Pour faire comprendre l'influence qu'Obéid-Allah exerça dans la révolution qu'il accomplit en Afrique, il est nécessaire d'entrer dans quelques détails.

Les *Chiites*, une des nombreuses sectes de l'islamisme, étaient alors très nombreux en Afrique. Un des principaux points de leur croyance est de regarder Ali, gendre du Prophète, comme son successeur légitime et immédiat ; ils ne reconnaissaient point comme orthodoxes Abou-Bekr, Omar et Othman, qui ont précédé Ali dans les fonctions de calife. L'opinion que la souveraineté spirituelle et temporelle doit résider exclusivement dans les descendants d'Ali a toujours été très répandue en Orient. Les musulmans comptent douze imans, descendant en ligne directe d'Ali, et dont le dernier, d'après une tradition chiite adoptée par les orthodoxes eux-mêmes, a disparu à l'âge de douze ans dans une caverne où sa mère l'avait caché pour le soustraire à ses ennemis. Cet iman, nommé Mohammed-el-Mahdi, vit encore, et il doit apparaître dans le monde avant la fin des siècles, avec Jésus-Christ et Élie. Ces trois pontifes ou prophètes réuniront tous les peuples en une seule nation, et il n'y aura plus de distinction de juifs, de musulmans, de chrétiens.

Cette croyance, chère à l'imagination exaltée et amoureuse du merveilleux des Arabes, a été exploitée, à diverses époques, par des ambitieux qui ont voulu se faire passer pour l'iman El-Mahdi, afin de s'emparer du pouvoir suprême. La foi des musulmans dans cette tradition n'a pas été ébranlée par les entreprises audacieuses répétées par divers imposteurs dans plusieurs contrées; et aujourd'hui encore on retrouve en Algérie, dans les prophéties sur la venue du *Moula saa,* dont Bou-Maza a su tirer il y a quelques années un parti si habile, le souvenir vivant de la légende de Mohammed-el-Mahdi.

C'est donc à l'aide de son prétendu titre de descendant d'Ali qu'Obéid-Allah gagna une foule de partisans parmi les populations berbères, et que bientôt, se voyant à la tête d'une armée, il attaqua et renversa les dynasties qui régnaient dans le Maghreb.

Après avoir établi solidement, autant que cela était possible sur de pareils peuples, leur domination en Afrique, les Fathimites firent la conquête de l'Égypte sous le règne de Moaz-el-Din-Illah, petit-fils d'Obéid-Allah, et y fixèrent le siège de leur empire dans la ville du Caire.

En partant pour l'Égypte, Moaz confia à Joucef-ben-Ziri le gouvernement de l'Afrique. Mais bientôt Ziri se déclara indépendant, et il fonda une dynastie nouvelle appelée des Zirites.

Les Béni-Ziri, successeurs de Joucef, eurent à se défendre contre les Fathimites d'Égypte, qui voulaient parfois faire revivre dans toute leur intégrité les droits de leur maison sur l'Afrique, et qui portèrent le ravage jusque dans Tripoli, dont ils s'emparèrent (1054), et dans Kaïroan, qu'ils dévastèrent (1061).

D'un autre côté, la Sicile, échappée au joug arabe, et tombée aux mains des conquérants normands, devenait redoutable aux maîtres de l'Afrique, après s'être vue longtemps en leur pouvoir. Une première conquête de Tripoli (1146) avait été suivie de l'occupation par Roger, roi de Sicile, de presque toute la côte d'Afrique entre Tripoli et Tunis. La dynastie des Zirites, pressée de tous côtés à l'extérieur par de puissants ennemis, travaillée à l'intérieur par des révoltes continuelles et des rivalités toujours renaissantes, disparut enfin devant la souveraineté des Almoravides, déjà puissante à cette époque dans l'ouest de l'Afrique.

La puissance politique des Almoravides (*El-Morathah,* les liés de Dieu, les marabouts), comme celle de la plupart des dynasties africaines, avait pris naissance dans le sein d'une secte religieuse. On ne

compte que cinq princes de cette dynastie, qui régnèrent pendant quatre-vingt-quinze années environ.
Le plus célèbre de ces princes fut Joucef-ben-Tachfin.
Après s'être emparé de tout le Maghreb occidental,
il fonda la ville de Maroc, et poussa ses conquêtes
dans l'Afrique orientale jusqu'à Alger. Appelé au secours des musulmans de l'Andalousie, Joucef rassembla une puissante armée. Il remporta contre Alphonse
de Castille une victoire signalée à Zalaka, dans les
environs de Badajoz (1083 ou 479 de l'hégire). Le
résultat de cet important succès fut pour Joucef la
possession de l'Andalousie, de Grenade, de Malaga
et de Séville. Arrivé au plus haut point de la grandeur, le prince almoravide, qui régnait sur l'empire
actuel du Maroc, une grande partie de l'Algérie et les
plus belles provinces de l'Espagne, prit le titre d'*émir-
el-moslemin* (commandeur des musulmans), ne voulant pas empiéter sur le titre d'*émir-el-moumenin*
(commandeur des croyants), réservé aux Fathimites
d'Égypte et regardé comme leur propriété légitime.
Joucef mourut en 406 de l'hégire, laissant une des
plus grandes renommées qui aient subsisté parmi les
populations musulmanes de l'Occident.

Sous les successeurs de Joucef, la puissance des
Almoravides déchut rapidement. Une nouvelle dynastie, celle des Almohades, issue comme eux des
tribus berbères, vint les déposséder en Espagne et en
Afrique. Les derniers Almoravides, poursuivis par
leurs heureux compétiteurs devant Tlemcen, dans Oran
et jusque dans le Maroc, succombèrent enfin, vers
l'an 543 de l'hégire.

La dynastie des Almohades (*el-mouadhin,* unitaires)
se rattachait par des origines à la grande tribu berbère

de Masmoudah. Le fondateur de cette dynastie, Abou-Abdallah-Mohammed-ben-Toumart, s'éleva au pouvoir par les mêmes moyens qui avaient établi la grandeur des Almoravides, c'est-à-dire les prédications religieuses et la prétention hautement avouée de ramener tous les musulmans à l'austérité primitive et à l'unité dont ils s'étaient écartés. Reconnu comme *el-Mahdi* par les musulmans de l'Ouest, en 515 de l'hégire (1121 de J.-C.), il composa en langue berbère un traité sur l'unité de Dieu et sur les devoirs imposés à ses disciples. Bientôt il réunit vingt mille combattants dévoués, et attaqua les Almoravides. Il n'avait pas achevé de les soumettre quand il mourut (1130), désignant Abd-el-Moumen pour son successeur.

Abd-el Moumen est le représentant le plus illustre des races berbères qui régnèrent sur l'Afrique. Son empire, né dans le Maghreb-el-Aksa (le Maroc), en dépassa bientôt les limites. Investi du titre d'*émir-el-moumenin,* devant lequel les Almoravides eux-mêmes avaient reculé, il se rendit maître de Tlemcen et d'Oran, tandis que ses lieutenants s'emparaient pour lui de l'Andalousie. En 544 de l'hégire (1151 de J.-C.), il enleva Milianah, Alger, Bougie, Bone et Constantine aux Beni-Hammad, princes de la branche cadette des Ziristes, qui étaient restés en possession de ces contrées. En 1159, il s'empara de Tunis, de Kaïroan, de Madhiah, et reprit toutes les conquêtes des Normands de Sicile dans le nord de l'Afrique. Ainsi, maître du Maghreb depuis Barka jusqu'à l'océan Atlantique, il reconstitua encore une fois l'unité de cette contrée déjà si souvent démembrée. Abd-el-Moumen mourut après un glorieux règne de trente-quatre ans.

Abou-Iacoub-Joucef, surnommé *El-Mansour*, le
Victorieux, fils et successeur d'Abd-el-Moumen, jouit,
pendant vingt-deux ans d'un règne glorieux, du double
empire de l'Afrique et de l'Espagne. En 1195, il
gagna la bataille d'Alarcos contre Alphonse IX, roi de
Castille, et à la suite de cette grande victoire il s'empara de Séville, de Calatrava, de Guadalaxara, de
Madrid et d'Escalona; il échoua au siège de Tolède,
et retourna en Afrique sans avoir tiré de l'important
succès qu'il avait obtenu tout le résultat que l'affaiblissement des chrétiens aurait pu alors lui procurer. La
cour de ce prince, dont le siège fut alternativement
en Espagne et en Afrique, fut le rendez-vous des
hommes les plus célèbres de cette époque dans les
sciences et dans les arts de l'islamisme. Parmi les
savants qu'il combla de ses faveurs, on remarquait :
Ebn-Rosh (Averroès), le traducteur d'Aristote, et Ebn-
Zohar (Avensoar), médecin d'Iacoub, dont la renommée a survécu à la puissance des Almohades.

Les longs séjours d'Abou-Iacoub et de ses successeurs en Andalousie les obligèrent d'abandonner à des
oualis ou lieutenants presque indépendants les gou-
vernements de Tlemcen, d'Oran, de Bougie et des
autres centres de leur autorité en Afrique. Ce fut une
des circonstances qui de loin préparèrent les voies à
la ruine des Almohades.

Mais ce qui donna le signal de la décadence des
Almohades, et qui brisa l'unité de leur empire, ce fut
la perte de la grande bataille de Tolosa sous le règne
de Mohammed-Abou-Abdallah, surnommé *El-Nacer*,
fils et successeur de Iacoub. Alphonse IX brûlait de
réparer sa défaite d'Alarcos. Instruit de ses dispositions, Mohammed-el-Nacer donna des ordres pour

qu'on se disposât à la guerre sainte. Six cent mille musulmans répondirent à cet appel, et depuis longtemps le *djehad* (guerre sainte) ne s'était annoncé d'une manière aussi formidable. De son côté, le pape Innocent III avait fait prêcher une croisade pour repousser les ennemis de la chrétienté. De nombreux chevaliers français, allemands, italiens, vinrent s'unir aux troupes d'Alphonse. Les deux armées se rencontrèrent dans les plaines de Tolosa, au pied de la Sierra-Morena. Les musulmans furent mis dans une complète déroute, et, d'après le rapport de plusieurs historiens et même de témoins oculaires, deux cent mille périrent sur le champ de bataille, tandis que la perte des chrétiens fut insignifiante [1]. Quoi qu'il en soit, cette victoire de la chrétienté contre les forces réunies de tous les peuples musulmans de l'Ouest marqua le commencement de la décadence de l'islamisme en Espagne. Les progrès des princes chrétiens ne s'arrêtèrent plus, et l'Europe occidentale, qui avait eu tant à souffrir de l'invasion arabe, dans la Péninsule et dans le midi de la France, fut définitivement délivrée des alarmes auxquelles elle était sans cesse en proie. Le drapeau musulman ne se releva pas de cet échec, et la puissance des Almohades en fut ébranlée jusque dans ses fondements.

Après la défaite de Tolosa, Mohammed-el-Nacer abdiqua en faveur de son fils El-Mostancer, prince faible, adonné au plaisir, et abandonnant le soin des affaires à des ministres avides et intrigants. L'usurpation commença dès lors à démembrer l'empire des Almohades. Les oualis ou lieutenants méconnurent

---

[1] Les Arabes ont donné à cette bataille le nom de *El-Akhab*, c'est-à-dire journée du châtiment.

plus que jamais le pouvoir de leur chef suprême. En vain Edris-el-Mamoun, un des successeurs d'El-Mostancer, voulut, par une réforme semi-politique et semi-religieuse, arrêter les progrès de cette rapide décadence; il vit tour à tour l'Espagne et les Baléares se détacher de ses États, l'Afrikiah (Tunis, Tripoli) se proclamer indépendante, et les éléments d'une résistance qui, sous ses deux successeurs, Abou'l-Hassan-el-Saïd et Abou'l-Ola-Edris, se termina par un soulèvement général et l'élévation de nouvelles dynasties.

Dans ce nouveau démembrement général du Maghreb, trois dynasties principales prirent la place des Almohades : les Béni-Mérin, dans les provinces de Fez, de Maroc et de Meknéçah; les Béni-Hafez, dans la province de Tunis; et les Béni-Zian, à Tlemcen. La plus grande partie de l'Algérie actuelle était comprise dans ce dernier État. La dynastie des Almohades finit en 1269, après avoir régné environ cent cinquante ans.

Sous la dynastie des Béni-Zian, le royaume de Tlemcen, malgré ses guerres continuelles avec les Béni-Mérin du Maroc et les Béni-Hafez de Tunis, atteignit un grand état de prospérité. Le port principal de ce royaume était Oran, et il s'y faisait un commerce considérable. Marseille, Arles, Agde, Narbonne, les Vénitiens, les Portugais et les Catalans, venaient y échanger des armes, des étoffes, de la verroterie, etc., contre de la poudre d'or, de l'ivoire, des plumes d'autruche, des laines, de la cire, des cuirs préparés, etc. Ces renseignements prouvent que Tlemcen entretenait un commerce important avec les tribus du Sahara, et avec l'intérieur du continent africain. Les gouverneurs de Tlemcen vivaient avec magnificence, et le bruit des richesses que renfermait leur capitale a souvent armé contre eux les sultans des contrées voisines.

Les trois dynasties qui avaient succédé aux Almohades, s'affaiblissant mutuellement par des guerres intestines, se maintinrent pourtant jusque dans la seconde moitié du xvi° siècle. Mais les attaques incessantes des Espagnols contribuèrent bientôt à hâter leur chute. En 1481, la ville de Mélilla fut prise par les Espagnols, et devint un apanage de grandesse. Après la prise de Grenade et la chute de ce dernier royaume musulman, les entreprises de l'Espagne contre l'Afrique devinrent plus sérieuses. En 1505, les troupes espagnoles attaquèrent et prirent le fort de Mers-el-Kébir, près d'Oran, et quatre ans après le cardinal Ximenès s'empara lui-même de cette dernière ville. Il rentra à Carthagène cinq jours après en être parti, laissant à l'amiral Pierre de Navarre le soin d'étendre une conquête à laquelle il avait déjà contribué par sa valeur et son habileté. Après avoir soumis toutes les places des environs d'Oran, Navarre fit voile pour Bougie et s'en empara sans coup férir. Une victoire si prompte, et qui n'avait rien coûté aux chrétiens, jeta l'épouvante dans tout le pays; les villes voisines envoyèrent à l'envi des députés au vainqueur pour implorer sa clémence, se soumettre à l'obéissance de Ferdinand et s'engager à lui payer tribut. Au nombre de ces villes on comptait Alger, Dellis, Tlemcen, Mostaganem et Tunis même.

Les Espagnols maîtres d'Alger (1510), pour défendre leur conquête du côté de la mer, élevèrent, sur un roc isolé et formant une île au-devant de la ville, un fort qui donna une grande importance au port, et assura pendant quelques années leur domination dans ces parages. Mais ils traitaient les habitants de la ville avec une rigueur si excessive, que ceux-ci n'attendaient qu'une occasion favorable pour se soulever. La mort de Ferdinand le Catholique, arrivée en 1516, leur parut être cette occasion. Salem-ben-Toumi, chef des Béni-Mezghana, dont Alger était la capitale, eut recours à l'assistance d'un pirate que ses exploits et ses conquêtes récentes avaient déjà rendu célèbre ; c'était Aroudj, le premier Barberousse, le fondateur de la régence d'Alger, telle qu'elle a subsisté depuis cette époque jusqu'à nos jours.

CHAPITRE V

fort de la goulette. — Défaite de Barberousse. — Il s'enfuit à Bone.
— Charles-Quint s'empare de Tunis et rétablit l'ancien souverain. —
A quelles conditions. — Barberousse gagne Alger. — Son expédition
sur Mahon. — Il retourne à Constantinople. — Sa mort. — Son
portrait.

Vers la fin du xve siècle, sous le règne du sultan
Bajazet II, vivait dans l'île Mitylène, l'ancienne Les-
bos, un potier du nom d'Iacoub [1]. Il eut quatre fils :
Élias, Ishac, Aroudj et Khaïr-ed-Din. Aroudj se fit
remarquer de bonne heure par son esprit entrepre-
nant et résolu. A la mort de son père, il organisa
avec son frère Élias un armement recruté parmi les
jeunes marins de Mitylène pour courir sur les chrétiens. La fortune leur fut d'abord contraire; dans un
combat livré contre des galères de l'île de Rhodes,
Élias fut tué et Aroudj fut fait prisonnier. Mais il parvint bientôt à s'échapper, et se réfugia dans un port
de la Caramanie. De là il se rendit en Égypte, et peu
de temps après on le vit paraître à la tête d'une petite
flotte qui ravagea les côtes de la Pouille, et porta
l'alarme et l'épouvante dans la plus grande partie de
la Méditerranée.

L'année suivante, Aroudj établit sa croisière sur les
côtes du royaume de Tunis, après avoir obtenu du
sultan de ce pays (Mouley-Mohammed des Béni-Afez)
la permission d'abriter sa flotte dans un des ports de
ses États, et d'en faire le centre de ses entreprises

---

[1] Ces détails sur l'origine des deux Barberousse et sur la fondation
de la régence d'Alger sont extraits d'une chronique arabe du xvie siècle,
ayant pour titre : *Gazewat Aroudj we Kaïr-ed-Din* (Histoire d'Aroudj
et de Khaïr-ed-Din), publiée sur un manuscrit de la Bibliothèque nationale par MM. Sander Rang et Ferdinand Denis. Paris, 1837; 2 vol.
in-8°.

maritimes. Il obtint cette autorisation moyennant l'engagement qu'il prit de donner au sultan le cinquième des prises qu'il ferait sur les chrétiens. Son frère Khaïr-ed-Din vint le rejoindre, et ils s'établirent à Tunis. La bravoure de ces corsaires, les riches captures qu'ils enlevèrent aux Espagnols et aux Italiens, rendirent leur nom célèbre sur tout le littoral du Maghreb. Ils eurent bientôt acquis assez d'importance pour songer à se créer une petite principauté indépendante et s'affranchir de l'espèce de tribut qu'ils payaient au sultan de Tunis.

Ils portèrent d'abord leurs vues sur Bougie, qui depuis trois ans était au pouvoir des Espagnols; mais, dans une première tentative sur cette ville, Aroudj eut le bras traversé par une balle de mousquet. Cette blessure nécessita l'amputation, et tandis que son frère se retirait à Tunis pour se faire guérir, Khaïr-ed-Din prit le commandement de la flotte, et se rendit sur les côtes d'Espagne, où il recueillit une grande quantité de musulmans espagnols chassés de la Péninsule par Ferdinand. Il recruta parmi eux bon nombre d'excellents marins, parfaitement disposés à le seconder dans ses entreprises contre les chrétiens.

En 1514, Aroudj, guéri de ses blessures, fit avec son frère un armement pour s'emparer de Djidjelli, occupée alors par les Génois. Secondés par les musulmans et par les Kabyles des montagnes environnantes, en peu de jours ils se rendirent maîtres de cette place. Un butin immense tomba entre leurs mains. Les deux frères prélevèrent un présent considérable qu'ils envoyèrent au sultan Sélim, empereur de Constantinople. Telle fut en quelque sorte la prise de possession du territoire de la régence d'Alger par les

Turcs, et l'inauguration de la politique d'Aroudj et de son frère, qui mirent toujours tous leurs soins à intéresser à leurs succès les sultans de Constantinople et à s'assurer leur appui.

Barberousse (car nous donnerons désormais ce nom à Aroudj) fit encore une tentative contre Bougie; mais après trois mois d'efforts inutiles il se vit contraint de lever le siège et de se retirer à Djidjelli.

Ce fut peu de temps après son retour dans cette ville qu'il reçut de Salem-ben-Toumi la demande d'un secours pour l'aider à délivrer Alger du dangereux voisinage des Espagnols. Barberousse, enchanté de trouver une occasion de réparer l'échec qu'il venait d'éprouver devant Bougie, s'empressa de répondre à l'appel du sultan algérien. Il partit aussitôt par terre de Djidjelli avec huit cents Turcs et trois mille Kabyles; il fit en même temps embarquer sur des bâtiments légers un corps de quinze cents Turcs, qui devaient le rejoindre par mer. Avant de quitter Djidjelli, il informa son frère Khaïr-ed-Din, alors à Tunis, de la nouvelle entreprise dans laquelle il s'engageait, et lui demanda de lui envoyer comme renforts tous les Turcs qu'il pourrait recruter.

Les habitants d'Alger accueillirent avec joie ceux qu'ils attendaient comme des libérateurs. Cependant Barberousse ne s'arrêta que peu de jours dans la ville. Avant de rien entreprendre contre la forteresse espagnole, qu'on nommait le Penon, il dirigea une expédition contre Cherchell, dont il s'empara facilement. A son retour à Alger, il attaqua le Penon et le canonna pendant vingt jours sans résultat. Pendant ce temps-là, les soldats envoyés par son frère étaient arrivés en grand nombre. En voyant augmenter les troupes turques, dont l'insolence envers les habitants redoublait chaque jour, Salem-ben-Toumi se repentit d'avoir appelé des auxiliaires aussi dangereux. Il n'était plus temps ; Barberousse, se voyant assez fort, fit saisir Salem-ben-Toumi, le pendit à la porte Babazoun, et se fit proclamer roi d'Alger. Le fils de Salem parvint à s'échapper, et se retira à Oran, d'où il passa ensuite en Espagne.

Dès que Barberousse fut maître du pouvoir, il manda promptement auprès de lui son frère, qui se trouvait alors à l'île de Djerba. Se fiant peu aux Algériens et aux Arabes qu'il avait amenés de Djidjelli, il appela à Alger des hommes sûrs et dévoués, et s'entoura préférablement de Turcs. Il s'occupa aussitôt des soins de l'administration, régla les impôts, organisa les armements; il ajouta de nouveaux ouvrages à la Casbah (citadelle) et y mit une garnison turque; au dehors, il comprima et soumit les Arabes dans un rayon étendu. Enfin, en peu de temps, Aroudj, employant tantôt la sévérité et les châtiments, tantôt la clémence et les libéralités, se trouva maître de toute la province d'Alger; puis, pour s'assurer la possession de ses conquêtes, il se déclara vassal du Grand Seigneur et se plaça sous sa protection.

Du reste, Barberousse justifia par de grandes qualités l'audace de son usurpation. Maître d'une position qui devait rapidement grandir, il vit accourir à lui tous les forbans turcs, auxquels jusque-là il n'avait manqué qu'un lieu de ralliement, un centre d'opérations et surtout un chef habile. Ce n'était pas trop de cet accroissement de forces pour résister aux nombreux ennemis que sa puissance naissante allait lui susciter de toutes parts.

D'un côté, le roi de Tlemcen, Abou-Hamou, ne voyait pas sans inquiétude le puissant voisin qui fondait près de lui, et avec des lambeaux arrachés à ses États, un État déjà redoutable. D'un autre côté l'établissement de Barberousse à Alger était un danger imminent pour l'Espagne, parce que cette ville allait devenir le refuge des plus hardis corsaires de la Méditerranée. Le cardinal Ximenès, régent du royaume, comprenant la gravité des événements accomplis à Alger, organisa une armée de huit mille hommes, dont il confia le commandement à Diego de Vera. Le but de cette expédition était d'enlever Alger aux Turcs, et d'y rétablir le fils de Salem-ben-Toumi, qui était venu implorer l'appui des Espagnols. En même temps le sultan de Tlemcen s'était engagé à seconder l'expédition de tout son pouvoir. Mais les deux frères Barberousse avaient prévu les desseins de leurs ennemis, et se tenaient prêts. Ils laissèrent débarquer les Espagnols sans difficulté et établir leur camp non loin d'Alger, vers le quartier appelé actuellement Hussein-Dey. Mais quand Diego attaqua les Turcs, il éprouva une résistance à laquelle il ne s'était pas attendu ; ses soldats furent mis en déroute ; trois mille cadavres espagnols jonchèrent le champ de bataille, et quatre cents prisonniers tombèrent au pouvoir de Barberousse. Pour comble de malheur, les débris de l'armée, embarqués à la hâte, essuyèrent une tempête furieuse qui fit périr la majeure partie de la flotte avant sa rentrée dans les ports d'Espagne.

Délivré de ses ennemis chrétiens, Barberousse reporta dans Tlemcen la guerre que le souverain de cet État avait provoquée contre Alger. En passant, il s'empara de Ténès, où régnait un prince qui apparte-

nait à la famille des Béni-Zian, sous prétexte que ce
prince avait reconnu la suzeraineté des Espagnols
d'Oran. Le même prétexte lui servit aussi à soulever
les peuples de Tlemcen contre Abou-Hamou, qui de
plus avait excité la haine de ses sujets en s'emparant
du trône au préjudice d'Abou-Zian-Mesaoud, son
neveu, qu'il tenait prisonnier. Abou-Hamou, abandonné des siens, ne put résister aux armes du chef
des corsaires turcs; il s'enfuit presque seul à Oran.
Tlemcen ouvrit ses portes à Barberousse, qui parut
d'abord vouloir agir avec bonne foi. Il fit sortir de
prison Abou-Zian-Mesaoud, et lui remit le pouvoir.
Mais peu de jours après, feignant d'aller prendre
congé de lui pour retourner à Alger, il pénétra dans
son palais avec une troupe de soldats dévoués, le fit
étrangler en sa présence avec tous ses enfants, et se
proclama sultan de Tlemcen. Tous les membres de la
famille royale furent noyés dans une vaste pièce d'eau
du palais; ceux des habitants qui étaient connus par
leur attachement pour les Béni-Zian furent égorgés en
détail. La population, frappée de terreur, subit le
joug qu'elle s'était imposé en invoquant imprudem-
ment l'intervention d'un chef aussi cruel.

Cependant le roi dépossédé, Abou-Hamou, eut
encore recours à ses anciens alliés les Espagnols.
Charles-Quint, qui venait de monter sur le trône,
accueillit favorablement la demande de l'ancien roi de
Tlemcen. Il ordonna au marquis de Gomarez, gouverneur d'Oran, de faire une expédition contre Tlemcen
pour y rétablir le sultan arabe. A l'approche de l'armée
espagnole, les habitants de Tlemcen, exaspérés par
les cruautés de Barberousse, se révoltèrent contre lui
et ouvrirent leurs portes aux chrétiens. Les troupes

turques se renfermèrent à la hâte dans le *mechouar* (la citadelle), et s'y défendirent pendant vingt-six jours, espérant toujours qu'il leur arriverait du secours soit de Fez, soit d'Alger. Après avoir inutilement attendu, Aroudj, voyant que les vivres allaient lui manquer, résolut de s'ouvrir le chemin d'Alger. Il sortit pendant la nuit par une poterne avec le peu de soldats turcs qui lui restaient, emportant les trésors qu'il avait amassés par ses exactions. Il traversa les lignes espagnoles sans être aperçu, et se mit en marche vers l'est. Mais bientôt, poursuivi avec activité par les Espagnols, il fut atteint sur les bords de l'Oued-el-Maleh (Rio-Salado). Après une résistance désespérée, Aroudj succomba avec tous les siens (924 de l'hégire, — 1518 de J.-C.). Abou-Hamou, rétabli sur le trône, consentit à payer à l'Espagne un tribut annuel de 12,000 ducats d'or, de douze chevaux et de six faucons en signe de vasselage.

Aroudj, ou Barberousse Ier, était âgé de quarante-quatre ans lorsqu'il fut tué. Il mourut sans postérité, après avoir vécu quatorze ans dans les différentes parties de l'Afrique septentrionale. D'une taille moyenne, mais très robuste, il avait les yeux vifs et brillants, le nez aquilin et le teint très brun. Quoiqu'il eût perdu un bras lors de la première attaque qu'il dirigea contre Bougie, il combattait toujours avec la plus grande bravoure. Ce fut Aroudj qui constitua l'organisation gouvernementale de la régence d'Alger, dont il sembla avoir emprunté le principe à la république militaire des chevaliers de Malte. Le pouvoir puisait sa force dans l'*odjac* ou *oudjac*, corps de soldats turcs dont les chefs, *bouzouk-bachi*, au nombre de soixante, composaient une sorte de conseil de gouvernement. Les

7

soldats de l'odjac, appelés aussi *janissaires,* étaient recrutés en dehors du pays [1]. Ils se mariaient avec les femmes indigènes; mais leurs enfants, appelés *kou-louglis,* étaient exclus de l'odjac, et par conséquent de toutes fonctions au gouvernement. Nous aurons occasion par la suite de faire connaître avec plus de détail l'organisation politique et militaire dont Aroudj posa les bases, et qui subsistait encore lorsque, plus de trois siècles après, la France se rendit maîtresse de la régence d'Alger.

En apprenant la mort de son frère et la destruction de son armée, Kaïr-ed-Din tomba dans un profond découragement. Resté dans Alger avec une faible garnison, au milieu d'une population inquiète et remuante, il se disposait à abandonner la ville et à reprendre sa vie de corsaire, quand il fut dissuadé de ce projet par quelques compagnons dévoués. Les chefs de l'odjac le proclamèrent roi ou plutôt bey (seigneur) d'Alger. Mais Khaïr-ed-Din voulut, comme l'avait fait son frère, se ménager l'appui du Grand Seigneur; il n'accepta le pouvoir que provisoirement, et sous la réserve que le sultan Sélim approuverait son élection. Cette soumission, accompagnée toutefois de riches présents, lui concilia la bienveillance de la Porte; il fut confirmé dans le poste de bey d'Alger, et le sultan lui envoya un secours de deux mille janissaires, et de l'artillerie pour tenir tête aux Espagnols qui le menaçaient.

En effet, Charles-Quint, encouragé par le succès

---

[1] Principalement en Turquie ou parmi les renégats chrétiens. Le mot d'odjac signifie littéralement foyer, le lieu où l'on peut suspendre la marmite. On sait que parmi les janissaires la marmite jouait un rôle emblématique, qui rappelait le privilège de cette milice célèbre.

de l'expédition de Tlemcen, avait résolu de chasser
définitivement les Turcs de la côte d'Afrique. Il ordonna une expédition puissante dont il confia le commandement au vice-roi de Sicile, Hugues de Moncade.
Mais cette expédition fut encore plus malheureuse que
celle de Diego de Vera. La flotte fut dispersée par une
horrible tempête ; l'armée espagnole perdit quatre
mille soldats de ses meilleures troupes; l'artillerie et
les bagages tombèrent au pouvoir de l'ennemi, et un
petit nombre seulement de soldats fugitifs put gagner
l'île et le port d'Iviça.

La défaite des Espagnols, quoiqu'elle n'eût pas eu
pour cause directe et immédiate le talent et le courage
de Barberousse II, n'en consolida pas moins sa puissance ; puis il ajouta un acte d'atroce barbarie, qui
exalta jusqu'à l'enthousiasme les transports de ses
fanatiques compagnons. Il fit massacrer trois mille
prisonniers chrétiens, sous prétexte qu'ils avaient
formé le complot de se révolter ou tout au moins de
s'évader. Cette horrible boucherie, qui rappelle dans
ses détails le lâche assassinat des prisonniers français
de la deira d'Abd-el-Kader, immolés par les Arabes
sur les bords de la Malouïa en 1845, nous prouve que
trois siècles n'ont apporté aucun changement aux
mœurs féroces de ces peuples. Le sultan, de son côté,
pour récompenser tant de zèle, lui renouvela l'inves-
titure de son gouvernement en y ajoutant le titre de
pacha, et le droit réservé de faire battre monnaie
(sikkah).

Malgré la malheureuse issue qu'avait eue l'expédition d'Aroudj contre Tlemcen, Khaïr-ed-Din n'abandonna pas ses desseins sur cette ville, qu'il jugeait
nécessaire à sa puissance, et vers laquelle il se prépa-

rait, soit pour lui-même, soit pour ses successeurs, des moyens de retour. A la mort d'Abou-Hamou, les Espagnols portèrent au pouvoir Abou-Abdallah, son fils aîné. Khaïr-et-Din lui opposa un autre fils d'Abou-Hamou, nommé Ahmed-Abou-Zian. Celui-ci chassa son frère du trône, et s'y maintint en payant tribut aux Espagnols et en faisant quelques concessions honorifiques à Barberousse. Il conserva ainsi, sa vie durant, le pouvoir qui devait échapper aux mains de son successeur, Mouley-Hassan, le dernier prince de la dynastie des Béni-Zian.

En attendant que la fortune permît aux Turcs de rentrer en possession de Tlemcen, ils s'emparèrent de quelques portions de ce royaume, entre autres des villes de Mostaganem, Ténès et Mazouna. Ainsi le pouvoir de Barberousse II grandissait à la fois sur terre et sur mer, et menaçait d'englober bientôt tout le Maghreb.

Effrayé et jaloux du progrès des Turcs, et commençant peut-être à craindre pour lui-même, le souverain de Tunis cherchait à susciter des ennemis à Khaïr-ed-Din dans le sein d'Alger même et parmi ses affidés. Attaqué en même temps à l'extérieur par une armée tunisienne, par des rivalités et des complots, Barberousse fit face à tout. Des répressions sanglantes jetèrent la terreur dans l'âme des Algériens, et la mort de son agha, étranglé par ses ordres, servit d'exemple à ceux des siens qui peut-être méditaient de nouvelles trahisons.

Ses succès sur mer n'étaient pas moins remarquables. Vers cette époque, il défit et tua, dans les eaux des îles Baléares, Portundo, général des galères d'Espagne; sur huit navires dont se composait la flotte espagnole, il en prit sept. Après cette glorieuse expédition, il résolut de s'emparer enfin du Penon, cette forteresse construite dans le port même d'Alger, et comme une menace perpétuelle contre ses habitants. Il somma d'abord le commandant espagnol, Martin de Vargas, de lui livrer le fort, en lui offrant une capitulation honorable. Quoiqu'il manquât de vivres et de munitions et qu'il lui fût difficile de prolonger une défense vigoureuse, Vargas repoussa avec indignation les ouvertures qui lui avaient été faites. Khaïr-ed-Din se décida alors à enlever le Penon de vive force. Après l'avoir battu en brèche pendant quinze jours, les remparts furent démantelés, et la faible garnison, réduite de moitié, mourant de fatigue et de faim, ne put opposer une grande résistance à l'assaut furieux des Turcs. Le brave Martin de Vargas, grièvement blessé, après avoir fait des prodiges de valeur, tomba vivant au pouvoir de Khaïr-ed-Din, qui souilla sa victoire en le faisant mettre à mort. Après avoir détruit la forteresse, qui ne rappelait aux Algériens que des souvenirs de honte, Barberousse fit servir les matériaux à la construction de la chaussée qui joint maintenant l'îlot à la terre ferme, et qui protège le port du côté du nord. Cette chaussée porte encore le nom de Khaïr-ed-Din.

La renommée de l'audacieux et heureux pacha d'Alger était arrivée à son apogée. Soliman, sultan de Constantinople, jeta les yeux sur lui pour l'opposer à André Doria, amiral génois au service de Charles-Quint, qui passait pour le plus grand homme de mer de cette époque. Le sultan envoya dans ce but à Barberousse un de ses principaux officiers avec ordre de se rendre aussitôt à Constantinople. L'Algérie était

alors complètement pacifiée. Khaïr-ed-Din n'hésita pas
à obéir; toutefois, avant de s'embarquer, il remit le
commandement de la régence à Hassan-Agha, renégat
sarde ou corse, un de ses plus habiles lieutenants. Il
partit au mois d'août 1533 (939 de l'hégire) avec une
flotte de quarante-quatre navires, et dans sa route il
porta le ravage sur une partie des côtes de la chrétienté; de sorte qu'il arriva à Constantinople chargé
d'un immense butin. Le sultan lui fit l'accueil le plus
gracieux, et l'éleva à la dignité de capitan-pacha,
c'est-à-dire grand amiral de la flotte ottomane.

Nous ne suivrons pas le nouveau capitan-pacha
dans la lutte qu'il soutint avec constance, souvent avec
bonheur, contre André Doria, et qui ne fit qu'accroître
sa réputation; nous ne parlerons de ses actes comme
amiral qu'autant qu'ils se rapportent aux événements
du nord de l'Afrique, et particulièrement l'Algérie.

Dans les entrevues qu'il avait eues avec le sultan
Soliman, Barberousse était parvenu à attirer son attention sur les chances de facile domination que lui offrait
le Maghreb, dans l'état d'anarchie et de décadence où
se trouvaient alors les divers États qui le composaient.
Les troubles qui agitaient Tunis vinrent bientôt offrir
à Khaïr-ed-Din une occasion favorable de travailler à
sa propre grandeur et à celle de son maître. Mouley-
Hassan, parvenu au trône de Tunis par un parricide,
et craignant contre lui-même les tentatives de son
frère Reschid, cherchait à se débarrasser de lui. Reschid alla demander un asile à Barberousse, qui, comprenant le parti qu'il pouvait tirer de ces divisions
intestines, le garda près de lui et en fit l'instrument
de ses propres desseins sur Tunis. En conséquence,
il fit courir le bruit qu'il venait établir sur le trône

celui qui en était le véritable héritier, et il débarqua
avec un corps considérable de Turcs. Les Tunisiens,
impatients de secouer le joug du prince usurpateur,
ouvrirent à Khaïr-ed-Din les portes de leur ville, que
Mouley-Hassan abandonna en grande hâte, et sans
rien emporter de ses trésors. Dès que Barberousse
se fut emparé des forts, il leva le masque et déclara
qu'il prenait possession de la ville au nom du sultan
Soliman. Les Tunisiens, indignés, voulurent se soulever; mais la force acheva ce que la perfidie avait
commencé.

Il déploya dans ce nouveau gouvernement la même
habileté dont il avait fait preuve à Alger, et, se servant
tour à tour de la terreur et de la séduction, il établit
solidement son pouvoir dans la ville, fit de grandes
largesses aux Arabes, s'empara de Kaïroan et des
autres places secondaires du royaume ; enfin il fit
ouvrir, par les vingt mille esclaves chrétiens que renfermait alors Tunis, le canal de la Goulette, dont on
peut le regarder comme le véritable créateur.

Barberousse avait organisé le royaume de Tunis de
la même manière que la régence d'Alger, se proposant
de réunir ensemble les deux États, comme il voulait
y réunir le royaume de Tlemcen et les autres parties
du Maghreb. S'il eût réussi alors, il est probable que
Tunis aurait suivi le sort d'Alger, et peut-être serait-il
tombé au pouvoir de la France avec les autres contrées soumises au gouvernement du dey ; mais une
intervention puissante vint arrêter les projets de Barberousse.

Mouley-Hassan, après son expulsion de Tunis, avait
fait d'inutiles tentatives auprès des Arabes pour les
engager à l'aider à ressaisir le pouvoir. Alors un re-

négat de sa suite lui conseilla de s'adresser à Charles-Quint. Ce monarque, supplié par le pape de mettre un terme aux déprédations qu'exerçaient les corsaires barbaresques sur toutes les côtes de la Méditerranée, irrité d'ailleurs de l'établissement de Barberousse à Tunis, accueillit favorablement la demande du prince dépossédé. Il prépara en conséquence contre Tunis un armement formidable dans lequel l'Espagne, l'Italie, le Portugal, l'ordre de Malte, fournirent leur contingent. De son côté Khaïr-ed-Din, au nom de l'islamisme menacé, implora le secours de Soliman, du roi de Maroc, des Arabes du désert. Il fit venir d'Alger un corps d'élite de soldats turcs, dont il confia le commandement à Sinan-Reïs, audacieux corsaire dont l'habileté et le dévouement lui étaient connus. Mais que pouvaient ces préparatifs devant les forces imposantes de Charles-Quint? La flotte de l'Empereur se composait de quatre cents bâtiments, portant vingt-cinq mille cinq cents hommes d'excellentes troupes. Le débarquement s'opéra sans peine, et le quartier général fut établi sur le lieu même où avait campé saint Louis deux cent soixante-sept ans auparavant. Le fort de la Goulette fut emporté après une vigoureuse résistance. Charles-Quint marcha ensuite sur Tunis ; Barberousse se porta à sa rencontre avec huit mille Turcs et une multitude d'Arabes. Ceux-ci, au premier choc, se débandèrent, et laissèrent les Turcs aux prises avec l'armée chrétienne. Sur ces entrefaites, les esclaves chrétiens, qui étaient renfermés au nombre de vingt-cinq mille dans la citadelle de Tunis, brisèrent leurs fers et vinrent attaquer par derrière les troupes de Khaïr-ed-Din. Celui-ci, voyant tout perdu, ne songea plus qu'à s'ouvrir un passage avec l'élite de ses janissaires ; il y parvint, non sans peine, et réussit à gagner Bone, où il avait eu la sage précaution d'envoyer en réserve douze galères avant l'arrivée de Charles-Quint.

Après le départ de Barberousse, Tunis se soumit sans résistance au vainqueur en implorant sa clémence. Vaines supplications : la ville fut livrée au pillage pendant trois jours. Plus de soixante-dix mille indigènes, femmes, enfants, vieillards, périrent dans ce sac horrible. Le butin recueilli par l'armée espagnole fut immense. Quatre-vingt-sept bâtiments, trois cents pièces de canon de bronze, et la délivrance de vingt-cinq mille esclaves chrétiens, furent la part de Charles-Quint et le fruit de sa victoire.

Mouley-Hassan fut rétabli sur son trône, mais à de dures conditions, dont les principales étaient les suivantes : reconnaissance de la souveraineté de l'Espagne ; occupation permanente de la Goulette par une garnison espagnole ; abolition de l'esclavage des chrétiens dans toutes les dépendances de Tunis; tous les corsaires exclus de ses ports; liberté de conscience pour tous les chrétiens ; droit de bâtir des églises et des monastères ; tribut annuel de douze mille pièces d'or, de douze chevaux, etc.

Ces avantages magnifiques avaient plus d'apparence que de réalité ; Mouley-Hassan ne tarda pas à devenir un objet de mépris aux yeux de ses sujets pour avoir accepté des conditions si humiliantes. Plusieurs villes du littoral se soulevèrent bientôt contre lui ; son fils lui-même le détrôna et lui fit crever les yeux; mais il ne jouit pas longtemps de son forfait, et il fut dépossédé par un des successeurs de Barberousse. En lui finit la dynastie des Hafsites ou Béni-Afez, après avoir occupé le trône pendant trois cent quarante-quatre ans.

Quelque glorieuse qu'eût été pour l'empereur Charles-Quint l'expédition de Tunis, il n'en était pas moins vrai qu'il avait manqué le but principal qu'il s'était proposé d'atteindre, c'est-à-dire la destruction de la puissance de Barberousse, si redoutable à tous les navigateurs européens : or cette proie avait échappé par la fuite. André Doria fut envoyé à sa poursuite; mais, arrivé à Bone, il reconnut que le pacha en était déjà parti et s'était dirigé sur Alger.

Tandis que l'Europe entière répétait les louanges de Charles-Quint pour avoir détruit les corsaires, on apprit tout à coup que la flotte de Barberousse, sortie d'Alger, s'était portée sur Mahon, que la ville avait capitulé, et que l'audacieux pacha avait enlevé plus de huit cents chrétiens. Bientôt il reparut sur les mers plus redoutable que jamais, et le sultan, ne pouvant se passer de ses services, l'appela une seconde fois à Constantinople. En partant, il laissa de nouveau le pouvoir à son fidèle Hassan-Agha. Il ne devait plus revenir dans la capitale du royaume qu'il avait fondé. Après avoir commandé avec éclat la flotte turque dans l'archipel grec et dans l'Adriatique, il mourut dans une maison de campagne qu'il possédait près de Constantinople (1548, — 955 de l'hégire).

Voici le portrait qu'a tracé de Khaïr-ed-Din un historien espagnol contemporain : « Il était roux, comme son nom l'indiquait, bien proportionné, si ce n'est qu'il avait beaucoup engraissé; ses sourcils étaient fort épais, et il en était venu à voir très peu. Il bégayait, et savait un grand nombre de langues... Il fut plus cruel qu'aucun des corsaires de son temps, avare au delà de tout ce qu'on peut dire, pour arriver au point où il était venu... Il discourait avec finesse, souvent avec malice. Son orgueil se laissait facilement voir, et il regardait peu à ses paroles, surtout lorsqu'il était de mauvaise humeur. Il compensait de tels défauts par une tolérance étudiée, par de la grâce et par le bonheur qu'il avait dans tout ce qu'on lui voyait entreprendre. Il était courageux et prudent à la fois, dans l'attaque et dans le combat. On le trouvait prévoyant à la guerre, dur au travail, et constant pardessus tout durant les revers de fortune, car il ne montra jamais ni faiblesse ni crainte apparente. Il mourut fort riche en son palais de Bixatar, qu'il avait fait construire à Péra. Il laissa pour héritier, avec la permission du Grand Seigneur, son fils Hassan-Barberousse, qui se trouvait alors à Alger [1]. »

---

[1] Extrait de D. FRAY PRUDENTIO DE SANDOVAL (*Historia de la vida y hechos de lemperador Carlos V, maximo fortissimo*). Traduit par M. Ferdinand Denis, à la suite de son *Histoire de Barberousse*, t. II, p. 98 et 99.

CHAPITRE VI

Depuis l'expédition de Tunis, l'audace des corsaires
turcs, loin d'être réprimée, avait pris, au contraire,
une activité plus grande. Plusieurs tentatives faites
par l'Espagne contre Souça, contre Menestir, contre
Kaïroan, dans le royaume de Tunis, pour y établir
solidement son influence, n'avaient pas réussi. Le
commerce de la Méditerranée était anéanti ; Gibraltar

avait été surpris et pillé en 1540. Les réclamations
universelles de l'Europe s'élevaient contre les brigandages de ces corsaires. Charles-Quint, ému de tant de
plaintes, confiant d'ailleurs dans le succès qu'il avait
obtenu à Tunis, voulut le compléter en frappant un
coup décisif, et en s'emparant du repaire même des
pirates, d'Alger leur capitale.

On était à une époque avancée de l'année 1541.

La saison n'était plus favorable pour une pareille
entreprise. Le pape et André Doria firent en vain des
représentations à Charles-Quint pour le déterminer à
renvoyer l'expédition de son projet au printemps suivant : l'Empereur ne voulut rien entendre, soit afin de
profiter de l'absence de Barberousse, parti depuis peu
de temps pour le Levant, soit pour tout autre motif ;
il fit activer les préparatifs, et fixa les îles Baléares
comme point de concentration des forces qui devaient
agir contre Alger. La flotte se composait de cinq cent
seize voiles, dont soixante-cinq galères et quatre cent
cinquante et un bâtiments de transport ; elle portait
vingt-sept mille hommes de troupes de débarquement.
A l'élite des troupes espagnoles s'était jointe une foule
de gentilshommes d'Espagne et d'Italie, parmi lesquels brillait au premier rang Fernand Cortez, le
conquérant du Mexique, qui se présenta comme volontaire avec ses trois fils.

Le 19 octobre, les Espagnols arrivèrent devant
Alger. Après avoir manœuvré pendant quelques jours
du cap Caxine au cap Matifou, contrariée par les vents
et la mer, la flotte impériale se rapprocha de la côte,
et le débarquement eut lieu le 23 octobre, entre
l'embouchure de l'Arach et la ville, sur la plage du
Hamma.

La consternation régnait à Alger. Huit cents Turcs et cinq à six mille indigènes formaient pour l'instant la seule barrière qu'il fût possible d'opposer à cette nuée d'ennemis. Les autres Turcs étaient en campagne pour lever les tributs sur les Arabes, ou avaient suivi Barberousse à Constantinople. Cependant Hassan-Agha ne négligeait rien pour relever le courage des siens. Il avait adopté les dispositions les plus vigoureuses pour la défense de la ville, et réparé les fortifications de terre et de mer; il prescrivit des peines sévères pour interdire aux habitants de quitter la ville, leur distribua des armes et assigna à chacun son poste sur les remparts ; il avait aussi convoqué les guerriers des tribus environnantes, et rappelé les soldats turcs qui se trouvaient éloignés.

L'Empereur savait que la ville n'était défendue que par un petit nombre de soldats de l'odjac; il espéra qu'une sommation suffirait pour la faire capituler. Mais Hassan-Agha, tout en recevant le parlementaire avec égards, rejeta en termes énergiques toute proposition de cette nature. Il fallut donc songer à commencer l'attaque.

Le 25, la ville fut investie ; Charles-Quint établit son quartier général au marabout de Sidi-Iacoub, sur l'emplacement où s'élève aujourd'hui le fort l'Empereur. Tout s'annonçait sous les meilleurs auspices ; les troupes étaient dans des positions avantageuses : la flotte bloquait le port ; la consternation redoublait dans la ville. Mais l'événement le plus fatal, un de ces événements qui peuvent rendre tout à coup inutiles les mesures les plus sagement combinées, vint changer la face des choses : en quelques heures, une grande espérance allait être détruite.

Dès l'après-midi du 25, le ciel se chargea de nuages, et les vents contraires interrompirent le débarquement des subsistances et du matériel. Les soldats n'avaient pris que pour deux jours de vivres, et ces deux jours étaient écoulés. Les tentes n'avaient pas encore été débarquées, et une pluie froide tombait par torrents. La nuit fut affreuse sur terre et sur mer. La flotte, qui n'avait pas eu le temps de chercher un refuge, eut beaucoup à souffrir, et un grand nombre de bâtiments périrent. « Lorsque le jour se montra, dit un témoin oculaire, le désastre augmenta encore ; car la force du vent et de la pluie était devenue telle, que c'était à peine si l'on pouvait se tenir debout. »

Cette nuit funeste changea totalement la fortune de Charles-Quint. Dès lors les rôles ne furent plus les mêmes : chrétiens et musulmans comprirent rapidement leur position nouvelle. Les premiers voyaient s'évanouir en un instant toutes leurs espérances de succès ; les autres, au contraire, qui avaient bien pu désespérer de leur cause, voyaient dans cet événement un secours inattendu du Ciel, qui leur rendait toute leur audace.

Au point du jour, les musulmans, voulant profiter du profond découragement que devait faire naître parmi les chrétiens le désastre de la nuit, exécutèrent une vigoureuse sortie, se jetèrent avec impétuosité sur trois bataillons italiens qui formaient l'avant-garde du camp, et les mirent en désordre.

L'Empereur, averti de ce qui se passait, envoya aussitôt sur les lieux Camille Colonne; celui-ci, étant parvenu à réunir quelques troupes bien déterminées, et se voyant surtout secondé par les chevaliers de Malte, parvint à faire reculer les assaillants jusqu'au delà du pont des Fours [1]. Pendant ce temps-là, Fernand de Gonzague rallia les Italiens, leur reprochant vivement leur lâcheté, et les ramena au combat. Les Turcs furent repoussés jusqu'à l'entrée de la ville. Une seconde sortie tentée par Hassan-Agha ne fut pas plus heureuse. Dans ces deux affaires, ce furent les chevaliers de Malte, et surtout ceux de la *langue de France*, qui recueillirent l'honneur de la journée; et il est certain que s'ils avaient été plus nombreux, ou tout au moins soutenus, c'en était fait de la ville d'Alger, car l'armée chrétienne s'en emparait.

Cette poignée de braves marchait à pied, précédée simplement de l'enseigne de l'ordre, que portait un chevalier français nommé Ponce de Balaguer, dit Savignac. Le long du chemin de Bab-Azoun, on voyait battre en retraite devant eux le gros de l'armée algérienne, presque uniquement composée de cavaliers. Parvenue à l'entrée du faubourg, la mêlée s'engagea, et l'on ne combattit plus qu'à coups de lances et d'épées. Durant cette mêlée, et pendant que les troupes se rapprochaient insensiblement des murs de la ville, le désordre et la confusion furent si grands, que les chevaliers de Malte, qui s'étaient avancés bien au delà d'une partie de l'armée musulmane, se consultèrent un instant pour savoir s'ils ne pénétreraient pas pêle-mêle avec les Maures dans la ville; toutefois, après avoir considéré leur nombre, ils y renoncèrent; Hassan-Agha, d'ailleurs, ne leur laissa guère le loisir de la réflexion. Rentré avec la plus grande partie des siens, et se voyant pressé par les *casaques rouges* (c'est ainsi qu'il appelait les chevaliers de Malte, qui

---

[1] *Cantarat-el-Efran* : c'est le pont qui est aujourd'hui à l'extrémité du faubourg Bab-Azoun, à l'entrée de la place Didon.

lui inspiraient toujours grande terreur), il fit promptement fermer la porte Bab-Azoun. Ce fut en ce moment que Ponce de Balaguer, tenant l'enseigne de la
religion d'une main, enfonça de l'autre son poignard
dans la porte, où il demeura fiché, comme un gage de
combat que d'autres guerriers plus heureux que lui
viendraient relever un jour.

A peine la porte eut-elle été fermée, que du haut
des remparts une grêle de balles, de flèches et de
pierres tomba sur les chevaliers et en blessa un grand
nombre. Ceux-ci, se voyant isolés, et n'ayant pas
espoir de recevoir du secours, prirent le parti de la
retraite, ce qu'ils firent en surmontant de grandes
difficultés, et même avec des pertes considérables.

Les Turcs, voyant du haut de leurs remparts le
petit nombre de ces braves, se décidèrent à les
poursuivre. Les chevaliers gagnèrent une position
plus avantageuse dans un défilé de petites collines
situé près du pont des Fours; là ils redoublèrent de
courage, espérant toujours qu'il leur arriverait du
secours; mais en attendant le combat devenait de
plus en plus inégal, non seulement parce que les
rangs des chevaliers s'étaient éclaircis, mais encore
parce qu'ils étaient accablés de fatigue et de faim, et
qu'en outre la pluie, qui tombait à torrents, poussée
par un vent violent du nord, leur donnait en pleine
face et les aveuglait. Là succombèrent plusieurs des
plus vaillants, et entre autres Ponce de Balaguer, qui
n'abandonna son enseigne qu'avec la vie[1].

---

[1] « Les Turcs, dit Haédo, montrent encore aujourd'hui le lieu où
furent tués un si grand nombre de chevaliers qui avaient combattu avec
tant de valeur; ils le nomment le Tombeau des chrétiens, et l'ho-
norent d'une manière toute particulière. » Nous ignorons si la tradi-

Le bruit de cette nouvelle attaque étant parvenu à l'Empereur, il monta lui-même à cheval armé de toutes pièces. Il se fit précéder par trois compagnies d'Allemands, et les suivit de près avec un régiment de la même nation. Il ne fallut rien moins que la présence et l'exemple de Charles-Quint pour ranimer ses soldats découragés. Enfin, entraînés par les paroles énergiques de l'Empereur, ils marchèrent à l'ennemi, délivrèrent les chevaliers de Malte, et refoulèrent les Turcs jusque dans l'enceinte de leurs murailles.

Ainsi se termina le combat sur terre; mais il s'en livrait un autre bien plus désastreux sur mer entre la flotte et les éléments déchaînés. Le vent, qui avait soufflé toute la nuit avec une grande violence, devint furieux avec le jour. La tourmente arrachait les vaisseaux de leurs ancres; ils se heurtaient les uns contre les autres, s'abîmaient dans les flots, se brisaient contre les rochers ou s'échouaient sur le rivage. Cent cinquante bâtiments furent jetés à la côte, et leurs équipages furent massacrés par les Arabes. Enfin, vers le soir, le vent s'étant un peu calmé, Doria rassembla les débris de la flotte dans une baie, derrière le cap Matifou. L'armée était dans un état de découragement extrême; on fut obligé de tuer les chevaux qu'on avait débarqués pour la nourrir. Charles-Quint comprit que son entreprise avait échoué, et qu'il n'y avait plus d'autre salut pour ce qui restait de son armée que d'aller s'embarquer à Matifou, où étaient réunis les navires échappés à la tempête. Mais le

---

tion de cet événement s'est conservée parmi les Algériens jusqu'à ce jour; mais il serait à désirer que le gouvernement français élevât sur cet emplacement un monument à la gloire de ces braves, et qu'on y rappelât le nom et l'héroïque défi de Ponce de Balaguer.

cap était à quatre jours de marche, et cette route était pleine de dangers. La retraite commença avec ordre le 28; on ne laissa pas un blessé. Dès que les Turcs se furent aperçus de ce mouvement rétrograde, ils se mirent à la poursuite des Espagnols. L'armée, épuisée de fatigue et de besoins, toujours harcelée par les Turcs et des nuées d'Arabes, arriva sur les bords de l'Arach. On s'y arrêta pour construire un pont avec les débris des mâts, des vergues et des planches appartenant aux navires naufragés et dont la plage était couverte. La nuit fut employée à ce travail. Le jour suivant on rencontra, à l'extrémité de la Métidja, l'Oued-el-Khemir, qui ne put être franchi qu'avec les plus grandes difficultés. Enfin, après bien des fatigues et de cruelles privations, on atteignit le cap Matifou, et les débris de la brillante armée espagnole reprirent avec l'Empereur le chemin de l'Espagne.

Aucun historien ne précise les pertes que fit l'armée impériale dans cette fatale entreprise; mais il est facile de s'en faire une idée au moins approximative. Les bords de la mer, depuis Dellys, à l'est d'Alger, jusqu'à Cherchell, à l'ouest, dans un espace de plus de quatre-vingts kilomètres, étaient jonchés de cadavres d'hommes et de chevaux et de débris de toute espèce; ainsi on peut, sans exagération, évaluer les pertes de l'armée de terre et de l'armée navale à la moitié des forces qui étaient parties d'Europe.

Telle fut l'issue désastreuse de cette expédition, dont les préparatifs formidables avaient éveillé l'attention et l'intérêt de tous les peuples chrétiens. Pendant trois siècles l'Europe a payé les malheurs éprouvés par Charles-Quint devant Alger. L'État fondé par les deux Barberousse, qui échappait à peine aux vicissitudes des luttes contre les tribus arabes, et que le départ de son fondateur pour Constantinople avait laissé presque sans force, vit sa puissance s'accroître, et l'audace de ses corsaires ne connut plus de bornes dans la Méditerranée; mais Ponce de Balaguer semblait avoir indiqué la main qui devait frapper au cœur cette puissance monstrueuse, et la France s'est chargée d'une vengeance dont toutes les nations chrétiennes ressentent aujourd'hui le bienfait.

L'influence qu'exerça sur les populations indigènes l'immense échec essuyé par les chrétiens fut considérable. Hassan-Agha sut l'utiliser pour étendre et consolider la domination turque. Il porta ses efforts principalement vers l'est, s'empara de Biskra et de tout le Zab, sans être inquiété par les Espagnols, qui, quoique maîtres encore de Bougie, n'exerçaient aucune action sur le pays. Il consolida aussi l'influence algérienne dans le royaume de Tlemcen, et prépara ainsi peu à peu la soumission de tout ce royaume à la régence.

Hassan-ben-Kaïr-ed-Din, fils du second des Barberousse, fut élu par l'odjac pour succéder à Hassan-Agha, et confirmé dans cette dignité par le sultan. Il sut défendre le souverain nominal de Tlemcen contre une dynastie nouvelle qui à cette époque surgissait dans le Maghreb-el-Aksa, sur les débris des Béni-Mérin, et qui y fondait, avec le royaume moderne de Maroc, la puissance des chérifs encore actuellement régnants.

Les chérifs, en héritant des droits de la dynastie des Béni-Mérin sur les États de Fez, de Maroc et de

Tafilet, héritèrent aussi de ses prétentisns sur l'État de Tlemcen. Mais ils y trouvèrent, à côté de la puissance déclinante des Béni-Zian, l'énergique rivalité des pachas turcs d'Alger. Un instant les chérifs s'emparèrent de Tlemcen, et s'avancèrent même jusqu'à Oran. Mais le fils de Khaïr-ed-Din, vainqueur des nouveaux souverains du Maroc, rétablit dans Tlemcen le fantôme de roi que l'odjac algérien y maintint quelque temps encore à la condition de montrer une obéissance presque passive aux décisions de cette milice.

Peu de temps après cette victoire, Hassan, desservi auprès du divan de Constantinople par de puissants ennemis, se vit obligé, malgré le grand nom de son père, de résigner le pouvoir entre les mains de Salah-Reïs, chef habile et corsaire déjà célèbre, auquel était réservé d'établir définitivement la puissance turque dans Tlemcem. Mouley-Hassan, dernier roi de la dynastie des Béni-Zian, accusé par Salah-Reïs d'entretenir des intelligences avec les chrétiens d'Oran, fut obligé de s'enfuir de Tlemcen, dont les Turcs prirent immédiatement possession. Réfugié à Oran, le prince déchu y mourut en 1560. En lui s'éteignit la dynastie des Béni-Zian, après avoir occupé, à diverses reprises, le rang suprême pendant trois cents ans.

Maître de Tlemcen, Salah-Reïs songea à rentrer en possession d'Oran et de Bougie, restées encore au pouvoir des Espagnols. Il mit d'abord le siège devant Bougie, qui capitula bientôt. Il se disposait à aller reconquérir également Oran, lorsqu'il mourut.

Hassan-ben-Kaïr-ed-Din, élevé une seconde fois à la dignité de pacha, reprit la suite des projets de son

prédécesseur. Mais, privé tout à coup des secours
qu'il avait reçus de Constantinople, et que le sultan
rappelait, pour les opposer, dans la Méditerranée,
aux forces d'André Doria, il se vit contraint de renoncer à son entreprise contre Oran. La retraite des
Turcs fit concevoir aux Espagnols l'espérance de
rentrer en possession de Mostaganem. Hassan-ben-
Khaïr-ed-Din accourut au secours de cette ville, et
fit éprouver, sous ses murs, une déroute signalée
aux Espagnols, qui y perdirent leur chef, le brave
comte d'Alcandita, gouverneur d'Oran (26 août 1558).

La guerre, continuée encore quelque temps avec
des chances diverses entre les Turcs et les Espagnols,
ne modifia pas sensiblement leur position respective,
et les pachas d'Alger, abandonnant aux beys, commandants généraux de la province, la direction de la
guerre contre les chrétiens, cherchèrent dans les armements en courses, et dans l'exercice de la piraterie
maritime la plus effrénée, les succès qui leur échappaient dans leurs expéditions contre les Espagnols
d'Oran.

A partir de l'époque à laquelle nous sommes arrivés, les détails sur l'histoire intérieure de la régence
manquent presque complètement. Cette histoire ne
présente qu'une série de pachas qui se succèdent
rapidement, et une suite de faits monotones. D'une
part, les expéditions armées, destinées à opérer le
recouvrement toujours difficile des impôts de toute
espèce que le génie inventif des pachas impose aux
populations arabes qu'ils exploitent; de l'autre, les
prises opérées par les corsaires sur les bâtiments
chrétiens et quelquefois sur les côtes d'Espagne,
d'Italie, de Sicile ou même de France : tels sont les

faits dont se compose en majeure partie, aux XVIe et XVIIe siècles, l'histoire de la régence. Ces exploits, interrompus de temps en temps par une expédition de quelque puissance chrétienne, présentent un caractère trop uniforme pour que le récit en puisse offrir quelque intérêt.

Le récit des événements qui ont accompagné et suivi la fondation de la régence d'Alger nous a fait négliger des faits contemporains relatifs aux rapports de la France avec cette partie de l'Afrique. On sait que, pendant la lutte acharnée que François Ier soutint contre Charles-Quint, il fut amené à rechercher l'alliance de Soliman, empereur de Constantinople. Dès l'année 1525, des relations amicales existaient entre la Porte et la France, et les deux puissances concertèrent plus d'une fois des opérations contre leurs ennemis communs. Au mois de février 1536, un traité de commerce fut signé entre François Ier et Soliman. Il assurait des avantages politiques et commerciaux à la France dans tous les États du Grand Seigneur. La régence d'Alger fut comprise dans ce traité, comme étant une dépendance de l'empire ottoman.

C'est à cette époque que remontent les établissements du commerce français dans la province de Constantine. En vertu du traité dont nous venons de parler, des négociants de Marseille créèrent sur le littoral de l'Afrique, à l'est de Bone, entre cette ville et la Calle, l'établissement du Bastion de France; ils obtinrent pour cela une autorisation spéciale du Grand Seigneur et le consentement des tribus arabes des environs, moyennant certaines redevances. Le but principal de cet établissement fut d'abord de favo-

riser la pêche du corail; il resta au pouvoir de la
France jusqu'en 1799. Après des vicissitudes diverses, ruiné et restauré tour à tour, le Bastion de
France était devenu le centre d'un négoce important avec la plus grande partie de la province de Constantine.

En 1569, sous le règne de Charles IX, le traité de
1536 fut renouvelé pour favoriser le rétablissement
et la sûreté du commerce français dans la régence
d'Alger. Un consulat français avait déjà été créé à
Alger en 1564. Dans ce document, le roi de France
reçoit la qualification de *padichach,* empereur, titre
que la Porte n'accordait alors à aucun prince chrétien, et que les souverains français ont toujours conservé depuis dans les rapports diplomatiques avec la
Porte et avec les États barbaresques. Enfin, le 25 février 1597, Mohammed III renouvela avec Henri IV
les capitulations qui accordaient des privilèges aux
consuls et aux négociants français dans le Levant et
sur les côtes d'Afrique. Telles sont les principales circonstances des rapports entre la France et la régence
d'Alger, pendant le xvie siècle. Mais, malgré les relations amicales existantes entre la Porte et la France,
les Turcs établis dans la régence n'obéissaient pas
toujours dès cette époque à l'influence de la politique
ottomane, et souvent leurs corsaires vinrent exercer
la piraterie jusqu'en vue du port de Marseille; ce qui
obligea plus d'une fois la France, comme nous le
verrons bientôt, à user de rigoureuses représailles
contre Alger, sans que ces actes d'hostilité aient altéré
ses bonnes relations avec la Turquie.

CHAPITRE VII

SUITE ET FIN DE LA PÉRIODE TURQUE., — Modification dans les bases du gouvernement algérien. — Révolution de 1659. — Déposition du pacha turc. — L'agha de la milice est chargé du gouvernement. — Nouvelle révolution (1671). — Supression du gouvernement des aghas. — Institution d'un dey. — Sédition et massacre à l'occasion de l'élection des deys. — Tentative du pacha pour ressaisir l'autorité. — Baba-Aly-Dey renvoie le pacha à Constantinople. — Les deys gouvernent sans partage. — Les Espagnols perdent toutes leurs possessions dans la régence. — Augmentation du nombre et de l'audace des pirates. — Causes qui empêchent les puissances chrétiennes de les réprimer. — Initiative de la France. — Expédition sous Louis XIII. — Première expédition de Louis XIV, commandée par le duc de Beaufort. — Nouvelle expédition du duc de Beaufort. — Occupation de Djidjelli. — On est forcé d'abandonner cette conquête. — Baba-Hassan-Dey déclare la guerre à Louis XIV. — Expédition de Duquesne et de Tourville. — Bombardement d'Alger en 1682. — Nouveau bombardement en 1683. — Le dey demande à traiter. — Conditions imposées par Duquesne. — Le dey y consent. — Révolte du peuple et de la milice. — Le dey est assassiné. — Mezzomorto est nommé pour le remplacer. — Nouveau bombardement. — Ses effets. — Cruelles représailles des Turcs. — Nouvelle expédition. — Les Algériens demandent et obtiennent la paix. — Nouveau bombardement en 1688. — Nouvelle paix, qui dure jusqu'en 1830. — Reprise d'Oran par les Espagnols. — Élection et assassinat de cinq deys dans la journée. — Expédition du Danemark en 1770 contre Alger. — Expédition des Espagnols en 1775. — Elle échoue complètement. — Nouvelle tentative de l'Espagne. — La paix avec Alger. — Longue durée du règne de Mohammed-Dey. — Les Espagnols cèdent Oran et Mers-el-Kébir à Baba-Hassan-Dey. — Fournitures de blé faites à la France en 1793. — Crainte qu'inspiraient la France et surtout le général Bonaparte à Baba-Hassan. — Traité de paix avec Napoléon en 1801. — Prospérité de la régence pendant les guerres d'Europe au commencement du XIXe siècle. — Expédition des

États-Unis. — Bombardement d'Alger par lord Exmouth, en 1816. —
Traité de l'Angleterre avec Alger. — Le dey Mohammed est étranglé.
— Son successeur Ali-Kodja se propose de détruire l'odjac. — Sa
mort. — Hussein-Dey, dernier souverain d'Alger.

Vers le milieu du xviie siècle, une révolution importante vint modifier dans ses bases essentielles le
gouvernement algérien, et le rendre encore plus
indépendant de la Porte. Nous avons vu que les
Barberousse s'étaient mis sous le patronage du
sultan. Dès lors la Porte avait continué d'envoyer
à Alger des officiers, qui, sous le titre de pacha,
exerçaient le pouvoir suprême en son nom. Dans
les premiers temps, les pachas étaient choisis parmi
les marins les plus illustres; mais, par la suite,
d'obscurs favoris ou d'avides fonctionnaires, qui
achetaient leur nomination en corrompant les principaux officiers du Grand Seigneur, furent élevés à
ce poste éminent. La milice, habituée à obéir à des
chefs illustres qu'elle aimait, ne tarda pas à montrer
un esprit d'indépendance et de révolte à l'égard de
ces indignes successeurs des Khaïr-ed-Din, des
Hassan, des Salah-Reïs et des Sinan-Pacha. Dans
plus d'une occasion l'agha, ou chef de la milice, se
mit en opposition avec le pacha turc. Enfin la domination oppressive et absolue de ces espèces de
vice-rois, envoyés de Constantinople, était devenue également odieuse et aux Arabes et à la milice
(odjac), victimes les uns et les autres d'une avide
exploitation. C'est contre cet état de choses qu'une
révolution éclata en 1659. Un bouzouk-bachi (chef
de compagnie, capitaine), nommé Khalil, se mit à la
tête des mécontents. Le pacha fut déposé, et un

conseil composé d'un certain nombre d'anciens aghas
retirés du service fut chargé de l'administration de
toutes les affaires. Un des membres de ce conseil
en devint le président avec le titre d'agha. On conserva les fonctions de pacha à la nomination de la
Porte; on alloua au titulaire une solde de cinq
cents piastres par mois, et sa maison fut pourvue
de tout ce qui est nécessaire à la vie; mais il lui
fut interdit de s'immiscer dans les affaires de la régence. On continuait à considérer le Grand Seigneur comme le chef de l'islamisme, on recevait ses
ordres avec respect; mais on n'y obtempérait que
tout autant que l'agha et son conseil le jugeaient convenable.

Le chef de la conspiration, Khalil, se plaça à la tête
du conseil en qualité d'agha; mais il ne tarda pas à
suivre les mêmes errements que les anciens pachas.
On l'accusa de despotisme, et il fut assassiné. Quatre
aghas se succédèrent dans l'espace de onze années,
et tous périrent de mort violente. Enfin, en 1671,
la milice, irritée, après avoir assassiné Ali-Agha,
changea de nouveau la forme du gouvernement. Le
conseil des aghas fut aboli; on institua un *dey* (littéralement *oncle, patron* ou *tuteur*) qui, présidant le
divan, était chargé de l'exécution de ses délibéra-
tions, de l'administration intérieure du pays et de la
paix de la milice. Les fonctions de dey étaient élec-
tives. Le pacha fut maintenu dans sa nullité. Comme
on le voit, la dictature ne fit que changer de nom,
et le pouvoir, qui dépendait toujours d'une milice turbulente et ombrageuse, ne fut ni plus stable, ni plus
modéré, ni plus respecté. On envoya des députés à
Constantinople pour faire sanctionner ces change-

ments. La Porte, qui n'était pas en mesure de s'y opposer, approuva les nouvelles institutions. Elle continua à désigner les pachas pour représenter les droits du Grand Seigneur à Alger. Mais une lutte presque constante s'établit entre le dey et le pacha; la milice, maîtresse de se donner elle-même un chef, toujours confirmé dans ses pouvoirs, en abusa pour en changer perpétuellement, suivant son caprice ou ses intérêts.

L'élection des deys donna presque constamment lieu à des séditions et à des massacres; dans ces conflits, que peut-être ils fomentaient, les pachas tentèrent plus d'une fois de ressaisir l'autorité qui leur échappait, jusqu'au moment où Baba-Aly fut élevé à la dignité de dey. Cet homme, sorti des derniers rangs de la milice turque, était doué d'une grande bravoure et d'une grande ténacité de caractère; aucun obstacle ne l'arrêtait. Un complot s'étant organisé contre lui, il n'hésita point à faire tomber dix-sept cents têtes dans le premier mois de son avènement. Une telle rigueur donna naissance à de nouveaux complots, dont le pacha fut le principal fauteur; Aly le fit arrêter et embarquer pour Constantinople, en le menaçant de le faire étrangler s'il reparaissait dans la régence. Des envoyés de l'odjac étaient chargés en même temps de représenter à Achmet III, alors sultan (1710), que l'existence simultanée de deux chefs n'avait cessé, depuis longues années, d'être une source de troubles et de révolutions; ils suppliaient en conséquence Sa Hautesse de supprimer les fonctions de pacha, désormais inutiles. Cette demande, qui, sous des formes obséquieuses, pouvait passer pour une injonction, était accompagnée

de riches présents pour le sultan et pour ses ministres; le divan ne put se dispenser d'approuver
une demande appuyée sur des motifs aussi solides.
Dès ce moment, les deys gouvernèrent sans partage,
et leur nomination, abandonnée au choix de l'odjac,
ne donna plus lieu, de la part du sultan, qu'à une
sorte de sanction qu'il était à peu près hors d'état de
refuser.

Depuis l'expédition de Charles-Quint, les Espagnols, non seulement n'inquiétèrent plus les Algériens, mais ils perdirent même successivement toutes
leurs possessions en Afrique. Bougie, comme nous
l'avons vu, leur fut enlevée en 1552; ils conservèrent
plus longtemps Oran et Mers-el-Kébir, que les Algériens ne reprirent qu'en 1708.

Enhardis par l'impunité, les pirates algériens, ainsi
que ceux de Tunis et de Tripoli, devinrent plus nombreux et plus audacieux que jamais. Leurs déprédations incessantes semblaient depuis longtemps appeler
une énergique répression de la part des puissances
européennes; mais les guerres intérieures dans lesquelles elles étaient engagées, et peut-être le souvenir
toujours présent de la dernière et fatale expédition de
Charles-Quint, avaient depuis un siècle empêché
toute tentative pour mettre un terme au brigandage
des forbans d'Alger. C'était à la France qu'il était
réservé d'ouvrir de nouveau la voie qu'elle devait si
glorieusement fermer, en 1830, par une conquête définitive.

Une première expédition, dirigée, sur la fin du
règne de Louis XIII, par l'amiral de Beaulieu, était
restée sans résultat. Le projet de punir les brigan-

dages exercés par les Algériens, repris plus sérieusement sous le règne de Louis XIV, donna lieu d'abord à un armement considérable, confié au duc de Beaufort, en 1663. Six vaisseaux et six galères furent mis à la disposition de ce prince, qui avait sous ses ordres le commandeur Paul, de l'ordre de Malte, marin très redouté de ces pirates, et les chevaliers d'Hocquincourt et de Tourville. Ils donnèrent activement la chasse eux corsaires, leur coulèrent une vingtaine de navires, et les forcèrent de se tenir pendant quelques mois enfermés dans leurs ports.

Encouragé par ces premiers succès, Louis XIV résolut, l'année suivante, d'occuper en permanence un point du littoral d'où l'on pût tenir constamment en respect les Barbaresques, surveiller les côtes et prévenir toute agression. Après avoir hésité quelque temps entre Bougie et Djidjelli, on se décida pour ce dernier point. Il y a lieu de présumer que le gouvernement français avait conçu à cette époque le projet de fonder sur cette côte un établissement durable, puis, si les circonstances paraissaient favorables, de reprendre pour le compte de la France des projets que le malheur des temps et la fondation de colonies lointaines n'avaient pas permis à l'Espagne de réaliser. Le gouvernement de Louis XIV, après avoir examiné les chances que présentait une entreprise contre la régence et les moyens d'exécution à employer, confia au duc de Beaufert le commandement d'une escadre de seize vaisseaux portant six mille hommes de troupes de débarquement. Le 23 juillet 1664, cette armée parut devant Djidjelli, débarqua heureusement et occupa la ville sans beaucoup de résistance ; mais bientôt la division qui éclata entre les chefs de l'armée française et la faiblesse des ressources qui avaient été mises à leur disposition, les obligèrent de renoncer à une expédition qui s'était d'abord annoncée sous d'heureux auspices, et que les guerres dans lesquelles la France se trouva bientôt engagée ne permirent pas de renouveler. Toutefois cette première tentative et les pertes considérables que le duc de Beaufort fit éprouver en 1665 à la flotte algérienne, qu'il rencontra à la hauteur de Tunis, eurent pour résultat d'effrayer les Algériens et de les amener à une paix momentanée, qui fut signée le 17 mai 1665.

Depuis que le gouvernement de l'odjac était dirigé par un dey, une animosité particulière semblait avoir éclaté contre la France. A plusieurs reprises des envoyés français durent venir réclamer la fidèle exécution des traités. Ils obtenaient des promesses formelles ; mais, dès qu'ils étaient partis, les corsaires recommençaient à violer toutes les conventions. Enfin, en 1681, le dey Baba-Hassan poussa l'insolence jusqu'à déclarer la guerre à la France. Louis XIV, indigné, ordonna de préparer une expédition formidable contre Alger. Le commandement en fut confié à Duquesne et à Tourville. La flotte, composée de onze vaisseaux, quinze galères, cinq galiotes à bombes, deux brûlots et quelques petits bâtiments, parut bientôt devant Alger, et commença le bombardement le 30 août 1682. Trois vaisseaux algériens furent brûlés dans le port, et plus de cinq cents habitants furent tués par les éclats des bombes. La milice elle-même était dans la consternation devant les effets terribles de ces projectiles, dont on faisait usage pour la première fois dans la marine [1]. Mais l'attaque fut interrompue par les vents violents qui commencèrent à souffler vers le 12 septembre, et qui sont si dangereux dans ces parages aux approches de l'équinoxe. L'amiral donna l'ordre à la flotte de lever l'ancre et rentra à Toulon, en laissant seulement quelques vaisseaux devant le port pour former le blocus.

L'année suivante, au mois de juin, l'armée navale reparut. Le 26 à minuit, le feu des galiotes recommença. Cette fois les galiotes étaient plus nombreuses, et servies par un nouveau corps d'officiers d'artillerie et de bombardiers. Renau d'Éliçagaray, de son côté, avait inventé de nouveaux mortiers qui lançaient des bombes jusqu'à dix-sept cents toises. Dans la nuit du 26 au 27 et dans la journée suivante, deux cent vingt bombes tombèrent dans la ville ou dans le môle : une d'elles renversa la maison du gendre du dey; l'une autre fit couler à fond une barque chargée de cent hommes; presque toutes les batteries furent démontées. Les habitants poussaient des rugissements de fureur contre le gouvernement; les femmes allèrent trouver Hassan, et, portant devant elles les restes mutilés de leurs maris ou de leurs enfants, demandèrent impérieusement la paix. Hassan députa le consul et le vicaire apostolique Levacher; mais Duquesne ne consentit qu'à une trêve, et encore exigea-t-il qu'on remît à son bord tous les esclaves

---

[1] Ces bombardes, d'une nouvelle invention, avaient été construites dans le port de Toulon sous la direction de Renau d'Eliçagaray, dont le nom est resté célèbre dans les annales de l'artillerie et de la marine. C'était un jeune Béarnais, dont Colbert avait deviné le génie.

chrétiens. Le dey en avait déjà rendu cinq cent quarante-six, lorsque, le 3 juillet, il prétendit qu'il lui fallait du temps pour faire revenir ceux qui étaient disséminés dans les campagnes et dans les villes éloignées de la côte. C'était demander la prolongation de la trêve. L'amiral exigea alors qu'on lui remît plusieurs otages importants pour lui répondre de la fidélité de la régence. Parmi ceux-ci était le fameux renégat Hadji-Hassein, connu sous le nom de Mezzomorto (demi-mort), parce qu'il avait été ramassé à demi mort sur un vaisseau capturé par les Barbaresques. En même temps Duquesne faisait entendre qu'il ne traiterait de la paix qu'aux trois conditions suivantes : 1° délivrance de tous les esclaves français ou appartenant à une nation chrétienne; 2° indemnité égale à la valeur de toutes les prises faites sur la nation française, ou restitution de ces mêmes prises; 3° députation solennelle du dey à Paris, pour demander pardon au roi des hostilités commises sur les vaisseaux français.

A la nouvelle de ce qu'exigeait le chef de la flotte ennemie; les matelots et les soldats de la milice se soulevèrent et refusèrent nettement de restituer ce qu'ils avaient pris. Duquesne allait recommencer le bombardement, lorsque Mezzomorto obtint de lui son renvoi dans la ville, promettant que par son crédit il ferait consentir la milice aux conditions proposées. Ses intentions étaient toutes différentes. A peine de retour à Alger, il se mit à la tête des séditieux, se déclara en plein divan contre ce qu'il appelait la lâcheté du dey, qui fut tué la nuit suivante en faisant sa ronde ; et Mezzomorto fut proclamé par tout le peuple et par les janissaires. Les négociations furent alors rompues, et le pavillon rouge arboré.

Duquesne fit recommencer le bombardement. Il fut terrible; le feu était si violent qu'il éclairait la surface de la mer à plus de huit kilomètres; le sang coulait dans Alger; la moitié des maisons étaient démolies. Les Turcs, dans le délire de la fureur à la vue de leur ville embrasée, attachent à la bouche de leurs canons le consul et les captifs français qu'ils ont encore entre les mains. Les membres de ces infortunés étaient portés par les explosions jusque sur les ponts des navires français. Cependant Renau ne cessait de jeter ses bombes : tous les magasins, les palais, les mosquées s'abîmaient dans les flammes, et pas une maison ne fût restée debout si enfin les bombes n'eussent été épuisées. Duquesne, à son grand regret, fit voile pour Toulon, laissant devant le port d'Alger une division pour le bloquer, et se proposant de reparaître l'année suivante. Mais tant de pertes avaient abattu l'orgueil des Algériens. Ils sentirent qu'il devenait impossible de les réparer sans quelques années de repos. Aussi, lorsque l'année suivante Tourville se présenta de nouveau avec une escadre nombreuse, Mezzomorto n'eut pas de peine à décider le divan à accepter la paix. Elle fut signée le 24 avril 1684, et le divan envoya des ambassadeurs en France pour demander au roi la ratification du traité.

Un châtiment si rude, deux fois renouvelé, ne rendit pas les Algériens plus circonspects. En 1687, ils insultèrent de nouveau le pavillon de la France, et nous prirent quelques navires. Le châtiment ne se fit pas attendre. Le maréchal d'Estrées reçut ordre d'aller bombarder Alger. Il avait sous son commandement une flotte de onze vaisseaux de ligne, de huit galères, de dix galiotes à bombes, et de plusieurs bâtiments légers.

Du 1er au 16 juillet 1688, le feu des galiotes ne discontinua presque pas. Plus de dix mille bombes furent lancées sur la ville; cinq gros navires furent coulés, la plupart des batteries démantelées, la tour du fanal rasée. Un grand nombre d'habitants furent écrasés sous les décombres des maisons, et Mezzomorto lui-même fut blessé à la tête d'un éclat de bombe. Les mêmes atrocités furent renouvelées par les janissaires et les défenseurs de la ville, qui fut de nouveau réduite en cendre et forcée à s'humilier devant la France. Une nouvelle paix fut signée le 27 septembre 1689. Celle-ci fut de plus longue durée, et depuis cette époque jusqu'en 1830 il n'y eut plus d'hostilités prolongées entre Alger et la France. Quelques années plus tard, en 1694, le gouvernement d'Alger reconnut, par un traité spécial, les droits de propriété de la France sur le littoral entre Bone et Tabarca, indépendamment de la concession exclusive de la pêche du corail et du commerce entre Bone et Bougie.

Tels sont les principaux événements de l'histoire d'Alger pendant le XVIIe siècle. Quant à ceux qui se sont accomplis dans le XVIIIe et dans le commencement du XIXe, nous les aurons encore plus rapidement parcourus.

Nous avons déjà dit qu'en 1708 Oran et Mers-el-Kébir étaient tombés au pouvoir des deys d'Alger. L'Espagne, alors occupée de la guerre de Succession, n'avait pu s'opposer à cette agression. Mais, en 1732, quand Philippe V se vit affermi sur son trône, il songea à recouvrer cette importante possession. Il chargea de l'expédition le comte de Mortemar, qui s'en acquitta avec un bonheur justifié par ses bonnes dispositions, son activité, sa sagesse et son audace. Oran et Mers-el-Kébir furent reprises par les Espagnols trois jours après leur débarquement. Le dey Ali, qui commandait l'armée musulmane, honteux de sa défaite, et craignant l'indignation des siens, s'enfuit dans l'intérieur des terres avec sa famille et ses trésors.

Dans cette année 1732, un même jour vit à Alger l'élection de cinq deys, qui furent massacrés les uns après les autres; leurs tombes se voient encore en dehors du faubourg Bab-el-Oued.

L'Angleterre, la Hollande, s'étaient résignées à payer aux corsaires algériens de honteuses redevances, pour être à l'abri de leurs pirateries. Les Danois, sans cesse offensés dans leur commerce par les incursions des pirates, envoyèrent, en 1770, une flotte devant la côte barbaresque. Mais leur apparition n'inspira pas grand effroi aux Algériens, puisque, pendant huit jours que l'escadre employa ou perdit à se promener devant la rade et les fortifications, on ne daigna pas lui envoyer des remparts un seul coup de canon.

L'expédition entreprise par les Espagnols en 1775 fut plus remarquable. Quoique bien préparée, elle eut des résultats désastreux; et comme elle fut la dernière tentative de débarquement sur la côte africaine avant la conquête française, elle jeta sur ces expéditions une défaveur exagérée. Le général O'Reilly, qui la commandait, échoua complètement avec trente mille hommes et cent pièces de canon, dont il laissa la majeure partie au pouvoir des ennemis.

Les Espagnols se présentèrent encore devant Alger en 1783 et 1784, et bombardèrent inutilement cette ville. Enfin une division espagnole portant pavillon parlementaire vint, en juin 1785, demander la paix. Le dey l'accorda; mais il en coûta quatorze millions à l'Espagne.

Il est à remarquer que pendant tous ces derniers événements le même dey, nommé Mohammed, exerçait le pouvoir à Alger. Il avait été élu en 1766, et il conserva le pouvoir jusqu'à sa mort, arrivée en 1791. Chose rare à Alger, il mourut dans son lit, à l'âge de plus de quatre-vingts ans.

Baba-Hassan, son premier ministre et son fils d'adoption, lui succéda sans opposition. Dans la seconde année de son règne, les Espagnols lui cédèrent Oran et Mers-el-Kébir, qu'un tremblement de terre venait de ruiner.

En 1793, la France ayant eu besoin de suppléer pour l'approvisionnement de ses armées à l'insuffisance des récoltes dans les provinces méridionales, le dey Hassan autorisa des exportations de blé d'Algérie, que fournirent les maisons juives Bacri et Busnac. La liquidation et le payement de ces fournitures, qui continuèrent pendant plusieurs années et qui s'élevèrent à des sommes considérables, furent la cause première de nos démêlés avec Alger, et, par suite, de notre conquête.

Baba-Hassan mourut le 14 mai 1798. Il avait une grande crainte des Français, et la gloire de nos armées l'avait frappé de terreur. Le général Bonaparte lui causait des alarmes particulières; il l'appelait le *général diable,* et redoutait toujours de le voir arriver à Alger avec ses troupes invincibles. Il eut pour successeur son neveu Moustapha.

A l'époque de l'expédition française en Égypte, la Porte enjoignit au dey d'Alger de déclarer la guerre à la France : les Français furent donc expulsés de leurs comptoirs de Bone et de la Calle, et le consul de France à Alger fut emprisonné. Mais cette mésintelligence fut de peu de durée; car un traité de paix avec la régence fut signé en 1801. Napoléon exigea que non seulement la France, mais encore tous les États réunis sous la domination française ou compris dans son alliance, fussent respectés par les corsaires. Alger se soumit à cette injonction.

Cependant les troubles politiques et les guérres qui avaient divisé l'Europe pendant vingt ans ayant suspendu toutes les attaques contre Alger, cette puissance en profita pour se mettre dans un état de défense formidable, et pour remplir son trésor à l'aide de ses corsaires. Pendant ce temps-là cinq ou six deys avaient été successivement élevés au pouvoir, et étranglés à la suite d'un règne plus ou moins long.

Après la paix générale de 1815, Omar-ben-Mohammed occupait le poste périlleux de dey. Les relations avec les nations chrétiennes ne s'étaient pas améliorées. Les États-Unis envoyèrent une division navale sous les ordres de l'amiral Decatur, pour tirer vengeance d'insultes faites à leur pavillon. Le dey, pris au dépourvu, car tous ses vaisseaux étaient en course quand les Américains parurent devant Alger, accéda sans difficultés à toutes les propositions qu'on lui fit.

L'Angleterre et la Hollande avaient aussi des griefs contre les Algériens. Ces deux puissances unirent leurs forces pour obtenir une réparation. Le 26 août 1816, lord Exmouth vint, à la tête de trente-deux bâtiments anglais et de six frégates hollandaises, mouiller devant Alger, à un quart de portée de canon. La ville fut enveloppée par les vaisseaux ennemis du nord au sud-est. L'amiral anglais fit signifier au dey les conditions suivantes : 1° la délivrance sans rançon de tous les esclaves chrétiens; 2° la restitution des sommes payées récemment par la Sardaigne et Naples pour le rachat de leurs esclaves; 3° l'abolition de l'esclavage; 4° la paix avec les Pays-Bas aux mêmes conditions qu'avec l'Angleterre.

Le dey ne daigna pas répondre à cet ultimatum. Les batteries turques du môle ouvrirent le feu; ce fut le signal d'une attaque générale. Elle fut terrible et dura jusque bien avant dans la nuit. Presque toutes les batteries algériennes, qui étaient prises à revers par l'artillerie anglaise, furent démontées, et les navires qui étaient dans le port furent incendiés. Mais, au milieu de la nuit, les bâtiments algériens en flammes ayant rompu leurs amarres, furent poussés par la brise hors du port, et s'avancèrent vers la flotte anglaise. Elle dut mettre à la voile en toute hâte pour éviter ces dangereux brûlots.

Le lendemain, lord Exmouth écrivit au dey, et lui offrit encore la paix aux mêmes conditions qu'avant le combat. Cette proposition fut acceptée, et le jour même, 28 août, un traité fut signé avec les Algériens. Cet heureux résultat fit le plus grand honneur à la nation anglaise. La flotte souffrit beaucoup, et perdit huit cent quatre-vingt-trois hommes; les Hollandais, de leur côté, eurent deux cents hommes tués et trois cents blessés.

Quoique Omar-ben-Mohammed eût montré le plus grand courage pendant ce long combat, la milice ne lui pardonna pas l'issue malheureuse de cette affaire. Excitée par un certain Ali-Kodja, elle se souleva le 8 septembre 1817, étrangla Omar, et lui donna pour successeur Ali-Kodja.

Ce nouveau dey passait pour lettré, mais il était sanguinaire et débauché. Une première conspiration ayant éclaté contre lui, il transporta de nuit dans la Kasbah sa résidence et ses trésors. Puis, s'entourant d'une garde composée d'Arabes et de nègres, il ne cacha plus son dessein de fonder une dynastie héréditaire, et d'exterminer les janissaires de l'odjac. Il en avait déjà fait périr un grand nombre, lorsque la peste vint mettre un terme à ses projets et à ses cruautés (1er mars 1818).

Il eut pour successeur Hussein-Dey (El-Osayn-ebn-el-Hasan), qui occupait encore le pouvoir lorsque la France, pour venger une insulte faite à son consul, dirigea une expédition formidable contre la régence, en 1830, et mit fin à la domination de ces corsaires, si longtemps funeste au commerce de tous les États chrétiens.

Les causes de la rupture de la France avec le dey d'Alger, et les principaux faits qui précé-

dèrent la prise de possession de la capitale de la
régence par l'armée française, appartiennent naturellement à l'histoire de ce grand événement, et
trouveront leur place dans la seconde partie de cet
ouvrage.

SECONDE PARTIE

SECONDE PARTIE

CHAPITRE I

Causes de la rupture entre le dey d'Alger et la France. — Convention entre la France et la régence d'Alger à l'égard des sommes dues par la France pour fournitures de blé faites pendant la révolution française. — Réclamations des négociants français créanciers des fournisseurs algériens. — Mesures conservatoires prises par le gouvernement français. — Mécontentement du dey. — Ses prétentions à ce sujet. — Ses plaintes à M. Deval, consul général de France. — Il s'adresse directement au roi. — Insulte publique faite par le dey au consul de France. — Interruption des relations officielles entre le consul et la régence. — Départ du consul. — Le dey fait détruire les établissements français existant sur le territoire de la régence, et déclare la guerre au roi de France. — Envoi d'une escadre pour bloquer Alger. — Ce qu'on avait espéré du blocus. — Pertes et dépenses qu'il cause en réalité. — Mission de M. de la Bretonnière à Alger. — Il échoue. — Le vaisseau parlementaire de M. de la Bretonnière est canonné à sa sortie du port d'Alger. — L'expédition contre Alger est décidée. — Préparatifs de cette expédition. — Le vice-amiral Duperré est chargé du commandement de la flotte. — Le général de Bourmont, ministre de la guerre, prend le commandement de l'armée de terre. — Revue de la flotte et de l'armée par le duc d'Angoulême. — Embarquement de l'armée. — Appareillage de l'escadre. — Relâche à Palma. — Arrivée en vue d'Alger. — L'escadre jette l'ancre dans la baie de Sidi-Ferruch. — Débarquement de l'armée sans opposition sérieuse de la part de l'ennemi. — Installation d'un camp retranché dans la presqu'île de Sidi-Ferruch. — Première escarmouche avec les Arabes. — Manière

de combattre de ces derniers. — Tempête du 16 juin. — Craintes qu'elle
occasionne. — La tempête se calme. — Le débarquement s'achève. —
Inaction apparente de l'armée pendant les premiers jours. — Cause à
laquelle les Arabes l'attribuent. — Ils attaquent l'armée française. —
Ils sont repoussés. — Les Français s'emparent de leur camp. — Effets
produits par la bataille de Staouéli. — Combat de Sidi-Khalif. — Blessure mortelle du jeune Amédée de Bourmont. — Combat de Bourdjaïah.
— L'armée arrive devant Alger.

Nous avons vu dans le chapitre précédent que des
fournitures considérables de blé avaient été faites à la
France par la régence d'Alger pendant la première
révolution. Les guerres continuelles que la république
et l'empire eurent à soutenir firent ajourner la liquidation et le remboursement de cette dette pendant plus
de vingt ans.

La négociation, reprise quelque temps après la restauration, amena enfin une convention signée à Paris
le 28 octobre 1819, qui fixait à sept millions de francs
la créance algérienne, réclamée au nom de deux Juifs,
sujets du dey (Jacob-Coen Bacri et Michel Busnach
ou Busnachi), dont le payement devait être opéré par
douzièmes, à compter du 1er mars 1820, sauf réserve
des droits des sujets français qui se trouveraient avoir
eux-mêmes des réclamations à faire valoir contre les
Algériens.

Cette convention semblait mettre fin à la querelle;
mais l'article des réserves amena de nouvelles difficultés. Des négociants français de Marseille créanciers
des sujets algériens firent opposition au payement en
question jusqu'à concurrence de deux millions cinq
cent mille francs, montant de leurs réclamations. Le
trésor royal paya aux Juifs algériens quatre millions
cinq cent mille francs qui restaient sur le total reconnu

de la dette, et il versa l'autre partie, les deux millions
cinq cent mille francs réclamés, à la caisse des dépôts
et consignations, où cette somme devait rester en
dépôt jusqu'à ce que la validité des réclamations eût
été reconnue par les tribunaux.

Mais la marche suivie par le gouvernement français
indisposa vivement le dey Hussein, qui avait lui-même
une part considérable dans la créance des juifs Bacri
et Busnach. Il prétendait que les tribunaux français
n'avaient pas le droit de juger la validité des oppositions faites par les négociants marseillais ; que c'était
lui qui devait être l'arbitre de la justice de ces réclamations, et que la somme en litige aurait dû être
préalablement déposée entre ses mains. Il adressa
dans ce sens des réclamations réitérées à M. Deval,
consul général de France à Alger, l'accusant des re-
tards et des obstacles apportés à la remise des fonds.
N'en obtenant que des réponses évasives, il résolut de
s'adresser directement au roi de France, auquel il
écrivit en effet.

Au fond, les plaintes et la mauvaise humeur du dey
contre le consul général n'étaient pas sans quelque
fondement [1], l'historien impartial est forcé de le reconnaître; mais il y joignit des outrages que la dignité
d'un souverain, que l'honneur national, ne pouvaient
pas laisser impunis.

Le 27 avril 1827, M. Deval s'étant présenté, suivant
l'usage, avec les autres résidents européens, pour
complimenter le dey à l'occasion des fêtes du Beïram,
Hussein lui demanda s'il avait une réponse à lui

---

[1] Voir l'ouvrage intitulé *Considérations sur la régence d'Alger*, par
M. le baron Juchereau de Saint-Denis, ainsi que l'ouvrage publié par
M. Shaler, consul général des États-Unis près de la régence d'Alger.

remettre de la part du roi de France ; là-dessus il y eut entre eux une discussion à la suite de laquelle le dey entra dans une telle colère, qu'il frappa de son chasse-mouche M. Deval au visage. Hussein-Pacha accompagna ce geste brutal de paroles offensantes pour le roi de France, et pour les chrétiens en général.

Une insulte si grossière, faite en présence des consuls étrangers, exigeait une réparation éclatante. Elle fut immédiatement demandée, mais en vain. Le consul eut ordre de cesser tout rapport officiel avec la régence, et s'embarqua quelque temps après (11 juin 1827) sur un des bâtiments envoyés pour le prendre avec tous les Français établis à Alger. Après leur départ, le dey envoya l'ordre d'arrêter tous les Français qui se trouvaient encore dans la régence, et de détruire de fond en comble les établissements appartenant à la France, notamment le fort de la Calle, qui fut dépouillé et ruiné complètement. Ces actes d'hostilité furent suivis d'une déclaration de guerre, à laquelle le gouvernement français répondit en envoyant une escadre devant Alger, sous les ordres du contre-amiral Collet, pour y établir d'abord un blocus rigoureux.

On espérait que ce blocus, en restreignant le commerce ou les pirateries d'Alger, y exciterait des mécontentements, ou même un mouvement populaire, qui forceraient le dey à donner quelque satisfaction dont le ministère français se serait aisément contenté; mais Hussein-Dey, retiré dans son fort de la Kasbah, qui domine Alger, avait considérablement augmenté sa garde personnelle, commandée par son gendre Ibrahim-Agha, et mis sa capitale à l'abri de toute attaque maritime par les travaux ajoutés depuis 1816 à la défense du port. Ainsi le blocus entretenu durant trois années fut moins nuisible aux Algériens qu'à la France, à laquelle il coûta plus de vingt millions, plusieurs bâtiments perdus dans ces parages où ils n'avaient aucun abri, un grand nombre de marins, et entre autres le brave commandant de cette escadre, le contre-amiral Collet, qui succomba aux fatigues d'un blocus difficile et dangereux.

« Au mois de juillet 1829, dit le ministre de la marine dans un discours adressé à la chambre des députés en avril 1830, le gouvernement du roi, reconnaissant l'inefficacité de ce système de répression, et pensant à prendre des mesures plus décisives pour terminer la guerre, crut cependant devoir, avant d'arrêter sa détermination, faire une dernière démarche vis-à-vis du dey. M. de la Bretonnière fut envoyé à Alger; il porta au dey, jusque dans son palais, nos justes réclamations. Le dey refusa d'y faire droit... »

Dans une dernière audience, tenue en présence du divan (2 août 1829), M. de la Bretonnière, après avoir employé tous les moyens de persuasion pour amener Hussein-Dey aux satisfactions qu'il était chargé de lui demander, et surtout la délivrance des prisonniers français, finit par déclarer que le roi de France, ayant épuisé tous les moyens de conciliation, emploierait les forces que Dieu avait mises entre ses mains pour défendre ses droits et la dignité de sa couronne. « J'ai de la poudre et des canons, répliqua Hussein-Dey, et puisqu'il n'y a pas moyen de s'entendre, vous êtes libre de vous retirer. Vous êtes venu sous le sauf-conduit (amanitle), je vous permets de sortir sous la même garantie. »

Le lendemain, lorsque le vaisseau *la Provence*, que montait M. de la Bretonnière, sortit de la baie couvert du pavillon parlementaire, les batteries les plus voisines firent feu toutes à la fois, à un signal parti de la Kasbah. Le feu dura une demi-heure, jusqu'à ce que le bâtiment se trouvât hors de la portée du canon. Aucun homme ne fut atteint; mais le bâtiment éprouva de graves avaries.

Après cette violation atroce du droit des gens, la guerre contre Alger fut résolue, et les préparatifs d'une expédition formidable, destinée à aller venger la France et détruire la piraterie, furent commencés sur-le-champ et poussés avec la plus vigoureuse activité. Le port de Toulon, désigné comme point de départ, devint le centre d'un mouvement prodigieux. Les meilleurs bâtiments de la marine furent armés dans les ports de Brest, de Cherbourg et de Rochefort, de manière à être réunis sur la rade de Toulon vers la fin de mai; indépendamment de ces bâtiments de guerre, on nolisa plus de quatre cents bâtiments de transport, français, sardes, autrichiens, italiens, espagnols, pour les troupes qui ne pourraient trouver place à bord des vaisseaux de guerre. En même temps les troupes de toutes armes qui devaient faire partie de l'expédition se mettaient en mouvement sur toute la surface du pays, et venaient s'échelonner dans nos provinces méridionales.

La presse de l'opposition, si puissante alors sur les esprits, s'attacha à décrier le projet du gouvernement, à en démontrer les inconvénients et les périls; mais, malgré ses efforts, les instincts aventureux de notre nation ne s'en éveillèrent pas moins tout-puissants à l'idée d'une expédition hasardeuse, entreprise pour al défense de la dignité nationale, de l'honneur de notre pavillon, des intérêts de notre commerce.

Quant aux puissances étrangères à qui le gouvernement français fit part de ses projets sur Alger, une seule en témoigna quelque inquiétude. Le cabinet britannique demanda des explications, et exprima le désir de savoir ce que la France serait disposée à faire de la régence d'Alger après l'avoir conquise. Le prince de Polignac répondit avec énergie que la France insultée ne demandait le secours de personne pour venger son injure, et qu'elle n'avait de compte à rendre à personne de ce qu'elle aurait à faire de sa nouvelle conquête.

Le vice-amiral Duperré, dont le nom jouissait parmi les marins d'une brillante réputation, fut chargé du commandement de la flotte. Le général de Bourmont, ministre de la guerre, prit lui-même le commandement des troupes de débarquement. Parmi les généraux placés sous ses ordres, on citait les lieutenants généraux Berthezène, Loverdo, des Cars; les maréchaux de camp Achard, Damrémont, Munk d'Uzer, Tholozé; Valazé, du génie; Lahitte, de l'artillerie.

Le duc d'Angoulême, en sa qualité de grand amiral, vint à Toulon présider lui-même à l'embarquement et au départ. Arrivé dans cette ville le 3 mai 1830, il visita l'arsenal de la marine, les chantiers de construction, tous les travaux du port, et se rendit le lendemain en rade à bord du vaisseau amiral *la Provence*, d'où il jouit du spectacle le plus imposant qu'il soit possible d'imaginer. Sur cette rade ne se trouvaient pas moins de cent bâtiments de guerre, et quatre à cinq cents navires de transport, tous pavoisés : d'autres bâtiments de commerce faisaient flotter au loin leurs différentes couleurs, et les rivages de la rade étaient couverts de troupes et d'une multitude immense qui mêlaient leurs acclamations aux salves de l'artillerie.

Le prince assista ensuite, de la hauteur du tertre du polygone, à un exercice du débarquement tel qu'il devait être opéré sur la côte d'Afrique à l'aide de bateaux plats et de radeaux d'une construction nouvelle, chargés d'artillerie ou montés par des troupes de différentes armes avec leurs bagages et leurs chevaux : débarquement qui s'exécuta de manière que les troupes furent rangées en bataille et les canons mis en batterie sur le rivage en moins de six minutes.

Rien ne manquait à cette fête militaire. Jamais expédition, pas même celle d'Égypte, n'avait été préparée avec tant de célérité, de puissance et de luxe militaire; jamais la marine française n'avait paru si riche de talents et de moyens matériels. L'armée de terre aussi brillait de jeunesse et d'ardeur; et quoi que l'esprit de parti ait dit dans le temps de ses dispositions, et surtout du peu de confiance et de sympathie que lui inspirait son chef, toutes les craintes et les préventions, tous les souvenirs et les pressentiments sinistres parurent céder aux illusions de la victoire et de la conquête. La population, témoin de cette magnifique revue des forces de l'expédition, dont le succès pouvait avoir une si grande influence sur la prospérité de ses provinces, secondait de tous ses vœux cette entreprise gigantesque, et les opinions politiques se taisaient devant de si puissants intérêts.

Il faudrait encore, pour donner une juste idée de

l'importance qui y était attachée, décrire l'abondance
des approvisionnements et des munitions, le luxe des
équipages, et surtout de ce nombreux et brillant état-
major auquel on avait adjoint, sous différents grades,
des ingénieurs géographes, des interprètes, des peintres dessinateurs, des ouvriers imprimeurs, et jusqu'à
des journalistes historiographes chargés de faire d'a-
bord un journal (l'*Estafette d'Alger*) consacré à donner
les détails de l'expédition. Une foule de jeunes gens
des plus nobles familles et d'étrangers, un prince de
Schwartzenberg, un aide de camp du grand-duc
Michel, le colonel Philosophof, un capitaine de la
marine anglaise, M. Mansell, avaient sollicité et obtenu
l'honneur de faire cette campagne; et ce qu'on peut
regarder comme un acte de dévouement héroïque,
c'est que le général en chef emmenait ses quatre fils,
engagés avec lui dans la gloire ou les périls de son
commandement.

Le 25 mai, l'armée entière et son immense matériel
étaient embarqués. A midi, par une faible brise de
nord-est, l'amiral donna l'ordre du départ. Toute
l'escadre appareilla aussitôt, et cet immense mouvement, opéré avec un ordre, avec un ensemble merveilleux, offrit un imposant spectacle. Les hauteurs
qui entourent la rade de Toulon étaient couvertes
d'une foule innombrable. Des cris, des signes d'adieu
saluaient au passage chacun de ces vaisseaux qui portaient une portion de la puissance, de la richesse et
de la gloire de notre patrie; tout le monde, soit sur le
rivage, soit à bord de la flotte, sentait battre également
son cœur sous l'impression d'une vive émotion, dans
cette journée solennelle où la France, aventurière
sublime, allait joyeuse à la conquête d'un monde nou-

veau, à l'accomplissement d'un des plus grands actes de ce siècle.

A la nuit, l'escadre entière avait gagné le large, et s'était rangée en colonne dans l'ordre et suivant les distances que les instructions de l'amiral avaient prescrits.

Séparées par un coup de vent, les trois divisions de la flotte se rallièrent à Palma (Majorque), où les vents contraires les retinrent jusqu'au 10 juin. Enfin, ce jour-là, l'escadre, favorisée par un temps magnifique, quitta les eaux de Palma, et reprit la mer dans l'ordre habituel. Le 13, à la pointe du jour, on aperçut la terre; bientôt les maisons, les arbres, les moindres accidents de terrain se dessinèrent nettement, et de tous les navires s'élevèrent des cris d'allégresse. Arrivé à une assez faible distance de la côte, l'amiral rallia la division de blocus, forma sa ligne de bataille, défila en vue des forts et des batteries d'Alger, et fit le signal à toute la flotte qu'il se dirigeait sur le cap Sidi-Ferruch.

A la fin du jour, tous les navires étaient à l'ancre dans la baie formée par la presqu'île de ce nom. Si le départ de Toulon avait eu un caractère majestueux, ce ne fut pas un spectacle moins solennel et moins émouvant que celui de cette flotte formidable, paisiblement échelonnée en présence de ce sol étranger qu'elle venait conquérir, et où le lendemain elle allait planter pour toujours le drapeau de la civilisation.

« Pendant toute la nuit, nuit splendide et étoilée, dit un témoin oculaire, les troupes se préparèrent au débarquement, qui devait s'effectuer dès le lendemain 14, à la pointe du jour. La mer, douce et calme, caressait les flancs de nos vaisseaux; la brise était tiède ; ce beau ciel, que nous admirions pour la première fois, était si pur, si clément, si radieux ! De temps à autre un chant de fête, un cri de joie s'échappaient de l'un des navires, et de toutes parts aussitôt d'autres cris et d'autres chants répondaient. Bien peu dormirent pendant cette veillée des armes, pendant cette nuit qui parut si longue pourtant, car on attendait le jour avec impatience ; on l'appelait, on le désirait, comme on désire toujours l'inconnu [1]. »

Le 14, à trois heures du matin, le débarquement commença. On s'était attendu à trouver la presqu'île de Sidi-Ferruch, ou du moins la pointe du promontoire fortifiée, et, dans l'opinion de plusieurs officiers, quelques batteries de grosses pièces auraient rendu le débarquement difficile et périlleux. Tous les préparatifs d'attaque avaient été conçus dans cette idée ; mais l'ennemi fit dans cette circonstance une faute grave, qui le perdit et assura le succès de l'expédition : dans la persuasion de battre l'armée française et de s'emparer de tout ce qu'elle avait avec elle, il la laissa débarquer sans l'inquiéter ; il se borna à placer en arrière, sur des hauteurs parallèles à la côte, quatre batteries composées chacune de deux ou trois canons, de quelques obusiers et d'un mortier.

Le débarquement s'effectua donc dans le plus grand ordre. En quelques heures, grâce à la prodigieuse activité de nos marins, la première division et l'état-major furent à terre, chaque régiment rangé en bataille, et une batterie de campagne montée par l'artillerie et prête à manœuvrer ; en même temps quelques matelots ou soldats de marine, bientôt suivis

---

[1] *Algérie*, par MM. les capitaines du génie Rozet et Carette. — *Univers pittoresque*, vol. XLIV, p. 260.

d'une compagnie de mineurs, s'emparaient de la
tour ou marabout de Sidi-Ferruch (appelé *Torre-
Chica* par les Espagnols), et y arboraient le drapeau blanc, aux applaudissements, aux vivats de
toute l'armée, de toute l'escadre, transportées d'enthousiasme.

La première division, à peine débarquée, se forma
en colonne et marcha sur l'ennemi, qui commençait à
tirer de ses redoutes et des broussailles où les Arabes
étaient embusqués. Les redoutes occupées par les
batteries arabes furent tournées, attaquées et enlevées
dans un instant. Les Arabes, abordés à la baïonnette,
se retirèrent précipitamment dans le plus grand désordre, abandonnant leur artillerie et cette position,
d'où ils pouvaient inquiéter le reste du débarquement,
qui continua sans opposition.

Pendant ce mouvement de la première division, de
nombreuses embarcations, se croisant en tous sens,
mettaient à terre de nouveaux soldats, impatients de
prendre part à la gloire de leurs camarades. A midi,
toute l'infanterie et l'artillerie de campagne étaient
débarquées ; le reste de la journée, le débarquement
du matériel, des vivres, des chevaux, continua avec
une rapidité et un ensemble admirables. Le succès de
l'entreprise dépendait du succès de cette opération ;
car d'un moment à l'autre, sur ces parages si difficiles,
et surtout dans une baie ouverte à tous les vents et à
la mer du large, l'escadre pouvait être obligée de lever
l'ancre afin de ne pas être jetée à la côte, et il était
indispensable que l'armée eût au moins les vivres et
les munitions nécessaires à sa défense ; les désastres
nombreux essuyés par l'Espagne dans ces mêmes parages justifiaient toutes les appréhensions.

Le débarquement n'était pas encore achevé, que déjà les troupes du génie traçaient, sous la direction du général Valazé, une ligne de retranchements qui devaient fermer et garantir, du côté de la campagne, la presqu'île de Sidi-Ferruch, dont on voulait faire le dépôt général de l'armée pendant les opérations du siège d'Alger. Ces immenses travaux furent terminés et armés de vingt-six pièces de marine en cinq à six jours.

Dans la soirée du débarquement, le général en chef alla s'établir avec tout son état-major dans les bâtiments dépendants du marabout de Sidi-Ferruch. Les deux premières divisions furent échelonnées en avant de la presqu'île, sur les collines d'où les Arabes avaient été débusqués. La troisième (division des Cars) campa les premiers jours, avec l'artillerie et le génie, dans l'intérieur de la presqu'île.

Le 15, à la pointe du jour, un feu de tirailleurs s'engagea sur toute la ligne d'avant-postes ; dans cette première escarmouche nos soldats purent reconnaître l'ennemi qu'ils auraient à combattre désormais, et apprécier les difficultés et les dangers de cette guerre. Des masses d'Arabes se montraient de tous côtés, mais le plus souvent à de longues distances, hors de la portée des fusils d'Europe. Les leurs, d'une longueur prodigieuse, portaient très loin et très juste, et ils s'en servaient avec une adresse meurtrière. Abrités derrière les broussailles ou montés sur des chevaux rapides, et changeant continuellement de place, ils échappaient à toute attaque régulière et mutilaient d'une manière atroce les soldats qui tombaient entre leurs mains. Plus tard, il nous a fallu créer des corps spéciaux, et les armer de carabines à grande portée, pour détruire ce genre de supériorité que les Arabes avaient sur nous. .

Dans la matinée du 16, une tempête épouvantable éclata tout à coup ; le vent soufflait du large avec violence, et tous les vaisseaux chassaient sur leurs ancres. Quelques heures de plus, et c'en était fait de notre belle flotte, de l'expédition elle-même peut-être ; car ce grand désastre et le spectacle de nos vaisseaux brisés sur la côte eussent certainement démoralisé l'armée, comme le fut autrefois celle de Charles-Quint en pareille circonstance, et eussent redoublé l'audace de nos ennemis, qui comptaient sur un événement de cette nature plus que sur leurs armes pour nous vaincre. Dieu ne le permit pas : la tempête s'apaisa, la houle devint moins violente, et nous en fûmes quittes pour quelques avaries et la perte de deux ou trois petits bâtiments de transport et de quelques chaloupes de débarquement; mais ce fut une rude leçon qui ne fut pas perdue. L'amiral pressa davantage encore le débarquement, et en peu de jours la plage de Sidi-Ferruch fut transformée en une ville, en un vaste parc, où toutes les ressources de l'armée étaient classées et emmagasinées. Les divers services y étaient organisés, et une route tracée au fur et à mesure des mouvements des troupes mettait en relation ce quartier général de nos opérations avec l'état-major de l'expédition. C'était une féerie que de voir une ville française parfaitement organisée à cette place, déserte quelques jours auparavant.

Jusqu'au 19, l'armée française s'était bornée à faire des reconnaissances et à garder ses positions. En présence d'un ennemi qu'elle pouvait croire bien plus nombreux, elle s'était toujours tenue sur la défensive, ce qui est toujours dangereux avec les Arabes. M. de Bourmont, à qui on ne saurait faire un crime de cette inaction apparente, car elle avait surtout pour but de rendre complète l'organisation des ressources et du matériel de l'armée, ne pouvait deviner ce qu'une longue expérience a appris plus tard; et le succès de la vaste et difficile entreprise qu'il dirigeait lui faisait une loi de la prudence même excessive.

Les Arabes attribuèrent notre inaction à l'impuissance. Ibrahim-Agha, qui commandait en chef l'armée algérienne, avait réuni dans son camp de Staouéli, à quatre kilomètres de nos avant-postes, ses janissaires, les contingents des beys d'Oran, de Tittery et de Constantine, et une multitude de Kabyles et d'Arabes bédouins, attirés par l'espoir du pillage, le tout montant à plus de quarante mille hommes. Il crut le moment venu d'anéantir l'armée française.

Le 19, à la pointe du jour, la première colonne des Turcs descendit le plateau en poussant des cris affreux, et s'élança de front sur les positions occupées par les 2e et 3e brigades (Clouet et Achard), tandis que la seconde colonne, formée des contingents de Constantine et d'Oran, se portait sur la droite comme pour envelopper la 1re brigade et la division Loverdo. L'attaque fut impétueuse, et nos troupes furent un moment surprises; des janissaires vinrent planter leurs drapeaux jusqu'au milieu de nos bivouacs. Mais bientôt nos troupes reprirent l'offensive, et, marchant en colonnes serrées, repoussèrent les assaillants sur tous les points; puis les deux divisions, précédées de l'artillerie de nouveau modèle, qui vomissait les obus et la mitraille avec une célérité prodigieuse, s'élancèrent avec un enthousiasme impossible à décrire sur les redoutes construites en avant du camp de Staouéli et sur leurs batteries, qui furent enlevées en un instant.

La retraite des Turcs et des Arabes n'avait été jusque-là qu'un combat continuel et acharné; mais quand ils virent l'infanterie française s'emparer de leurs batteries et franchir le dernier retranchement qui défendait leur camp, la peur et le découragement les saisirent, ils se rompirent et se dispersèrent de toutes parts, abandonnant successivement leurs positions, leur artillerie, leur camp avec leurs tentes, leurs approvisionnements et plus de cent chameaux. Les Français les poursuivirent plus de quatre kilomètres au delà du champ de bataille, et revinrent s'établir sur le plateau de Staouéli, dans les tentes que l'ennemi n'avait pas eu le temps d'enlever, et dont quelques-unes, celles de l'agha et des deux beys, étaient d'une grande magnificence.

Les Français eurent, dans cette glorieuse journée, appelée la bataille de Staouéli, cinquante-sept hommes tués et quatre cent soixante-seize blessés plus ou moins grièvement. Leur perte, considérable au commencement de l'action, devint presque nulle du moment où leurs colonnes, ayant repris l'offensive, renversèrent dans leur marche rapide tous les ennemis qui se trouvèrent devant elles. Celle des Algériens a été évaluée à quatre à cinq mille hommes, disproportion qui n'a pas de quoi surprendre, à raison du ravage que faisait l'artillerie dans leurs masses profondes. Le résultat moral fut plus important encore; car dès ce jour le succès de l'expédition et la prise de la ville ne furent plus douteux.

Les deux premières divisions s'établirent à Staouéli

et s'y fortifièrent; la route stratégique de Sidi-Ferruch fut prolongée jusqu'à ce point.

L'armée resta dans ces positions jusqu'au 24 juin. Le général attendait, pour marcher en avant, l'arrivée du convoi qui portait la grosse artillerie, le train et les équipages de siège. Mais cette immobilité ranima la confiance des Arabes; Ibrahim-Agha, pensant que nous n'osions ou que nous ne pouvions pas avancer, recommença, dans la matinée du 24, une attaque plus sérieuse encore que la première.

Cette fois, la division Berthezène, appuyée par une partie de la division Loverdo et par tout ce que nous avions de cavalerie, marcha contre l'ennemi avec le même ordre, la même assurance, la même rapidité de mouvement, et avec le même succès que dans la journée du 19. Les Algériens ne résistèrent pas un instant au choc de nos bataillons; on les poursuivit jusqu'à huit kilomètres d'Alger, à l'extrémité du plateau qui se lie au mont Boudjariah, l'une des hauteurs les plus voisines de la ville. Le général en chef donna l'ordre à ses troupes de s'arrêter, au grand mécontentement des soldats, ivres de leur victoire.

Cette affaire, qui reçut le nom de combat de Sidi-Khalef, ne nous coûta que très peu de monde. Un seul officier fut blessé mortellement dans cette journée, Amédée de Bourmont, un des quatre fils que le général en chef avait emmenés avec lui. Il reçut le coup mortel à la tête de sa compagnie de grenadiers, au moment où il s'élançait pour chasser l'ennemi d'un jardin dans lequel il était embusqué [1].

---

[1] Il est mort deux jours après la prise d'Alger, le 7 juillet, des suites de sa blessure, « heureux peut-être, dit un de ses camarades (M. de Quatre-Barbes *Souvenirs de la campagne d'Afrique*, heureux de

Heureusement les raisons très graves qui imposaient à M. de Bourmont une prudence que l'ennemi prenait pour de la faiblesse allaient ne plus exister. Dès le lendemain même du combat de Sidi-Khalef, le convoi chargé du matériel de l'artillerie mouilla devant Sidi-Ferruch. Mais il fallait plusieurs jours pour que ce matériel pût être débarqué et rejoindre l'armée.

La troisième division, qui jusque-là n'avait pu donner, reçut l'ordre de prendre position sur le front de l'armée. Les Arabes ne cessèrent de nous harceler, soit par leurs tirailleurs, soit par leurs batteries, qui des hauteurs voisines faisaient un feu presque continu. La position que nos troupes occupaient était désavantageuse; car elle était dominée par des points importants, et il y avait hâte pour nous de reprendre l'offensive, qui seule pouvait imposer aux Arabes. Cinq jours pourtant se passèrent ainsi. Enfin, le 28 au soir, l'armée, les parcs de l'artillerie et du génie furent réunis à Sidi-Abd-er-Rhaman; le général en chef donna pour le lendemain l'ordre de l'attaque.

Le 29, à la pointe du jour, l'armée se mit en marche, la première division en tête, la deuxième au centre, la troisième à droite; l'artillerie et le génie marchant dans les intervalles. Les troupes gravirent avec ardeur le Boudjariah, et débusquèrent les Turcs, qui laissèrent en notre pouvoir leur artillerie après un engagement très court. Le général en chef, qui avait suivi les divisions Berthezène et des Cars avec tout son état-major, eut la satisfaction d'occuper dès

mourir après avoir entendu le récit de la gloire de son père, et avant d'être témoin de ses malheurs. »

le matin le point culminant du Boudjariah, d'où se déployaient au-dessous de lui le fort l'Empereur, la ville d'Alger, la Kasbah, tous les forts et les batteries de la rade, le cap Matifou et la grande plaine de la Métidja. Avant la fin du jour nos divisions cernaient le terrain.

CHAPITRE II

On reconnut bientôt que pour compléter l'investissement de la place il fallait se rendre maître du fort l'Empereur, situé à huit cents mètres de la ville, sur une élévation qui domine les pentes et le plateau de Mustapha. En conséquence, il fut décidé qu'on s'emparerait de cette position avant de songer à attaquer le corps de la place.

Le 30, de grand matin, les travaux de tranchée commencèrent sous le feu très vif et très soutenu des assiégés. Du 1er au 4 juillet, le travail des tranchées et des batteries fut quelquefois ralenti par le feu de l'ennemi, qui mettait journellement hors de combat une centaine d'hommes. Les Turcs tentèrent aussi plusieurs sorties, mais sans succès, et ils ne purent empêcher que les trois batteries de siège (vingt-six pièces de gros calibre) ne fussent construites et toutes armées, sous la direction du général la Hitte, dans la nuit du 2 au 3 juillet, de manière à pouvoir ouvrir le feu le lendemain 4, dès la pointe du jour.

Pendant qu'on faisait ces préparatifs, le vice-amiral Duperré faisait faire, par une division de sa flotte aux ordres du contre-amiral Rosamel, une attaque sur les batteries du port et des forts maritimes, pour attirer du côté de la mer une partie des canonniers algériens. Lui-même se chargea de diriger en personne une autre attaque dans la journée du 3, pendant l'armement des batteries de la tranchée, et tous les bâtiments armés y prirent part : ils défilèrent à demi-portée de canon, sous le feu des batteries algériennes, où se trouvaient environ trois cents pièces d'artillerie, depuis celles du fort des Anglais jusqu'à celles du môle, en ripostant par des bordées qui jetèrent l'épouvante dans la partie basse de la ville. Cette canonnade dura deux heures sans occasionner de graves dommages de part ni d'autre; mais cette diversion utile permit à l'armée de terre d'achever avec moins d'opposition l'armement de ses batteries.

Jusque-là les Français n'ayant employé que quelques petites pièces contre les sorties de l'ennemi pendant la durée des travaux de tranchée, la garnison du fort l'Empereur s'imaginait qu'ils n'avaient avec eux que de l'artillerie de campagne, et semblait attendre avec sécurité l'issue d'une pareille attaque contre des remparts solides garnis de cent pièces du plus fort calibre. Elle ne tarda pas à être tirée de son erreur.

Le 4 juillet, aux premières lueurs de l'aurore, une fusée volante donna le signal de l'attaque; à l'instant toutes les batteries françaises furent démasquées, et commencèrent à la fois le feu le plus terrible. La garnison du fort, à laquelle le feu du fort Bab-Azoun et celui de la Kasbah venaient en aide, tint bon, et pendant quatre heures riposta vivement. Cependant nos boulets de vingt-quatre et de seize foudroyaient les remparts et les terre-pleins des batteries ennemies avec une rapidité et un effet inouïs. On voyait à chaque instant des pans de murailles s'écrouler, des merlons disparaître, des pièces renversées, des canonniers tués à mesure qu'ils se succédaient derrière les embrasures en ruines, pendant que les bombes et les obus, tombant comme la grêle dans l'intérieur du fort, portaient la destruction et la mort, par leur chute, par leurs ricochets et leur explosion, parmi les braves entassés dans ce petit réduit.

Malgré le feu épouvantable des batteries françaises, le feu du château ne cessa tout à fait de leur répondre que vers neuf heures. Tous les canons des remparts étaient renversés, les affûts brisés, les canonniers tués ou dispersés, les casemates enfoncées; des monceaux de cadavres couvraient les terre-pleins et le fossé du réduit. Les faibles débris de la garnison s'étaient réfugiés dans la tour avec la résolution d'y mourir. Mais le dey, apprenant ces tristes détails, en fut effrayé; son orgueil opiniâtre céda enfin à la terreur, et il ordonna de faire évacuer et sauter le fort, dans l'espoir d'écraser les Français sous ses débris.

Nos artilleurs continuaient à battre en brèche et nos soldats se préparaient à monter à l'assaut, quand une détonation épouvantable se fit entendre, et couvrit le bruit de notre artillerie; une colonne épaisse et noire qui s'élevait à près de deux cents mètres dans les airs, s'élargissant dans sa base, enveloppa bientôt tout l'horizon. Des pièces d'artillerie, des bombes, des boulets, des poutres, des pierres énormes et des cadavres couvrirent en un instant les environs du château, dont on n'aperçut les ruines qu'après que toutes les matières pulvérisées par l'explosion eurent jonché le sol. La partie supérieure de la tour avait disparu; les murailles des deux faces de l'enceinte étaient presque entièrement renversées, les autres entr'ouvertes de toutes parts.

Loin d'être intimidés par ce terrible spectacle, les soldats français employés à la garde de la tranchée, ayant à leur tête le général Hurel, se précipitèrent à travers les débris fumants du château pour en prendre possession. Mais les Algériens l'avaient abandonné, ainsi que tout l'espace qui le sépare de la Kasbah. Une batterie dressée immédiatement parmi les décombres du château fit taire le feu du fort Bab-Azoun et de la Kasbah.

Dès cet instant la ville, livrée à la plus grande confusion, était à nous.

Hussein-Dey, qui s'était imaginé, dit-on, que le fort l'Empereur arrêterait les Français jusqu'à la saison des pluies, et qu'alors leur destruction serait facile, passa tout à coup d'une folle confiance au plus grand abattement. Cependant il ne croyait pas que tout fût fini pour lui alors même que nos canons dominaient la ville et la mettaient en notre pouvoir. Il ne fallut rien moins que les cris et les menaces de la population pour le décider à envoyer un de ses ministres (Sidi-Moustapha) auprès du général en chef avec des propositions incroyables. Le dey offrait sérieusement d'abandonner toutes ses créances sur la France, de rembourser les frais de la guerre, de faire des excuses au roi, de rendre au commerce français tous ses privilèges et même de les augmenter, si les Français consentaient à quitter le pays. M. de Bourmont répondit avec beaucoup de dignité qu'il ne pouvait admettre aucune négociation avant l'occupation de la ville, qui devait se rendre à discrétion.

Tandis que l'envoyé du dey lui rapportait cette réponse, les travaux de siège se poursuivaient avec activité. Bientôt arrivèrent deux nouveaux parlementaires, un Turc nommé Sidi-Mahmoud et un Maure nommé Bouderba, qui, ayant habité longtemps Marseille, parlaient parfaitement la langue française. Celui-ci représenta au comte de Bourmont que ces mots *se rendre à discrétion* seraient mal compris par les Turcs; qu'ils les regarderaient comme un sacrifice volontaire qu'on exigeait de leurs personnes, de leurs familles et de leurs propriétés; que, dans cette opinion, ils aimeraient mieux périr que de se soumettre, et que la ruine d'Alger et des richesses qui .s'y trouvaient en serait la suite inévitable.

Ces considérations déterminèrent le général français à se relâcher un peu de la rigueur de ses conditions. Après quelques pourparlers, le général arrêta les bases d'une capitulation, dont nous croyons devoir reproduire ici les termes; car ce document mémorable a ouvert à la France une ère nouvelle d'activité et de richesses dont elle comprend aujourd'hui toute la grandeur et l'importance.

CONVENTION ENTRE LE GÉNÉRAL EN CHEF DE L'ARMÉE FRANÇAISE ET S. A. LE DEY D'ALGER

1° Le fort de la Kasbah, tous les autres forts qui dépendent d'Alger et les portes de la ville seront remis aux troupes françaises ce matin (5 juillet), à dix heures.

2° Le général de l'armée française s'engage envers S. A. le dey d'Alger à lui laisser la libre possession de ses richesses personnelles.

3° Le dey sera libre de se retirer avec sa famille et ses richesses dans le lieu qu'il fixera, et tant qu'il restera à Alger, il sera, lui et sa famille, sous la protection du général en chef de l'armée française : une garde garantira la sûreté de sa personne et celle de sa famille.

4° Le général assure à tous les membres de la milice les mêmes avantages et la même protection.

5° L'exercice de la religion mahométane restera libre ; la liberté de toutes les classes d'habitants, leur religion, leurs propriétés, leur commerce et leur industrie ne recevront aucune atteinte; leurs femmes seront respectées; le général en chef en prend l'engagement d'honneur.

6° L'échange de cette convention sera faite avant dix heures du matin, et les troupes françaises entreront aussitôt après dans la Kasbah, et s'établiront dans les forts de la ville et de la marine.

HUSSEIN-PACHA.

COMTE DE BOURMONT.

A l'heure dite, les troupes entrèrent, en effet, dans la ville, et nul désordre, nulle violence, ne signalèrent cette prise de possession. L'escadre, qui croisait devant Alger, vint mouiller dans la rade dès qu'elle vit flotter sur les forts de la ville le pavillon français.

Ainsi tombait la superbe *Al-Gézaïr*[1], cette puissance monstrueuse fondée sur la piraterie, après trois siècles de brigandages impunément exercés sur les nations chrétiennes; ainsi l'épée de la France venait de briser le joug honteux qu'elles subissaient et consacraient par des tributs, ou des présents consulaires non moins humiliants que les tributs. La navigation de la Méditerranée était rendue libre, et l'aurore de la civilisation du christianisme renaissait pour l'Afrique[2].

---

[1] C'est-à-dire les Iles : c'est le nom que les Arabes donnent à Alger, à cause de quelques îlots qui existaient autrefois dèvant la ville, et qui ont été réunis à la terre ferme par des jetées pour former le port.

[2] Voici la liste des tributs payés par les divers États de l'Europe au dey d'Alger. — Les Deux-Siciles payaient un tribut annuel de 24,000 ·

E. Girardet del.   Largeot sc.

Débarquement à Sidi-Ferruch

Le premier soin du général en chef, en entrant dans la Kasbah, fut de faire reconnaître par une commission l'existence du trésor public, contenu dans une suite de cinq ou six pièces soigneusement fermées et voûtées. Cette commission, composée de trois membres, MM. le général Tholozé, le baron Denniée, intendant en chef, et Firino, payeur général, fit l'inventaire des diverses sommes et valeurs en or, argent et bijoux, qui composaient ce trésor, et qui se montaient au chiffre de 48,684,527 fr. 94 centimes.

En ajoutant à ce trésor la valeur des laines et des denrées trouvées dans les magasins de la régence, portée à trois millions de francs, et celle de sept cents bouches à feu en bronze, estimése comme métal brut à quatre millions de francs, il résultait un total de 55,684,527 fr. pour premier fruit de cette glorieuse conquête, somme supérieure d'environ sept millions aux dépenses qu'elle avait occasionnées, et qui s'é-

piastres fortes, et fournissaient des présents évalués à 20,000 piastres fortes. — La Sardaigne devait à l'Angleterre de ne pas payer de tribut; mais à chaque changement de consul elle donnait une somme considérable. — Les États de l'Église, protégés par la France, ne payaient ni tribut ni présent consulaire: — Le Portugal subissait les mêmes conditions que les Deux-Siciles. — L'Espagne donnait des présents à chaque renouvellement de consul. — L'Autriche, par la médiation de la Porte, était affranchie du tribut et des présents. — L'Angleterre devait 600 liv. sterling à chaque changement de consul, malgré la convention obtenue en 1816 par lord Exmouth. — La Hollande devait, comme l'Angleterre, un présent. — Les États-Unis, le Hanovre et Brême avaient adopté le même arrangement. — La Suède et le Danemark fournissaient annuellement des matériaux de guerre et des munitions pour une valeur de 4,000 piastres fortes. Ces États payaient en outre tous les dix ans 10,000 piastres fortes et un présent à chaque renouvellement de consul. — La France elle-même faisait des cadeaux au dey à l'occasion de la nomination de chaque nouveau consul. — La piastre forte, ou d'Espagne, vaut un peu plus de 5 fr. de notre monnaie.

taient élevées, d'après les documents officiels, à 48,500,000 fr. A quoi l'on pouvait ajouter le prix estimatif de huit cents autres pièces de canon en fonte, celui d'une immense quantité de projectiles, de poudre de guerre et de munitions, ainsi que la valeur des propriétés publiques, qui dans la capitale comprenaient la moitié des maisons, moitié estimée à plus de cinquante millions de francs. Une grande partie du trésor, à peine inventoriée, fut expédiée en France sur les vaisseaux de l'escadre.

Ce serait peut-être ici le lieu de relever la fausseté des accusations odieuses dirigées contre l'armée d'Afrique et ses chefs, qui auraient, disait-on, dilapidé une partie de ce trésor; mais une enquête sévère, faite postérieurement à l'époque où M. de Bourmont avait cessé d'exercer l'autorité de général en chef, a démontré jusqu'à la dernière évidence la fausseté de ces allégations, inventées par l'esprit de parti, et depuis longtemps tombées dans l'oubli.

Alger conquis, la présence de Hussein-Dey et de la milice turque ou des janissaires y devenait embarrassante pour les vainqueurs. La vie de l'ex-dey n'était pas en sûreté au milieu même des janissaires irrités, qui attribuaient leurs malheurs, les uns à son opiniâtre orgueil, les autres à sa faiblesse; et l'on avait jugé prudent de lui donner pour garde une compagnie de grenadiers. On le pressait donc de partir, en lui laissant le choix de sa retraite. Après quelque hésitation, il se décida pour Naples. Le général en chef y consentit. L'amiral Duperré mit à sa disposition la frégate *la Jeanne d'Arc*, et il fut embarqué le 10 juillet avec son trésor particulier (évalué à plusieurs millions), son harem, qui se composait de trois femmes, avec Ibrahim-Agha, son gendre, sa famillle, et une suite d'environ cent personnes des deux sexes [1].

Le départ de l'ex-dey fut suivi de celui d'une grande partie des janissaires non mariés qui occupaient les casernes d'Alger, et qui furent embarqués au nombre d'environ quinze cents. On leur fit délivrer à chacun, au moment de leur départ, cinq piastres d'Espagne. La même faveur fut accordée aux hommes mariés qui demandèrent à partir, ainsi qu'à chacun de leurs enfants, et ils furent, aux frais de la France, conduits d'Alger jusqu'à Vourla, près de Smyrne, sur les côtes de l'Asie Mineure, où ils portèrent à la fois la nouvelle de la conquête et le témoignage de la générosité du vainqueur. Ils ne purent se défendre d'en manifester leur étonnement et leur reconnaissance. Les autres furent autorisés à rester jusqu'à ce qu'ils pussent se défaire de leurs meubles et de leurs biens-fonds. On les désarma, ils promirent de rester tranquilles, et tout reprit dans Alger l'aspect de la confiance et de la paix.

Le premier acte administratif de M. de Bourmont fut la création d'une commission de gouvernement. Cette commission était chargée, sous l'autorité immédiate du général en chef, de pourvoir provisoirement aux exigences des divers services, d'étudier et de proposer un système d'organisation pour la ville et le territoire d'Alger. Un arrêté créa en même temps une sorte de conseil municipal, composé de Maures et

---

[1] Après avoir habité Naples quelque temps, Hussein-Dey vint se fixer à Livourne; puis il alla habiter Alexandrie en Égypte, où il est mort en 1838.

de Juifs, sous la direction d'un lieutenant général de police, qui était en même temps membre du conseil du gouvernement (M. d'Aubignosc). Ces mesures furent loin de produire les effets avantageux qu'on en avait espérés. L'ignorance où l'on était des mœurs et des préjugés de la population, ou plutôt des populations diverses qu'il s'agissait de gouverner, fit commettre de graves erreurs, d'où résultèrent de grands désordres administratifs et l'amoindrissement de notre influence.

On s'était flatté que la prise et la pacification d'Alger entraîneraient la soumission des tribus arabes qui étaient retournées dans leurs montagnes, et surtout celle des chefs ou beys des trois provinces. Le bey de Tittery fut le premier à venir faire la sienne : il se rendit de sa personne à la Kasbah ; il jura solennellement devant le cadi turc obéissance et fidélité à la France, et, malgré les avis qui le représentaient comme un homme fourbe et sans foi, on le confirma dans le gouvernement de sa province.

Le bey d'Oran ne refusait point de faire sa soumission, ni même de remettre la place d'Oran et ses dépendances aux Français ; mais, sous prétexte de son grand âge, il ne voulait pas consentir à garder le gouvernement de la province au nom de ses conquérants. Le général en chef lui envoya son fils aîné pour recevoir sa soumission. Le vieux Turc, pour donner une preuve de sa franchise, remit le fort de Mers-el-Kébir à un détachement de marins pris dans les équipages des deux bricks de guerre qui avaient amené le fils du général, et il offrit de recevoir une garnison française dans la ville même d'Oran ; on y envoya, en effet, le 21e régiment de ligne, dont

le colonel (Goutefrey) remplit les fonctions de gouverneur.

Pendant que le fils aîné du général remplissait heureusement cette mission, une division de la flotte,
sous les ordres du contre-amiral Rosamel, portait du
côté de Bone une brigade d'infanterie, accompagnée
d'une batterie de campagne et d'un détachement de
sapeurs du génie. Cette expédition, commandée par
le maréchal de camp comte Damrémont, eut tout
le succès qu'on en espérait : elle avait été demandée
par les habitants de la ville, souvent victimes du brigandage des Kabyles, qui habitent les montagnes
voisines. Le peuple de Bone accueillit les Français
comme des libérateurs. Le général Damrémont fit
aussitôt réparer la citadelle (kasbah), et élever des
retranchements armés de canons sur les points les
plus abordables de la ville. Ces précautions ne furent
point inutiles ; car il eut à soutenir plusieurs attaques
de la part des Kabyles, excités par le bey de Constantine, qui, loin de se soumettre, restait toujours en
armes et ne daignait pas répondre aux lettres écrites
par le général en chef pour qu'il imitât les beys d'Oran
et de Tittery.

Celui-ci, qui, comme nous l'avons vu, avait le premier fait sa soumission, avait engagé le général de
Bourmont à faire une tournée jusqu'au pied de l'Atlas
et à visiter la ville de Blidah, assurant que la présence
du chef de l'armée française aurait pour effet immédiat la soumission de toute la province.

Plusieurs notables d'Alger représentèrent à M. de
Bourmont que le bey de Tittery, reconnu dans le pays
comme le plus fourbe des hommes, travaillait à l'attirer dans un piège, et ils le conjurèrent de ne pas

s'aventurer aussi loin de la capitale avant de s'être assuré des dispositions amicales de toutes les peuplades environnantes; mais le comte de Bourmont avait promis d'aller à Blidah pour voir par lui-même l'état du pays et prévenir les troubles dont on le menaçait. Le 23 juillet, il sortit d'Alger à quatre heures du matin, accompagné de plusieurs généraux, d'une foule d'officiers d'état-major, avec quinze cents hommes d'infanterie, un escadron de chasseurs et une demi-batterie de campagne. On ne croyait avoir à faire qu'une promenade militaire, et la marche ne fut, en effet, interrompue que par des groupes d'Arabes qui venaient apporter au général l'hommage de leur soumission. On traversa sans obstacle les hauteurs qui s'élèvent en amphithéâtre au-dessus d'Alger, sur une mauvaise route, où se distinguaient encore des restes d'une ancienne voie romaine ; et l'on se trouva, après avoir franchi un des affluents de l'Habrach, dans cette vaste plaine de la Métidja, plane comme la surface de la mer, s'étendant à perte de vue dans le sens de sa longueur, bornée au sud par le petit Atlas, et au nord par la ligne de coteaux qui la séparent de la mer et de Sidi-Ferruch. Ces plaines, incultes à cette époque, offraient des pâturages abondants, et des bouquets d'arbres en rompaient l'uniformité. Mais à mesure qu'on approchait de l'Atlas, le paysage s'embellissait : de vastes champs de lauriers-roses, des haies touffues de lentisques, d'oliviers, d'où sortaient de larges feuilles d'aloès et les grosses figues de Barbarie, des champs de tabac et de maïs, des blés coupés et des vignes chargées de grappes déjà mûres, annonçaient un pays fertile, cultivé, et une population civilisée. Les troupes marchaient depuis douze heures par une chaleur brûlante, mais tempérée par une brise légère, lorsqu'on aperçut, au travers des jardins qui environnent la ville, les minarets de Blidah. Toute la population mâle en était sortie pour venir au-devant des Français, et leur offrir des rafraîchissements et des fruits de toute espèce, qu'ils payèrent généreusement. Ils furent reçus dans la ville avec de grands témoignages de satisfaction, et une nuit tranquille leur fit oublier les fatigues de la veille.

La journée du lendemain se passa encore dans la plus parfaite tranquillité; cependant des groupes de Kabyles descendus de l'Atlas se montrèrent vers le soir, en assez grand nombre, jusque dans la ville, où leur présence semblait donner de l'inquiétude aux habitants eux-mêmes. A onze heures du soir, quelques coups de fusil se firent entendre autour de la maison occupée par le général en chef. M. de Trelan, son premier aide de camp, ayant voulu sortir pour voir ce qui se passait, fut bientôt rapporté blessé mortellement d'une balle, et les bivouacs français furent inopinément attaqués : une fusillade assez vive s'engagea sur toute la ligne; on n'eut que le temps de se mettre en défense et d'opérer un mouvement de retraite. Les Kabyles arrivaient de tous côtés et attaquaient partout avec audace, sans se laisser intimider par les décharges de l'artillerie. Cependant on se forma; on se mit en marche pour retourner à Alger, avec des tirailleurs pour avant-garde et la cavalerie sur les flancs. Cette marche fut longue et périlleuse ; des nuées de Kabyles harcelaient nos troupes avec une audace et un acharnement qu'ils n'avaient jamais montrés. Plusieurs fois on fut obligé de se former en

carré et d'employer l'artillerie pour les éloigner. Les
Kabyles ne cessèrent leurs attaques et ne s'éloignèrent
qu'à la vue des avant-postes d'Alger, près du pont de
l'Habrach.

Cette excursion, dont le but était manqué, donna
la triste certitude que la population arabe ou kabyle
était loin d'être soumise, comme on s'en était flatté;
les négociations commencées avec quelques cheiks
ou chefs de tribu furent rompues. Cette retraite
précipitée, quoiqu'elle eût encore montré l'immense
supériorité des troupes françaises sur ces barbares,
n'en détruisit pas moins le prestige dont elles avaient
joui jusqu'alors. Le bruit courut rapidement, dans
toutes les tribus arabes, que les Français avaient été
chassés honteusement de Blidah; et comme on négligea de tirer une prompte vengeance de cet acte
d'hostilité, les environs d'Alger se couvrirent bientôt
de brigands audacieux qui pillaient les cultivateurs,
arrêtaient les caravanes qui apportaient des subsistances dans la ville, et venaient massacrer jusqu'à ses
portes les malheureux Français qui s'éloignaient un
peu de leurs cantonnements.

Dans Alger même, l'harmonie qui avait régné d'a-
bord entre les vainqueurs et les naturels du pays
diminuait et se détruisait visiblement de jour en jour.
Les uns l'attribuaient à l'importance trop grande
accordée aux Juifs; les autres, à des infidélités, dans
le commerce avec les Arabes, sur la valeur des mon-
naies; quelques observateurs plus sévères, à la faiblesse de l'administration et à la mésintelligence qui
régnait entre les états-majors de terre et de mer.

Ce qui contribua à exciter cette mésintelligence fut
l'inégalité qu'on crut remarquer dans les récompenses

accordées aux deux chefs de l'expédition : tandis que M. de Bourmont était élevé à la dignité de maréchal de France (ordonnance du 14 juillet), le vice-amiral Duperré était seulement nommé pair de France. D'un autre côté, on avait chicané dans le cabinet sur les récompenses à accorder à l'armée ; on les avait trouvées trop nombreuses, et ces propositions avaient été renvoyées à M. de Bourmont pour être réduites. Ce fut pour lui un chagrin réel, et pour beaucoup d'officiers un sujet de vif mécontentement. Le maréchal se vit, bien malgré lui, obligé de refaire un nouveau travail; mais lorsque les dépêches qui le contenaient arrivèrent à Paris, Charles X n'était plus sur le trône.

Ce fut au milieu de ces contrariétés que de graves symptômes de révolte se manifestèrent à Alger. Une partie des habitants de cette ville, et les Turcs qu'on avait autorisés à y rester, commençaient à montrer ouvertement leur haine contre les Français; ils entretenaient des intelligences avec le bey de Tittery et les chefs de plusieurs tribus kabyles. Leur projet était d'exterminer en une nuit toute l'armée. Une bande de Turcs osa même attaquer à force ouverte la porte Bab-Azoun, et massacra plusieurs soldats du poste. Elle fut cernée, et bientôt contrainte de se rendre. Un de ceux qui la composaient fit des aveux sur le complot, sa nature et son étendue. La découverte de dépôts d'armes justifia la vérité de ces révélations. Quelques individus furent arrêtés, jugés par une commission militaire et pendus. En même temps tous les Turcs qui se trouvaient encore dans Alger furent embarqués, et conduits à Smyrne avec leurs femmes et leurs enfants.

Ces mesures rétablirent un peu le calme et la sécurité dans la ville ; mais les Arabes continuèrent à infester les dehors, de manière à empêcher les essais de culture que l'on commençait à faire. Le bey de Tittery, dont la participation au complot était évidente, leva le masque; il prit le titre de dey d'Alger, et écrivit au comte de Bourmont une lette insolente en forme de déclaration de guerre, dans laquelle il lui annonçait qu'il rompait avec lui, et qu'il serait bientôt sous les murs d'Alger avec une armée de deux cent mille hommes.

Ces menaces n'étaient pas de nature à inquiéter le nouveau maréchal; mais, sans parler de ses chagrins domestiques, d'autres sujets d'alarmes venaient le troubler et lui rendre amers les fruits de sa victoire. La conquête ne datait que d'un mois; mais déjà l'enthousiasme des premiers succès avait fait place au découragement, le prestige de la confiance aux inquiétudes de l'avenir, l'élan généreux de la fraternité militaire à des querelles de corps et d'individus. L'armée, blessée du retard apporté aux récompenses qu'elle croyait avoir si bien acquises et de l'indifférence qu'elle supposait en être la cause, commençait à se relâcher dans sa discipline; elle était en outre ravagée par des fièvres dysentériques, qui enlevèrent en quelques semaines plus de deux mille hommes.

A toutes ces causes d'inquiétudes vint s'ajouter l'interruption des nouvelles de France. Les communications, si actives jusqu'alors entre la métropole et la nouvelle colonie, avaient cessé tout à coup; pendant les dix premiers jours d'août, pas un navire n'arriva de France. Cette interruption extraordinaire donna lieu à mille conjectures vagues, à mille bruits sinistres qui circulaient dans l'armée.

Enfin, le 11 août, on aperçut un navire à l'horizon ; toutes les lunettes braquées dessus cherchaient le signe de sa nationalité. Bientôt on reconnut une corvette de guerre ; mais le pavillon tricolore flottait à sa poupe et en tête de ses mâts. On eut quelques instants de doute ; bientôt il fut éclairci. Le bâtiment approchait, et les couleurs devenaient de plus en plus visibles ; on ne pouvait plus hésiter : c'était un navire français.

On peut facilement imaginer les sentiments divers qui agitèrent cette population, depuis trois mois absente de la mère patrie. La corvette, avant de mouiller sur rade, amena son pavillon ; elle apportait au maréchal de Bourmont des dépêches qu'il essaya d'abord de tenir secrètes ; mais déjà la grande nouvelle s'était répandue sur la flotte, et circula bientôt dans tous les rangs de l'armée de terre.

Une révolution venait d'éclater en France ; la branche aînée des Bourbons avait été renversée du trône, et l'on avait élevé au pouvoir le chef de la branche cadette avec le titre de lieutenant général du royaume. L'amiral Duperré descendit à terre ; il eut avec le maréchal de longues conférences ; et le surlendemain, d'un commun accord, le pavillon tricolore fut hissé sur toutes les batteries de la ville, à bord de tous les navires de l'escadre, et salué de salves d'artillerie.

Le maréchal de Bourmont se résigna à reconnaître l'autorité du lieutenant général du royaume, comme gouvernant au nom de Henri V, et, en attendant de nouvelles dépêches, il fit évacuer Bone et Oran, où

12

la situation du peu de troupes qu'on y avait envoyées était devenue périlleuse. La nouvelle de l'avènement du roi Louis-Philippe redoubla l'embarras de sa position ; la défiance de l'armée acheva d'y relâcher tous les liens de la discipline ; mais l'arrivée du général Clausel, envoyé pour le remplacer, vint mettre un terme à ces angoisses et à ces désordres.

Le maréchal de Bourmont, qui n'avait consenti à conserver le pouvoir que jusqu'à l'arrivée de son successeur, se hâta de lui remettre les papiers de l'expédition, et une lettre pour le ministre de la guerre, auquel il annonçait l'intention de passer quelque temps à l'étranger. L'amiral Duperré lui ayant refusé un bâtiment de l'État pour le conduire autre part qu'en France, M. de Bourmont fréta un petit bâtiment autrichien qui se rendait à Malaga avec huit hommes d'équipage. Il s'y embarqua avec deux de ses fils et deux domestiques pour toute escorte. Les honneurs militaires dus à son grade lui furent rendus au moment du départ. Ce fut un spectacle touchant que celui de ce vieux soldat abandonnant pour jamais le sol qu'il venait de conquérir, et quittant avec si peu d'éclat la ville dans laquelle il était entré peu de jours auparavant en triomphateur.

« Le maréchal et ses deux fils, dit un témoin oculaire, jetaient en partant un dernier regard sur cette terre, théâtre de tant de gloire et d'inconsolables douleurs. Deux matelots avaient suffi pour transporter les bagages du général qui, moins de trois mois auparavant, avait traversé ces mers à la tête de mille vaisseaux. Des cent millions de la conquête il n'emportait qu'un seul trésor : le cœur embaumé de son malheureux fils [1]. »

[1] Théodore de Quatrebarbes, *Souvenirs de la campagne d'Afrique.* On sait que le maréchal de Bourmont, après avoir tenté inutilement de relever la cause royale en armant la Vendée (1832), se mit au service de don Miguel, en Portugal, mais sans obtenir plus de succès. Ayant enfin renoncé à tout rôle politique, il put rentrer en France et y finir ses jours; il est mort en 1846, dans son château de Bourmont.

CHAPITRE III

Population indigène au moment de la conquête. — Les *Maures*. — Les *Turcs*. — Les *koulouglis*. — Les *Juifs*. — Les *nègres*. — Les *Arabes*. — Les *Kabyles* ou *Berbères*. — Organisation des tribus. — Différence des tribus arabes et des tribus kabyles. — Costumes.

Avant de poursuivre le récit des diverses phases de notre conquête de l'Algérie, il est à propos de parler des populations indigènes que nous trouvâmes établies à notre arrivée dans cette contrée.

Ces populations se composaient et se composent encore d'Arabes, de Berbères ou Kabyles, de Maures, de koulouglis, de Turcs, de Juifs et de nègres.

L'Arabe et le Kabyle sont les deux éléments fondamentaux de la population indigène. Les autres n'occupent qu'une place secondaire.

Le Maure est l'habitant des villes, et surtout des villes du littoral. Le koulougli, dont le nom est turc, et signifie littéralement *fils d'esclave,* est le produit des unions contractées par les Turcs de l'odjac avec les femmes de l'Algérie. Nous allons dire en peu de mots quelle est la position de ces différentes classes dans la population algérienne.

Maures. — Les Maures de nos jours ne descendent point, comme leur nom pourrait le faire supposer, des anciens habitants de la Mauritanie; ils n'ont de commun avec eux que d'habiter la même contrée que les anciens Mauritaniens, dont la race a disparu dans les invasions qu'a subies l'Afrique. Quant au Maure actuel, il constitue une de ces espèces indéterminées et bâtardes qui se définissent négativement. Ce n'est ni l'Arabe, ni le Kabyle, ni le koulougli, ni le Turc, ni le Juif, ni le nègre; c'est le résidu de la population des villes quand on en a extrait ces six classes d'habitants. La plupart d'entre eux ignorent leur origine; un grand nombre proviennent des *Andalous,* ou musulmans chassés d'Espagne; d'autres se prétendent issus de quelque tribu de l'intérieur, et rentreraient à ce titre dans l'une des deux catégories arabe ou kabyle, ou peut-être même descendraient-ils réellement des anciens habitants de la Mauritanie. Mais la plus grande partie descend de ces renégats de toutes les nations qui, sous la domination des corsaires, venaient chercher dans les ports ou sur les navires barbaresques un refuge contre les lois de leur pays. Au reste, la classe des Maures est peu nombreuse; c'est à peine si dans toute l'Algérie on parviendrait à en réunir dix mille; elle est d'ailleurs peu recommandable et généralement méprisée; dans le contact des Européens, elle a pris presque tous les vices de la civilisation, sans perdre aucun de ceux qu'elle devait à la barbarie.

Turcs. — Les Turcs, qui formaient la milice algérienne ou l'odjac, ne tiraient, pour la plupart, pas plus leur origine de la Turquie que les Maures des

anciens habitants de la Mauritanie. Il y avait des
Albanais, des Circassiens, des Épirotes, et jusqu'à
des Maltais et des renégats siciliens ou grecs. Nous
avons vu qu'une des premières mesures prises par
l'autorité française en 1830 fut de se débarrasser de
la plus grande partie des janissaires établis à Alger.
Plus tard, presque tous ceux qui restaient dans les
provinces, et notamment à Bone, à Oran et à Constantine, à Mostaganem, ont pris du service dans
l'armée française et ont formé le noyau des premiers
corps indigènes que nous avons organisés. D'autres,
vieux et infirmes, sont restés dans nos villes du littoral, et aujourd'hui le nombre en est tellement réduit,
qu'il est insignifiant.

KOULOUGLIS. — Les races en Afrique restent longtemps distinctes. Les koulouglis, qui, comme nous
l'avons dit, descendent des Turcs et des femmes indigènes, auraient dû, à ce qu'il semble, se mêler à
la race d'où sortaient leurs mères, puisque l'odjac
refusait de les admettre dans ses rangs. Il n'en a pas
été ainsi, et les koulouglis forment une race à part,
qui compose aujourd'hui plusieurs groupes intéres-
sants. En 1830, ils occupaient la ville de Tlemcen;
ils occupent encore plusieurs quartiers de Biskra et
de quelques autres villes; ils composent la population de deux tribus considérables : celle de Zammôra,
située sur la limite méridionale de la Kabylie, et
celle des Zouatua, établie sur les rives de l'Isser et de
l'Oued-Zitoun, un de ses affluents, à quarante kilomètres sud-est d'Alger. Au moment de la déchéance
des Turcs, les koulouglis se virent en butte aux attaques des tribus arabes et berbères qui les entou-

raient. Ils n'eurent d'autre ressource que de se jeter dans les bras de la France. C'est ainsi que la garnison de Tlemcen et la colonie de l'Oued-Zitoun se sont les premières détachées du massif indigène, et sont venues se ranger sous nos lois, alors que l'autorité française en Algérie ignorait leur existence. Depuis cette époque, les koulouglis ont toujours fait cause commune avec nous, et beaucoup d'entre eux ont pris du service dans notre infanterie indigène, où ils se sont toujours conduits en braves et fidèles soldats. Dans notre armée on les désigne généralement sous le nom de Turcos. Le nombre des koulouglis en Algérie peut s'élever à environ vingt mille.

JUIFS. — Les Juifs, qui furent nos premiers médiateurs et nos premiers interprètes en Algérie, y avaient obtenu dès longtemps le droit de cité, malgré la répugnance prononcée que les musulmans et surtout les barbaresques leur ont toujours témoignée. Fidèles à la loi de leur grande et mystérieuse destinée, ils sont là, comme partout, comme toujours, les agents et souvent les martyrs d'un rapprochement providentiel entre des peuples et des cultes rivaux.

Il n'est pas une seule ville de l'intérieur qui ne compte des Israélites parmi ses habitants. Il y en a dans toutes les cités éparses du Sahara, à Tuggurt, à Bou-Sada, dans l'Oued-Mzab, etc.

Beaucoup de familles juives se sont même établies dans les tribus, où elles vivent à l'état nomade, se conformant aux usages de la localité, et habitant la tente ou le gourbi comme les peuples au milieu desquels elles vivent. Quelquefois les Juifs des tribus se livrent à l'agriculture; mais leur industrie de prédilection est le colportage ou l'orfèvrerie.

La plupart des tribus ne font pas difficulté de les admettre, excepté les tribus kabyles qui habitent vers le sommet des versants nord du Djurjura : celles-ci se montrent inexorables pour les Juifs, tandis que le reste de la Kabylie se montre facile envers eux. Mais ces tribus n'ont elles-mêmes d'autres moyens d'existence que les industries de colporteur et d'orfèvre; l'exclusion prononcée par elles contre les Juifs tient donc moins à une antipathie religieuse qu'à une rivalité de professions.

Le peuple israélite a pénétré jusque dans les profondeurs de l'Afrique centrale. On rencontre des Juifs parmi les trafiquants nègres qui font le commerce de la poudre d'or. Ils correspondent, pour les intérêts de leur négoce, avec leurs coreligionnaires établis à Timienoun, dans l'oasis de Touât, et à Metlili, sur les confins de l'Algérie.

D'après le recensement de 1851, publié en 1853 par le ministère de la guerre, la population juive fixée dans les villes de l'Algérie s'élevait à 21,048 individus. Celle qui était éparse dans les tribus, et dont le chiffre ne peut être déterminé d'une manière exacte, est évaluée environ à quarante mille, ce qui porterait à un peu plus de soixante mille la totalité des Israélites algériens.

NÈGRES. — Les nègres de l'Algérie proviennent des caravanes qui amenaient dans les États barbaresques des esclaves achetés dans l'intérieur, pour les vendre aux musulmans du nord de l'Afrique.

L'esclavage chez les musulmans ne ressemble en

rien à ce qu'il était dans les colonies d'Amérique, et à ce qu'il est encore dans plusieurs parties de cette contrée, notamment aux États-Unis : l'esclave, chez les musulmans, est traité avec la plus grande douceur; il fait partie de la famille, et s'y incorpore souvent par les liens du sang.

Aussi le gouvernement français avait-il sagement agi dans le principe en s'abstenant de toute mesure violente pour supprimer un usage que la force des choses devait faire disparaître; seulement, partout où le drapeau français était arboré, sa présence suffisait pour faire cesser la vente des esclaves aux enchères. C'était comme un hommage spontané rendu par la population conquise aux mœurs, aux principes et aux répugnances du peuple conquérant.

La république de 1848 s'est hâtée de proclamer l'abolition de l'esclavage; mais cette mesure a jeté la perturbation dans un grand nombre de familles musulmanes; « et nous avons vu, dit M. Carette, plus d'un esclave regretter, en face de la misère, la chaîne légère et douce qui lui assurait chaque jour son pain du lendemain[1]. »

« Depuis 1839, les importations de nègres en Algérie, continue le même écrivain, étant devenues chaque jour plus rares, la population esclave avait encore diminué par le départ des grandes familles turques et par l'appauvrissement des autres. Le temps n'était pas éloigné où elle ne devait plus se renouveler que par les naissances. »

Le recensement de 1844 a constaté qu'il existait, au 31 décembre 1843, dans le ressort de l'adminis-

---

[1] *Algérie,* par M. Carette, capitaine du génie.

tration civile, 1,595 nègres libres, et 1,277 esclaves.
D'après le recensement de 1851, la population nègre
s'élevait à 3,488, ce qui accuserait une augmentation de 616 individus de cette classe sur le recensement précédent; mais c'est le contraire qui existe, et
cette prétendue augmentation ne vient que de ce que
le territoire civil s'est accru lui-même depuis 1841,
et que le dernier recensement a porté sur un bien
plus grand nombre de localités que le premier. Du
reste, on évalue approximativement à quinze mille
le nombre total des nègres répandus sur toute la
surface de l'Algérie.

ARABES. — Les diverses classes dont nous venons
de parler habitent principalement les villes, et ne
sont, comme nous l'avons dit, que la partie secondaire
de la population du pays. Le peuple des campagnes
est bien autrement important, bien autrement nombreux, il forme la base de la population algérienne.

Cette population se divise en deux grandes classes,
les Arabes et les Kabyles.

Quelques échantillons de ces deux races se rencontrent même dans le sein des villes. Ils y paraissent
à divers titres : les uns viennent y vendre les produits de la campagne, et y acheter quelques étoffes
et des merceries; les autres viennent y chercher du
travail, et y séjournent même plusieurs années, dans
l'espoir d'amasser un petit pécule, et d'acheter du
produit de leurs économies une maisonnette et un
jardin, soit dans l'oasis, soit dans la montagne na-
tale; c'est cet espoir qui fait accepter au Berbère
de la Kabylie, à l'Arabe du Sahara, la résidence
temporaire de nos villes.

Les Arabes de l'Algérie sont les descendants de ceux que nous avons vus envahir l'Afrique dans le premier siècle de l'islamisme. Ils sont encore aujourd'hui ce qu'ils étaient alors, ce qu'ils étaient quinze siècles avant Jésus-Christ, quand Moïse, dans la Genèse, indiquait leur caractère avec cette admirable précision : « Ismaël sera un homme fier « et farouche. Sa main sera levée contre tous, et la « main de tous contre lui; il plantera ses tentes en « face de ses frères. » En d'autres termes, il leur fera la guerre, il se lèvera contre eux, il se placera en adversaire.

Moïse avait remarqué dans la race d'Ismaël, c'est-à-dire dans la race arabe qui descend d'Ismaël, une disposition native à attaquer tout le monde. Le brigandage était son état normal. Longtemps avant la naissance de Moïse, ils étaient déjà devenus les pirates de la terre. Sans déclaration de guerre et à l'improviste, ils se ruaient sur une contrée, la pillaient, tuaient ou enlevaient les habitants, et rentraient dans le désert chargés de butin. (Job, xixe siècle av. J.-C.)

Leurs caravanes allaient revendre dans les pays étrangers les individus dont ils s'étaient emparés par achat ou par vol. Joseph fut vendu à des Ismaélites, qui le revendirent à Putiphar. (Genèse.)

Lorsque les peuples voisins de l'Arabie, les Assyriens, les Égyptiens, les Hébreux, furent devenus assez puissants pour se faire respecter, les Arabes se livrèrent plus exclusivement au commerce. Alors leurs caravanes pénétraient, du littoral du golfe Persique, de la mer des Indes, de la mer Rouge, de l'Yémen, de l'Hedjaz, jusqu'aux rives de la Méditerranée, de l'Euphrate, et aux chaînes méridionales du Caucase.

L'époque la plus florissante du commerce arabe commença vers le vi[e] siècle avant Jésus-Christ, lorsque les Phéniciens ne purent plus envoyer leurs flottes dans la mer Rouge, et que Tyr eut succombé sous les coups de Nabuchodonosor.

Alors les marchandises de l'Inde, des contrées de l'Asie orientale et méridionale, de l'Afrique centrale et méridionale, et de l'Europe, passèrent par leur territoire, transportées par les caravanes. Saba, Pétra, Macoraba et autres villes, soit de l'intérieur, soit de la bordure maritime, furent des entrepôts importants, et donnèrent de grandes richesses à leurs habitants.

Eratosthène et Arthémidore, qui vivaient deux siècles avant Jésus-Christ, disent que les Arabes, en or, argent et pierreries, étaient plus riches que tout autre peuple de la terre. Pline dit aussi que l'Arabie, chaque année, enlevait des sommes énormes à l'empire romain.

Leurs richesses tentèrent la cupidité des Romains : Auguste envoya contre eux Ælius Gallus, dans l'intention de s'enrichir des dépouilles d'un ennemi opulent, ou, s'il faisait alliance, de mettre à profit les ressources d'un allié. Ce double but ne fut point atteint : l'armée romaine fut décimée par les maladies et les fatigues, suite de la perfidie des Arabes alliés.

Leur religion se ressentait de leur origine abrahamique. L'idée d'un Dieu unique a toujours été conservée parmi leurs tribus; quelques-unes cependant étaient idolâtres; d'autres avaient adopté le sabéisme, c'est-à-dire le culte des astres.

L'influence de Salomon convertit grand nombre de tribus arabes à la foi hébraïque ; les rapports commerciaux des gens de l'Yémen avec la Palestine devaient entretenir cette religion. Ce qui augmenta surtout le nombre de ses sectateurs, ce fut la dispersion des Juifs après la prise de Jérusalem par Titus. Peu de temps avant le gouvernement de Mahomet, elle avait en Arabie plus de partisans que toute autre secte.

Le christianisme y fit peu de prosélytes. La pureté de sa morale, la rigidité de sa discipline, ne pouvaient convenir à des peuples turbulents et sensuels comme les fils d'Ismaël.

De toute antiquité, les rapports des Arabes avec les autres nations n'ont jamais été des rapports de bonne et franche amitié, et n'ont pas modifié leurs principes et leurs usages. Ils ont vécu de brigandage et de commerce depuis l'enfance de leur race jusqu'à Mahomet. Quand un peuple était puissant et riche, ils commerçaient avec lui ; s'affaiblissait-il, ils le pillaient : telle est, en un mot, l'histoire de leurs rapports internationaux pendant toute l'antiquité.

Divisés par tribus, ils étaient gouvernés, comme aujourd'hui, par des cheiks et des émirs, et employaient en luttes et en discordes intestines le temps qu'ils ne consacraient pas au commerce ou à leurs razzias contre leurs voisins.

Avant Mahomet, ils ne purent se constituer en unité nationale. Favorisés par la constitution physique de leur territoire, ils ont su, depuis Ismaël, conserver leur indépendance. Les plus célèbres conquérants, Sésostris, Sémiramis, Nabuchodonosor, Alexandre et les Romains, assujettirent, il est vrai, les tribus de l'Arabie septentrionale et celles de la Syrie; quant à celles de l'intérieur, de l'Hedjaz et de l'Yémen, elles restèrent totalement en dehors de l'influence étrangère.

L'islamisme imprima au caractère arabe de puissantes modifications, de telle sorte que pendant quelques siècles ils formèrent un peuple tout différent de lui-même. A la voix des califes, leurs haines héréditaires disparaissent, leurs divisions intestines s'éteignent; de toutes les parties de la péninsule arabique ils fraternisent et accourent se ranger sous le même drapeau. Ils n'ont plus qu'une même foi, qu'une même loi : les voilà prêts à agir comme un seul homme. Ils sont constitués en *unité nationale*.

Autrefois ils avaient borné leur ambition à faire des *razzias* heureuses et un commerce lucratif; maintenant les voilà animés d'un désir ardent de la conquête. Ils se répandent dans toutes les directions du monde connu. Au pas de course, ils abattent les empires et soumettent les nations. En peu d'années la Syrie, la Perse, la Palestine, l'Inde, plus de la moitié de l'Asie, de l'Égypte, les États barbaresques leur obéissent. Sans aucun doute, le cercle de leurs victoires aurait englobé toute l'Europe méridionale, en passant par l'Espagne, la France, l'Allemagne et Constantinople, si, dans les plaines entre Tours et Poitiers, ils n'avaient rencontré les hommes de la race franco-celtique. Les fils de l'Orient, au coursier rapide et à l'arme légère, vinrent briser leurs flots innombrables contre les phalanges immobiles et bardées de fer de l'héroïque Charles Martel.

Le prosélytisme religieux a remplacé l'indifférence qu'ils avaient montrée jusque-là. Partout où ils portent leurs pas, ils proclament la parole du Prophète. Ils enlèvent les enfants pour en faire des musulmans. Là où ils trouvent de la résistance, ils convertissent par la force du sabre. Ils ne se donnent pas la peine de convaincre. Il faut accepter ce qu'ils annoncent, sans examen et sans discussion. « Crois, ou je te tue ! » tel est leur invincible argument.

Dans le cours de leurs conquêtes, ils ont pour système d'avilir les vaincus qui n'adoptent pas la religion nouvelle. Ils interdisent aux chrétiens les cérémonies pompeuses du culte ; ils leur défendent l'usage des armes, du cheval et de certains vêtements. Ils les soumettent à des marques apparentes de servilité ; ils s'appliquent à les mettre en tutelle et en subalternité.

Cependant leurs rapides succès paraissent un instant les transformer en hommes nouveaux. Jadis barbares et demi-sauvages, ils se montrent pendant quelque temps civilisés. Ils fondent des bibliothèques, des académies, des observatoires ; leurs savants sont honorés ; ils ouvrent des cours publics à la jeunesse. Ils sont les héritiers de la science grecque et romaine. Ils perfectionnent les arts et les sciences. Nomades autrefois, ils veulent avoir maintenant des habitations fixes ; ils bâtissent des mosquées et des villes, percent des routes, creusent des ports et des canaux, élèvent de magnifiques palais, et créent un nouveau genre d'architecture, dont les restes sont encore aujourd'hui l'objet de notre admiration.

Mais la race arabe ne persista pas longtemps dans cette route du progrès, où des circonstances exceptionnelles l'avaient lancée, circonstances qui étaient en quelque sorte contraires à son organisation physique, morale et religieuse. Ce mouvement ascensionnel vers les arts de la civilisation paraît avoir été intimement lié à l'existence de la dynastie des Ommiades. Lorsque cette famille s'est éteinte, la décadence des enfants d'Ismaël a commencé, et sa chute a été plus rapide que n'avait été son ascension.

Il n'y eut bientôt plus d'unité nationale. Des débris du califat se forma une multitude de petits États indépendants. En Asie, en Afrique, comme en Espagne, les Arabes redevinrent ce qu'ils avaient été avant Mahomet, pillards, ennemis perpétuels des autres races, épuisant le reste de leur énergie en rivalités de tribus à tribus, en querelles religieuses et en guerres civiles. Tels sont encore aujourd'hui les Arabes que nous avons trouvés en Algérie.

Les Arabes sont de haute taille. Ils ont la peau brune, les cheveux noirs, la barbe noire et clairsemée, les yeux enfoncés sous l'orbite et noirs ou d'un brun foncé. Les arcades sourcilières sont proéminentes. Le front est découvert, convexe, saillant en avant, étroit à la partie inférieure. Ils ont le nez aquilin, les narines larges, la bouche bien fendue, les lèvres minces, les dents bien rangées, blanches et de belle dimension.

Le système musculaire est sec et tendineux. Ils ont le pied gros et large, la main petite et effilée. C'est là une conséquence de leurs habitudes : ils marchent beaucoup et souvent pieds nus, tandis que rarement ils s'occupent de travaux manuels.

Quoique formant une des plus belles variétés de

l'espèce caucasienne, ils n'ont pas cependant cette régularité de proportions qu'on trouve dans les variétés occidentales. En prenant pour type de l'espèce caucasienne l'Apollon du Belvédère, on voit qu'ils ont les jambes et le cou trop longs par rapport à la longueur du torse, et la poitrine trop étroite pour leur taille.

L'Arabe résiste merveilleusement à la douleur, à la fatigue, aux privations de tout genre. Il vit de peu. Quelques onces d'un pain grossier ou de farine délayée dans l'eau, quelques tasses de café ou de lait, voilà leur ordinaire. Ce qui servirait à aiguiser l'appétit d'un Européen est pour eux une alimentation suffisante. Cette sobriété ne doit pas toutefois leur être imputée comme vertu; elle est le plus souvent le résultat de leur paresse originelle. Ils aiment mieux s'imposer des privations que de se procurer des jouissances ou satisfaire des besoins par le travail. Donnez-leur des aliments à discrétion et à leur goût, ils en engloutiront des quantités incroyables. Un médecin français, qui a eu souvent occasion de faire l'autopsie d'Arabes morts accidentellement peu de temps après un repas copieux, dit que leur estomac contenait une masse de liquides ou d'aliments solides que les plus forts mangeurs d'Europe auraient eu peine à digérer [1].

L'enfant d'Ismaël est un être à deux physionomies, selon les lieux et les circonstances. En public, il se pose d'une façon théâtrale : il se drape avec majesté; tous ses gestes sont calculés, ses paroles sont mesurées; son regard, sa démarche, toute sa personne

---

[1] *Considérations sur l'Algérie*, par M. le docteur Bodichon, médecin à Alger.

indique l'énergie et la dignité. Voyez-le, au contraire, dans les rapports de la vie intime, dépouillé de son masque d'emprunt, de son appareil scénique; il est criard, gesticulateur, il vocifère plutôt qu'il ne parle. Sa démarche est irrégulière et sautillante comme celle de l'animal sauvage; son regard est inquiet; l'expression de son visage, la pose générale de tout son corps, vous révèlent l'existence des instincts brutaux : c'est l'homme pastoral, se rapprochant, par une ressemblance intime, des animaux avec lesquels il vit.

Le peuple arabe est, de nos jours comme aux époques antérieures, pillard et voleur plus que tout autre rameau de la famille caucasienne parvenu au même degré de civilisation. Plusieurs causes impriment une énergie nouvelle à ce penchant inné pour le vol et la rapine.

Ce sont la paresse, la cupidité, l'état social dans lequel il vit, et ses idées religieuses. En effet, le Coran leur dit que les biens de la terre appartiennent aux musulmans; ils ne font donc que reprendre leur bien quand ils volent les chrétiens ou les individus d'une autre religion que la leur. Leur religion ne leur recommande pas le mépris des richesses, au contraire : c'est donc mettre en jeu leur cupidité naturelle. La paresse les empêche de se procurer par le travail les choses dont ils ont besoin ou qu'ils désirent. De plus, par la vie en tribus nomades, de bonne heure ils s'habituent mal au respect de la propriété d'autrui; car l'état nomade garantit peu la leur.

En exécutant leurs razzias, ils font preuve d'une adresse, d'une audace, d'un génie d'invention, d'une spontanéité de jugement extraordinaires. Plus d'une

fois ils ont enlevè des armes et des chevaux, non
seulement au milieu des soldats, mais encore sous
les tentes du quartier général. Aux alentours d'Alger,
pendant les premières années de l'occupation, ils
ont souvent percé les murs d'une maison ou d'une
caserne sans éveiller les habitants, pénétré dans nos
lignes les mieux surveillées, en ayant soin d'endormir
les chiens de garde avec de l'opium ou de les étrangler sans bruit, et tout cela avec tant de précautions,
qu'ils n'ont presque jamais été surpris en flagrant délit.

Dans leurs divers rapports avec les peuples d'une
autre souche ou d'une autre religion que la leur, les
Arabes ne se font aucun scrupule d'employer la fraude,
la fourberie et le mensonge. On ne peut se fier ni à
leurs promesses ni à leurs serments. Ces vices tiennent
à leur orgueil exclusif et à des instincts de haine héréditaire à l'égard des étrangers. Vu l'isolement dans
lequel ils vivent depuis des milliers d'années, vu la
persistance de leurs mœurs, de leurs penchants na-
tionaux, vu surtout une certaine prééminence de faits
sur les nations près desquelles ils ont vécu, ils en sont
arrivés à se croire supérieurs aux autres hommes. De
là est née l'habitude de considérer comme chose due
toute faveur qu'on leur accorde, et de se placer au-
dessus des règles communes de la justice et du droit
public.

Ils sont généralement braves, quoique prudents.
Toutefois leur courage n'est plus celui des hommes
du Nord et de l'Occident; il a besoin de l'exaltation de
l'âme et de l'excitation des sens. Donnez-leur le mouvement, le bruit ou toute autre excitation physique,
ils seront aussi braves que les meilleures troupes européennes. Placez-les en silence, l'arme au bras, sous

un feu de mousqueterie ou d'artillerie, leur énergie s'évanouira.

En étudiant les Arabes dans l'ensemble de leur être moral, on voit qu'ils offrent de nombreux défauts, qui ont atténué ou étouffé les qualités réelles dont ils sont doués. Ainsi ils ont à un degré remarquable le sentiment religieux, l'amour de la famille et de la tribu, celui de l'indépendance; de plus, leurs facultés intellectuelles, si elles étaient développées, les rendraient aptes à l'étude des sciences, et les initieraient à toutes les connaissances qui distinguent actuellement les nations civilisées. Ce sera là la tâche de la France, dont la mission providentielle doit être de rendre cette terre d'Afrique à la culture, et les peuples qui l'habitent à la civilisation et à la véritable religion.

BERBÈRES OU KABYLES. — Une autre race principale, et qu'on peut même regarder comme la race primitive de l'Algérie, est la race berbère, qui forme un contraste remarquable avec les Arabes.

Cette race, en Algérie, habite surtout les montagnes, tandis que la race arabe habite principalement les plaines.

La première porte deux noms différents : elle s'appelle Kabyle dans le massif méditerranéen, et Chaouïa dans le massif intérieur. Les groupes les plus remarquables formés par l'élément berbère sont, dans le massif intérieur, les montagnes de l'Aurès, et dans le massif méditerranéen, la Kabylie proprement dite.

Voici le Kabyle type :

Il a la peau brune et bistrée, les yeux noirs ou

roux, les paupières médiocrement fendues, la tête arrondie, les os du crâne épais. Le front est peu découvert, le menton est arrondi, le nez est droit et rond par le bout, les lèvres plus grosses que chez les autres variétés de la race caucasienne. Il est de taille moyenne, a l'ensemble du corps exactement proportionné, et surtout la jambe parfaitement faite.

Il aime le travail de la terre, préfère l'habitation fixe à la tente, et l'agriculture à l'état pastoral. Il apprend facilement les professions européennes, surtout celles qui ont rapport à la mécanique, aux arts industriels et au travail des métaux.

Il possède à un haut degré l'amour de la localité; c'est pour cela qu'il est impropre aux lointaines expéditions militaires ou commerciales, et qu'en revanche il défend son pays avec une indomptable énergie. S'il consent à passer quelques années hors du foyer natal, ce n'est jamais sans espoir de retour; ce n'est pas non plus sans y faire de temps à autre quelques apparitions.

Quoique grossiers et ignorants, les Kabyles ont un fonds d'honneur et de probité inconnu des Arabes. Comme ces derniers et comme les Maures, ils ne deviennent pas vils et flatteurs pour obtenir une faveur; sans avoir l'orgueil déplacé de ces deux races, ils conservent une dignité personnelle qui prend sa source dans le sentiment d'une fière indépendance. Ils ne pratiquent pas la ruse et le mensonge. Ils sont francs d'actions et de paroles, ils tiennent à la foi jurée, et sont fidèles à leurs traités d'alliance.

Leur réunion en villes et villages montre qu'il y a entre eux des éléments de sociabilité et d'association que la civilisation n'aurait pas de peine à développer.

Le petit nombre de villes que l'Algérie possède en dehors de la Kabylie ont été élevées par les Kabyles. Alger lui-même, ce gracieux spécimen de l'art mauresque, est sorti de leurs mains. Ce sont les usines berbères qui fabriquent les plus belles armes indigènes, et particulièrement ces sabres longs et pointus appelés *yatagans* ou *flicas,* de la tribu kabyle spécialement adonnée à cette industrie.

Le Kabyle a des défauts qui correspondent à ses qualités. Comme tout homme dont l'intelligence se concentre dans des ouvrages matériels, il est âpre, entêté, hargneux; après la pioche, la scie et le marteau, il ne connaît plus rien que son fusil.

Cependant ses qualités le prédisposent bien plus que l'Arabe à comprendre et à adopter la civilisation européenne. Ajoutons que, quoique mahométan, il est loin du fanatisme de l'Arabe pour la religion du Prophète et les préceptes du Coran. Il a le sentiment religieux, et il sera plutôt disposé que l'Arabe à embrasser la religion chrétienne, et par conséquent à entrer dans les véritables voies de la civilisation. Un fait remarquable vient à l'appui de ce que nous avançons. Après la dernière expédition de 1857, qui a achevé la soumission de la grande Kabylie, un de leurs émirs ou chefs a déclaré qu'il se proposait de faire élever ses enfants dans la foi chrétienne. « Il y a longtemps, dit-il, avant le Prophète, les aïeux de nos aïeux avaient la religion de la croix comme les Francs d'Europe; nos enfants reprendront la religion de nos pères [1]. » Ainsi le souvenir de la religion des Cyprien et des Augustin n'est pas encore entièrement effacé

---

1 *Récits de la Kabylie,* publiés par le *Moniteur.*

de la mémoire de ces peuples, et ils savent que le mahométisme leur a été apporté par les conquérants arabes, à la place de cette religion plus ancienne que professent les Francs et que professaient les aïeux de leurs aïeux. Qui saurait prévoir les résultats qu'un tel exemple pourra produire?

Les Kabyles ont une langue qui diffère complètement de l'arabe. Cependant la plupart d'entre eux connaissent et parlent l'arabe; mais aucun Arabe ne connaît la langue berbère.

On voit, par tout ce qui précède, qu'il existe entre les deux races des dissemblances considérables. Il est un point cependant par lequel elles se ressemblent, c'est l'élément d'agrégation adopté par l'une et par l'autre. Cet élément est la tribu, et encore existe-t-il de notables différences dans la manière dont cette unité sociale est composée dans les deux races.

Chez les peuples stables, qui ne font pas usage de la tente, la tribu se présente comme une agglomération de villages; elle offre alors la plus grande analogie avec nos communes de France; c'est la forme caractéristique de la race berbère.

Chez les peuples qui n'ont pas d'habitations fixes, la tribu se présente comme une agglomération de tentes rangées en cercle. Chaque cercle de tentes forme un *douar;* c'est la forme caractéristique de la race arabe.

Le village pour les uns, le douar pour les autres, tels sont les éléments principaux de la tribu.

Entre cette unité constitutive de la tribu, qui est l'unité constitutive de la société, il existe une division intermédiaire, qui réunit un certain nombre soit de villages, soit de douars, et qu'on appelle la *ferka,* mot qui signifie *fraction*. La somme de ces fractions produit l'unité, c'est-à-dire la tribu.

Parmi ces tribus, les unes sont sédentaires, les autres nomades; les premières ne se déplacent jamais, comme les villages de la Kabylie et du Sahara; les secondes, habitant sous la tente, se meuvent entre des limites fixes, comme les Arabes du Tell; ou bien enfin celles qui habitent sous la tente se meuvent autour de points fixes, comme cela a lieu pour quelques tribus du Sahara.

Il ne faut pas prendre les peuples nomades pour des peuples errants; car il n'existe pas de tribus errantes en Algérie. Les plus mobiles obéissent dans leurs mouvements à certaines lois qui limitent d'une manière presque invariable le champ de l'habitation, de la culture et du parcours.

Tels sont les traits dominants des deux principales races qui composent la population de l'Algérie. D'après le dernier recensement officiel, ces deux grandes races formaient à elles seules, au 31 décembre 1851, un nombre de deux millions trois cent vingt-trois mille huit cent cinquante-cinq individus; et en y ajoutant la population musulmane et juive, résidant dans les villes et dans les centres occupés par les Européens, le chiffre total de la population indigène pouvait être porté, en nombre rond, à deux millions cinq cent mille âmes.

Nous terminerons ce chapitre par quelques détails sur le costume des différentes classes indigènes de l'Algérie.

COSTUMES. — « L'Européen qui débarque pour la première fois dans une ville d'Algérie n'est frappé, au

premier abord, que de l'étrangeté des costumes indigènes. A la vue de ces populations dont les usages
diffèrent tant des nôtres, il éprouve une sorte d'é-
blouissement qui l'empêche de reconnaître les signes
caractéristiques propres aux diverses classes de cette
société, devenue française par la conquête, demeurée
étrangère par ses habitudes. Il prend le Juif pour le
Maure, le Maure pour le Turc; quelquefois même il
confond le Maure et le Turc avec l'Arabe et le Berbère. Cette première révélation du monde musulman
ne laisse dans l'esprit que des impressions confuses [1]. »

Et cependant toutes les classes de la population algérienne, soit des villes, soit des campagnes, observent
dans la forme et la couleur de leurs vêtements certains usages particuliers qui les distinguent peut-être
encore plus que leurs habitudes, leurs mœurs et leur
langage. Commençons, comme nous avons déjà fait,
par la population urbaine.

Le Maure et le Turc sont deux types similaires :
aussi diffèrent-ils entre eux beaucoup moins par la
taille de l'habit que par la manière de le porter. Leur
coiffure consiste dans la calotte rouge de Tunis, le
chachia, autour duquel s'enroule un turban de couleur
claire. Une double veste couvre le haut du corps ;
l'une se ferme sur la poitrine, l'autre reste ouverte ;
le *séroual,* culotte bouffante, descend jusqu'aux genoux ; il est maintenu sur les hanches par une ceinture
de laine rouge, et laisse ordinairement découverte la
partie inférieure des jambes.

Sous ce costume, commun aux deux classes cita-

---

[1] *L'Algérie,* par M. Carette, capitaine du génie.

dines de la population musulmane, le Turc se reconnaît à la fierté de la démarche, à l'arrogance du maintien. Jusque dans le fond d'une boutique, il conserve sa prestance militaire; tandis que le Maure reste bourgeois, même sous les armes.

Ils diffèrent aussi dans la manière de placer le turban : sur la tête du Maure, il couvre également les deux côtés de la tête; sur la tête du Turc, il incline un peu à droite, laissant à découvert le dessus de la tempe gauche.

Il existe encore entre les deux types quelques différences de détail. Ainsi l'usage des bas est plus répandu parmi les Turcs que parmi les Maures.

Mais c'est surtout dans le jeu de la physionomie, dans l'ensemble du maintien, que les deux natures se dessinent. Deux formules locales expriment le caractère et les rapports de l'une et de l'autre.

Le Maure définit ses anciens maîtres par quatre mots turcs : « *Fantasia tchok, para iok;* beaucoup d'orgueil, et pas d'argent. »

Le Turc désigne le produit de son alliance avec les Maures par ces deux mots non moins expressifs : *koul ougli,* « enfant d'esclave. »

Le costume des Juifs ne diffère pas par sa forme de celui des Turcs et des Maures, il en diffère seulement par la couleur. Le chachia violet, le turban noir, la veste et le pantalon de couleur terne ou sombre distinguent la famille israélite de toutes les autres races indigènes.

« Les Juifs m'ont paru, dit M. Carette, à qui nous empruntons ces détails, se faire remarquer par la blancheur générale de leur teint; malgré l'influence du climat, on rencontre parmi eux très peu de peaux

brunes; aussi forment-ils avec les nègres un double
contraste. Tandis que l'Israélite porte sur sa peau
blanche un vêtement de couleur sombre, monument
de son ancien ilotisme, le nègre, cet autre ilote, montre
une prédilection marquée pour les couleurs claires.
Il porte presque invariablement le turban et le séroual
blanc, et presque toujours aussi une veste blanche.
Jusque dans les industries qui le font vivre, il semble
rechercher des oppositions à la couleur de jais luisant
dont la nature l'a couvert. Il se fait marchand de
chaux, et sa compagne marchande de farine. Dans
presque toutes les villes, il exerce la profession de ba-
digeonneur. On le voit promener son pinceau à long
manche sur la coupole des minarets, sur les façades
et les terrasses de tous les édifices. C'est à ces mains
noires qu'Alger doit le voile blanc qui l'enveloppe, et
qui dessine de loin sa forme triangulaire encadrée
dans la verdure de ses coteaux et de ses campagnes. »
Les koulouglis ne se distinguent en rien des Turcs, ou
du moins la nuance est presque insaisissable pour un
Européen.

Tel est l'extérieur des classes citadines; il nous reste
à parler du peuple des campagnes, du peuple des
tribus, soit sédentaires, soit nomades, c'est-à-dire
des Arabes et des Berbères.

Le Kabyle, dans la plus grande simplicité de son
costume national, porte pour coiffure la calotte rouge
commune à toutes les classes indigènes, pour vêtement un *derbal* ou chemise de laine serrée au corps
par une ceinture de même substance et un tablier de
cuir; pour chaussure la *torbaga,* espèce de sandale
grossière que la neige et les rochers rendent nécessaire dans la montagne, et qui laisse à découvert les

formes musculeuses de la jambe. A cet accoutrement il ajoute le manteau à capuchon appelé *bournous*, pièce principale du costume africain, que la conquête de l'Algérie a déjà popularisé en France, et que nos dames ont adopté tout récemment comme pardessus. Mais il est probable que cette mode passera promptement chez nous, et qu'elle sera bientôt oubliée, tandis qu'en Afrique elle subsistera encore, comme elle a déjà subsisté pendant des siècles. Le bournous du Kabyle se fabrique chez les Béni-Abbes et chez les Béni-Ourtilan, deux tribus industrieuses situées dans les montagnes de la grande Kabylie.

La coiffure de l'Arabe se compose de deux ou trois chachias superposés, qui en voyage lui servent de portefeuille. Lui donne-t-on des dépêches à porter au loin, il les place entre deux de ces calottes de laine, et il ne s'en inquiète plus jusqu'au terme de sa mission; il est sûr de ne pas les perdre, car sa coiffure ne le quitte jamais, ni le jour ni la nuit. Sur le chachia extérieur, qui est rouge, s'applique une longue pièce d'étoffe de laine légère, fixée par une corde en poil de chèvre ou de chameau, qui s'enroule plusieurs fois autour de la tête, où elle s'étend en spirale. La pièce d'étoffe s'appelle *haïk*, et se fabrique surtout dans le Djerid, oasis tunisienne. La corde de chameau s'appelle *khéit* ou *brima*, suivant qu'elle est ronde ou plate. Une *gandoura* couvre le corps et les épaules; c'est une autre chemise de laine plus longue que le derbal du Kabyle, et sur laquelle descendent les plis du haïk. Enfin l'habillement se complète par l'inévitable bournous, qui est pour l'Arabe une seconde peau.

Nous aurons encore d'autres remarques à faire sur

les mœurs, les coutumes et le caractère des indigènes; mais elles trouveront naturellement leur place
dans la suite de ce récit, et surtout quand nous
parlerons de l'histoire de la colonisation et de ses
progrès.

CHAPITRE IV

Difficultés que rencontre le général Clausel à son début. — Ses premiers travaux administratifs. — Création des zouaves et des chasseurs d'Afrique. — Éléments dont se composait primitivement le corps des zouaves. — Anarchie dans la régence. — Expédition contre le bey de Tittery. — Occupation de Blidah. — Passage du col de Mouzaïa. — Occupation de Médéah. — Soumission du bey de Tittery. — Retour de l'armée à Alger. — Massacre d'Arabes à Blidah. — La garnison de Médéah est obligée de rentrer à Alger. — Le général Clausel se propose de céder la province de Constantine et d'Oran au bey de Tunis. — Il est rappelé en France. — Le général Berthezène succède au général Clausel. — L'armée d'Afrique prend le nom de *Division d'occupation*. — Le général Boyer est envoyé à Oran. — État déplorable de cette province. — Négociations du général Boyer pour gagner des partisans à la France. — Vaste coalition pour chasser les Français de l'Algérie. — Le général Berthezène la fait échouer. — Établissements utiles créés par ce général. — Séparation du gouvernement militaire et de l'administration civile. — On renonce bientôt à cet essai. — Le duc de Rovigo succède au général Berthezène. — Calme momentané dans les provinces d'Alger et d'Oran. — Insulte faite à des députés d'un cheik du Sahara par la tribu d'El-Ouffia. — Châtiment infligé à cette tribu. — Condamnation et exécution de son chef. — Nouvelle coalition. — Les coalisés sont défaits et forcés de demander la paix. — Attaque de Bone par le bey de Constantine. — Les habitants de Bone implorent le secours des Français. — Nouvelle occupation de cette ville par les Français. — Situation des Français en Algérie au commencement de 1833. — Le duc de Rovigo, par suite de l'état de sa santé, est forcé de quitter l'Afrique. — Commandement intérimaire du général Avisard. — Création du bureau arabe. — Le général Voirol, nouveau commandant par intérim. — Bonne administration de ce général. — Il est imité à Bone par le général Monck-d'User. — Tentatives d'Ahmed-Bey pour s'emparer de Bougie et de Médéah. — Elles avortent. — Première apparition d'Abd-el-Kader dans la province d'Oran. — Détails sur l'origine et les antécédents de ce personnage.

— Il est nommé calife de l'empereur du Maroc. — Extension de son pouvoir. — Il veut s'emparer de Mostaganem et d'Arzeu. — Le général Desmichels, successeur du général Boyer, met une garnison française dans ces deux villes.—Les Douaïrs et les Zmélas entrent en pourparlers avec nous. — Abd-el-Kader est battu deux fois de suite. — Les Douaïrs et les Zmélas se détachent de sa cause. — Occupation de Bougie par les Français. — Amélioration de notre situation en 1834.

Le successeur du maréchal de Bourmont avait une tâche bien difficile à remplir. Le nouveau gouvernement, issu de la révolution de juillet, incertain du maintien de la paix avec l'Europe et de la tranquillité intérieure, ne pouvait guère s'occuper des affaires de l'Algérie, et cette conquête lui paraissait plutôt un embarras qu'un avantage laissé par la succession de l'ancien gouvernement. De là des tâtonnements, des incertitudes sur ce qu'on ferait d'Alger, des réductions dans l'armée d'occupation, et par suite des craintes sur l'avenir de notre conquête ; ce qui jeta la défiance et la division dans l'administration militaire et civile, et le discrédit de la puissance française dans l'esprit de la population. C'est au milieu de ces complications et de ces difficultés de toute nature qu'arrivait le général Clausel ; il ne se laissa point décourager, et bientôt son expérience et sa fermeté donnèrent une nouvelle face aux affaires.

A peine installé dans ses nouvelles fonctions, il s'occupa d'abord de rétablir la discipline de l'armée, relâchée, comme nous l'avons dit, depuis les derniers événements, puis de poser les principales bases pour le gouvernement de la conquête. Il avait amené avec lui quelques administrateurs et employés habiles ; il en forma un comité de gouvernement chargé de remplacer l'ancienne commission; puis il recomposa l'état-major de l'armée, et travailla à l'organisation des divers services publics, tels que la justice, la douane, l'établissement de la ferme modèle, la formation de la garde nationale algérienne, sous le nom de milice africaine, etc. L'énumération seule des actes administratifs et des créations exécutées pendant la courte administration du général Clausel nous entraînerait trop loin ; d'ailleurs le temps et l'expérience ont dû modifier ou changer la plupart des mesures prises par suite des nécessités du moment. Nous mentionnerons toutefois la création de deux corps indigènes, qui ont rendu de grands services et dont le nom est désormais inscrit glorieusement dans les rangs de l'armée française; nous voulons parler des zouaves et des chasseurs d'Afrique, qu'il créa par un arrêté du 1er octobre 1830.

Les zouaves, ainsi nommés parce qu'ils étaient recrutés principalement dans une tribu guerrière de la Kabylie appelée Zouaouia, avaient formé la garde particulière des deux derniers deys ; ils étaient renommés pour leur fidélité envers leurs maîtres, et dès l'origine de l'occupation ils se montrèrent disposés à prendre parti pour les Français. Le général Clausel divisa les zouaves en deux bataillons, sous le commandement d'officiers et de sous-officiers français; on fit aussi entrer dans ce corps quelques koulouglis, et un assez grand nombre de Français qui avaient fait partie des *volontaires de la Charte ;* ces volontaires avaient été enrôlés parmi les combattants de juillet, et comme leur présence était inquiétante à Paris, on les avait envoyés à Alger, où la plupart furent incorporés dans les divers régiments de l'armée. Ces deux

premiers bataillons de zouaves eurent pour commandants, l'un le capitaine Maumet, l'autre le capitaine
Duvivier, un des officiers les plus distingués de cette
pépinière d'officiers illustres qui se sont formés en
Algérie. Le capitaine Duvivier, dont nous retrouve-
rons souvent le nom sous notre plume, devenu général, a été blessé mortellement dans les funestes
journées de juin 1848, et a succombé peu de temps
après.

Cependant l'anarchie existait par toute la régence.
Presque partout avaient surgi dans les villes et au sein
des tribus des chefs ambitieux aspirant au pouvoir.
Le bey de Tittery se montrait le plus audacieux; il
inquiétait sans cesse nos avant-postes, et ses marau-
deurs massacraient nos soldats isolés. Pour en finir,
après avoir publié un arrêté qui destituait ce bey et
lui donnait pour successeur un Arabe nommé Mustapha-ben-Omar, le général Clausel résolut d'aller
l'attaquer jusque dans ses montagnes.

Le 17 novembre, une colonne de huit mille hommes,
composée de trois brigades commandées par les généraux Achard, Monck-d'User et Hurel, partit d'Alger
sous les ordres du général en chef lui-même. Les
zouaves nouvellement créés et les chasseurs d'Afrique
en faisaient partie; on emmena aussi une batterie de
campagne, une batterie de montagne et une compagnie du génie.

La saison était tout à fait défavorable. Les pluies
contrarièrent la marche de l'expédition. L'armée traversa la Métidja, s'empara de Blidah, le 18, après un
engagement assez vif, mais de peu de durée. L'armée
se reposa à Blidah pendant la journée du 19, et, après
y avoir laissé une garnison sous les ordres du colonel

14

Rullière, elle se dirigea le lendemain sur Médéah, capitale de la province et résidence du bey de Tittery. Le 21 au soir, on campa à Mouzaïa, et le lendemain on franchit le col de Téniah, passage étroit et dangereux devenu célèbre dans les fastes de notre armée d'Afrique. Le bey de Tittery avait fait placer à l'entrée deux petites pièces d'artillerie, et toutes les hauteurs étaient garnies de fantassins kabyles ou arabes. Cette position, que l'ennemi regardait comme inexpugnable, fut tournée et enlevée avec une rare intrépidité par le 14ᵉ et le 37ᵉ régiment de ligne. Ce fut une glorieuse journée, mais chèrement achetée; nous n'eûmes pas moins de deux cent vingt hommes mis hors de combat.

La brigade Monck-d'User resta pour garder le passage du col, et l'armée se dirigea vers Médéah, dont les habitants lui ouvrirent les portes le 22 au soir; le général en chef entra dans la ville, et y installa le nouveau bey. On s'y reposa quelques jours, pendant lesquels l'ancien bey, qui s'était enfui à l'approche de nos colonnes, se voyant abandonné des siens, et craignant de tomber entre les mains des tribus kabyles qui lui avaient toujours été hostiles, vint se rendre lui-même à la discrétion du général; il fut emmené à Alger, et on l'autorisa à y faire venir ses femmes et le reste de sa famille.

Le 26, l'armée quitta Médéah, après y avoir laissé une garnison, et revint à Mouzaïa par le col, sans coup férir. Ce même jour, Blidah était le théâtre d'un drame sanglant. Notre garnison y était attaquée par Ben-Samoun; et l'attaque fut si inopinée, si rapide, que les Arabes pénétrèrent par plusieurs points dans la ville. Par un heureux stratagème, le colonel Rullière sauva la garnison d'un massacre général, qui aurait certainement porté le coup le plus funeste à notre domination. Deux compagnies sortirent par une des portes de la ville, et vinrent tomber sur les derrières des assaillants. Les Arabes, persuadés que c'était le corps d'armée qui revenait de Mouzaïa, se débandèrent, et là il se passa une scène de carnage dont le récit est impossible. Le fait est que, le lendemain 27, le général Clausel, rentrant à Blidah à la tête des troupes, trouva la ville jonchée de cadavres. Il ne jugea pas devoir y laisser de garnison, et il rentra à Alger le 29, après avoir soutenu quelques petites escarmouches insignifiantes. La garnison laissée à Médéah fut obligée elle-même de rentrer à Alger dans les premiers jours de janvier 1831.

Le général Clausel, voyant l'impossibilité, avec si peu de ressources, d'occuper toute la régence, voulait, moyennant une reconnaissance de vasselage et un tribut annuel, garanti par le bey de Tunis, céder les deux beylicks de Constantine et d'Oran à deux princes de la famille de ce souverain. Déjà même un traité était signé avec les envoyés tunisiens, les deux beys d'Oran et de Constantine étaient désignés, le général Damrémont avait pris possession d'Oran et y avait installé le nouveau bey, lorsque le général Clausel fut rappelé en France. Le gouvernement français refusa de ratifier le traité passé avec le bey de Tunis.

Le 20 février 1831, M. Clausel quitta Alger, emportant avec lui les regrets de l'armée, et surtout de la population européenne, qui s'élevait déjà à près de trois mille âmes.

Le général Berthezène, successeur du général

Clausel, avait commandé une division pendant la campagne de 1830. A son arrivée, l'armée d'Afrique, dont plusieurs régiments avaient été successivement rappelés en France, prit le nom de *division d'occupation*. Ce n'était plus, en effet, qu'une faible division composée de neuf mille trois cents hommes au plus. Avec de si faibles moyens, on était obligé de faire face à de nombreux besoins. Le fils de l'ancien bey de Tittery, favorisé par des amis puissants et le souvenir de son père, attaquait Médéah, qui n'avait plus de garnison française. Notre bey, Mustapha-ben-Omar, allait succomber; il fallut le secourir et le ramener à Alger. Cette opération nous coûta trois cents hommes hors de combat.

Des troubles survenus aussi à Oran, lors du départ du bey tunisien que nous y avions installé, nous obligèrent à y envoyer le général Boyer, avec 1,350 hommes, pour s'y établir. La situation de la province d'Oran à cette époque était déplorable. Aucun des liens qui assuraient autrefois la dépendance des tribus n'avait survécu à la dissolution de l'ancien gouvernement. A Tlemcen, les Arabes occupaient la ville, les koulouglis la citadelle. Dans quelques villes, comme Mascara, ils se partageaient le gouvernement. Le père d'Abd-el-Kader, le marabout Mahi-ed-Din, préparait déjà dans la province l'avènement futur de son fils, et faisait servir son influence religieuse à la fondation d'une puissance purement arabe. Le général Boyer s'occupa d'abord d'entrer en relations avec les garnisons turques et koulouglies éparses dans la province. Celle de Mascara avait capitulé, et les Arabes, violant leurs engagements, la massacrèrent en entier. Mascara devint pour eux une place de guerre et un centre d'action contre les forces françaises. Le même sort menaçait les milices de Mostaganem et de Tlemcen. A cette crainte qui maintenait les garnisons turques et koulouglies dans nos intérêts, le général Boyer ajouta l'appât d'une solde mensuelle, et leur résistance continua. Le général Boyer établit également des rapports avec Arzeu, port situé à quarante kilomètres à l'est d'Oran, qui lui procurèrent du blé, des fourrages et des bestiaux, et, après avoir mis la ville en état de défense et réparé en partie les fortifications, qui avaient été presque entièrement détruites, il entama des négociations avec les Douaïrs et les Zmélas, afin de les attacher à notre cause.

A cette époque une vaste coalition se formait pour chasser les Français de l'Algérie; un Maure nommé Sidi-Sadi, récemment arrivé de Livourne, où se trouvait l'ancien dey Hussein, avait concerté avec le pacha dépossédé un plan de soulèvement général, qui, n'ayant pas été exécuté avec ensemble par toutes les tribus confédérées, permit au général Berthezène de les battre séparément au gué de l'Habrach et à la Ferme-Modèle. Ces embarras surmontés pouvaient renaître chaque jour et épuiser lentement nos forces; car les Arabes, bien que vaincus, n'étaient pas soumis.

Presque toujours occupé à repousser l'ennemi, le général Berthezène eut peu de temps à donner à l'administration intérieure de la colonie; on lui doit cependant quelques établissements utiles, parmi lesquels il faut citer de belles casernes, construites au delà du faubourg Bab-Azoun, un abattoir, la place du Gouvernement, la réparation de la jetée, etc.

Dès le mois de mai 1831, Casimir Périer, président

du conseil des ministres, voulant se réserver une large part dans la direction des affaires de l'Algérie, fit prendre au gouvernement la résolution de séparer, à Alger, l'autorité civile de l'autorité militaire, par la création d'un intendant civil indépendant du général en chef. L'application de ce nouveau système n'eut lieu cependant que quelques mois après. Les fonctions séparées du gouvernement militaire et de l'administration civile furent confiées au général Savary, duc de Rovigo, ancien ministre de la police sous l'empire, et à M. Pichon, conseiller d'État, qui avait déjà rempli plusieurs missions diplomatiques importantes. Cette séparation des deux autorités fut un essai malheureux, et il fallut y renoncer après quelques mois d'expérience. Une ordonnance du 12 mai 1832 abrogea celle du mois de décembre précédent, et rétablit l'unité gouvernementale dans la colonie.

La situation de l'Algérie semblait plus favorable au moment où le duc de Rovigo succéda au général Berthezène. D'abord, il avait amené avec lui seize mille hommes de troupes pour satisfaire aux besoins de l'occupation et ramener les indigènes au respect de notre autorité. D'un autre côté, peu de temps avant son départ, le général Berthezène avait nommé agha des Arabes Sidi-Ali-M'barek, marabout vénéré de Coleah, qui, moyennant un traitement assez élevé, s'était engagé à nous faire respecter dans nos cantonnements par les Arabes, que nous nous engagions à ne plus inquiéter. Cette mesure avait amené quelque sécurité dans la Métidja ; en même temps les tribus, qui se ressentaient encore du rude échec qu'elles avaient éprouvé récemment dans la province d'Alger, semblaient disposées à la tranquillité. A Oran, le général Boyer contenait les tribus, toujours menaçantes, qui travaillaient avec une infatigable ardeur à former des coalitions pour venir attaquer la ville.

Sur ces entrefaites, un événement regrettable vint troubler la paix. Des envoyés d'un cheik de Sahara de Constantine, nommé El-Farhat, ennemi d'Hadj-Ahmed, bey de Constantine, vinrent à Alger offrir le concours de leur maître pour l'expédition qu'ils croyaient projetée contre Constantine. Après avoir été accueillis gracieusement par le commandant en chef, ces députés partirent d'Alger chargés de présents pour retourner dans leur pays. Arrivés sur le territoire de la tribu d'El-Ouffia, ils furent dépouillés par les habitants. Pour venger cette violation odieuse des devoirs de l'hospitalité, qui était aussi une insulte faite à la France, une expédition nocturne fut dirigée contre les coupables. La tribu, surprise à la pointe du jour, subit un châtiment des plus rigoureux ; son chef, fait prisonnier, fut amené à Alger, mis en jugement, condamné et exécuté. Un très grand nombre d'indigènes périrent dans cette affaire.

A la suite de cet acte de rigueur, une nouvelle coalition se forma. Sidi-Sadi, aidé par des marabouts fanatiques, mit en circulation des prophéties qui annonçaient la prochaine et infaillible extermination des Français. Notre agha, Sidi-Ali-M'bareck, fit d'abord tous ses efforts pour ramener le calme dans les esprits et éviter la guerre. Mais le mouvement devint tellement général, qu'il se laissa entraîner lui-même, et depuis cette époque il est resté notre ennemi. Le commandant en chef sembla pendant quelque temps vouloir se contenter d'observer les mouvements des insurgés ; mais lorsqu'il les vit se rassembler et s'enhardir jusqu'à menacer nos postes, il adopta des dispositions vigoureuses pour les disperser. Ils furent complètement défaits dans deux ou trois rencontres par les généraux Faudoas et Brossard, qui forcèrent bientôt les tribus à implorer la paix.

Bone, occupée une première fois en 1830, avait été précipitamment évacuée, lorsque la nouvelle des journées de juillet était parvenue en Afrique ; les habitants n'y avaient point rappelé le bey, Hadj-Ahmed, dont ils redoutaient la tyrannie ; toutefois la quiétude dont ils jouissaient ne fut pas de longue durée. Ahmed, sentant sa puissance raffermie, dirigea tous ses efforts contre Bone, position commerciale qui était pour lui de la plus haute importance. Après le départ des troupes françaises, les habitants de Bone avaient reçu quelques secours ; mais la ville était étroitement bloquée, du côté de terre, par les troupes d'Hadj-Ahmed ou par les tribus qui lui obéissaient. Vers la fin de 1831, le chef de bataillon Houder arriva à Bone avec cent vingt-cinq zouaves. Bien accueilli d'abord, et ensuite trompé par Ibrahim, ancien bey de Constantine, qui se saisit pour son compte de la Kasbah, ce malheureux officier fut tué au moment où il se rembarquait.

Cependant Bone, serrée chaque jour de plus près par les soldats d'Hadj-Ahmed, implorait toujours le secours de la France. Il était dangereux de laisser le bey de Constantine reprendre ce port ; l'occupation en fut décidée. En mars 1832, le capitaine d'artillerie d'Armandy, et Jousouf, alors capitaine aux chasseurs

indigènes, durent aller aider les assiégés de leurs
conseils et leur prêter main-forte. Mais, avant leur
arrivée, Bone, forcée d'ouvrir ses portes à Ahmed,
subit dans toute leur horreur les calamités de la
guerre. Quelques braves se maintinrent cependant
dans la Kasbah, et les Français, ayant eu l'audace
d'y pénétrer la nuit, arborèrent aussitôt le drapeau
tricolore, qui n'a plus cessé d'y flotter depuis. Un
bataillon d'infanterie, et plus tard deux mille hommes,
partis de Toulon avec le général Munck-d'User, vinrent s'établir sur les ruines de la place, qu'on s'occupa de déblayer et de reconstruire immédiatement.
Ibrahim-Bey, en proie au dépit de l'ambition trompée,
essaya bien de nous en disputer la conquête; mais il
fut repoussé et poursuivi par les indigènes eux-mêmes.
Peu de temps après deux tribus, lassées de la tyrannie d'Ahmed-Bey, vinrent s'établir sous le canon
de la place, et fournirent des cavaliers pour la police
de la plaine.

Notre occupation embrassait donc Alger, la ville et
la banlieue, renfermées presque entièrement dans la
ligne de nos avant-postes; nous dominions sur tout
le territoire compris entre l'Habrach, la Métidja, le
Mazafran et la mer; à Oran, nous possédions quatre
kilomètres autour de la place et le fort Mers-el-Kébir.
Tlemcen et Mostaganem, occupés par les Turcs et les
Koulouglis, commençaient à vivre en bonne intelligence avec nous. A Bone, bien que l'établissement ne
s'étendît qu'à portée de canon des murailles, nos
relations avec les tribus voisines se formaient d'une
manière satisfaisante.

Telle était notre situation en Afrique au commencement de 1833. Ajoutons qu'au dehors d'Alger des

routes militaires étaient ouvertes ; des camps retranchés, établis dans des positions bien choisies, multipliaient les moyens de défense, et prouvaient aux indigènes la ferme volonté de la France de garder cette terre conquise par la bravoure de ses soldats. Les sentiments hostiles paraissaient s'affaiblir ; la tranquillité et le besoin de la paix faisaient chaque jour des progrès. Encouragé par ces premiers résultats, le général duc de Rovigo s'appliquait avec persévérance à les développer, lorsqu'il fut atteint de la maladie à laquelle il ne devait pas tarder à succomber. Il rentra en France au mois de mars, après avoir remis le commandement au général Avisard, le plus ancien des maréchaux de camp de l'armée, pour le garder pendant son absence ou jusqu'à l'arrivée de son successeur.

Ce fut sous la courte administration du général Avisard que fut institué le *bureau arabe,* cette utile création qui devait donner à nos relations avec les tribus une régularité et une extension dont elles avaient manqué jusqu'alors, et qui a fait plus pour notre domination que vingt ans de combats [1]. Le pre-

---

1 Les fondateurs de cette importante création l'avaient imaginée comme le moyen le plus efficace de créer des rapports entre les populations arabes et nous. Ces populations, que leur nature, leurs mœurs, leur religion, semblent avoir formées pour la guerre, n'auraient pu se mettre en contact avec nous par l'intermédiaire de ce que nous appelons un fonctionnaire civil, fonctionnaire qui n'existe pas chez eux, et dont ils ne pourraient comprendre ni respecter l'autorité. Mais ce qu'ils comprenaient très bien, ce qu'ils étaient disposés à accepter, c'était un magistrat guerrier, chargé tout à la fois d'une mission de guerre et de justice. Tel est l'esprit qui a présidé à la formation des bureaux arabes. — On choisit dans l'armée des officiers dévoués, capables, connaissant la langue, familiers avec les mœurs des Arabes, et on les établit sur tous les points du territoire militaire divisé en cercles, avec cette double mission dont nous venons de parler. Les résultats que cette institution

mier chef de ce bureau fut le capitaine de Lamoricière, dont le nom devait plus tard se rattacher aux plus beaux faits d'armes de notre armée d'Afrique. Au commencement d'avril, le lieutenant général Voirol vint prendre le commandement de l'armée

a obtenu ont dépassé tout ce qu'on pouvait espérer. Le respect et la confiance sont entrés facilement chez les Arabes par cette sorte de magistrature à cheval, qui se transporte, franche, décidée et expéditive, partout où un méfait a été commis. Les Arabes aiment et comprennent la justice ; mais la légalité telle qu'on l'entend chez les nations modernes est pour eux chose à la fois répugnante et inconnue. Cet homme de guerre, qui entend leurs réclamations à toute heure, et, quand il le peut, donne une suite immédiate à toute affaire qu'on porte devant lui, représente la seule autorité qu'ils puissent accepter. Les rapports journaliers qui se sont établis entre les indigènes et les officiers des bureaux arabes exercent maintenant sur les tribus une action des plus intéressantes à étudier, et que chaque jour on voit se développer.

L'officier du bureau arabe n'est plus seulement, pour les tribus comprises dans son cercle, un chef militaire qui veille à la répression des délits, au maintien de l'ordre et au recouvrement des impôts ; c'est un homme d'un caractère éprouvé et d'une intelligence reconnue, qu'en mainte occasion et sur maint objet d'utilité publique on se fait une loi de consulter. Ainsi ces progrès que maintenant on remarque parmi les indigènes, ces maisons qui, sur quelques points, remplacent les tentes des kaïds, ces travaux d'agriculture, ces plantations d'oliviers, ces constructions de moulins qui changent déjà l'aspect de certaines tribus, sont dus aux officiers des bureaux arabes. Rien n'est entrepris sans leur conseil, rien ne s'opère sans leur concours.

L'habile direction qui dans ces derniers temps a communiqué à l'Algérie un mouvement dont ne s'est pas assez occupée l'attention publique, trouve à l'heure qu'il est d'énormes ressources dans un commandement que chaque jour elle fait agir avec plus de force, et organise avec plus de régularité dans le commandement indigène. Toutes les tribus qui reconnaissent notre autorité sont sous-gouvernées en notre nom par des aghas, des bachagas, des kaïds, que nous choisissons avec soin et que nous surveillons avec vigilance. Ces chefs, dont la puissance était d'abord une sorte de concession faite à la nation conquise par la politique de la nation conquérante, ont pris maintenant un rang important parmi les agents les plus utiles, et l'on peut même dire les plus dévoués, de notre domination. Ce commandement indigène, si utile, si important, mais si délicat à manier, est surveillé par les officiers des bureaux arabes.

L'organisation des bureaux arabes a dû ses premiers succès aux gé-.

par intérim. Ce nouveau chef marcha avec activité et avec bonheur dans la voie ouverte par le duc de Rovigo; il apporta même dans les affaires un esprit plus conciliant, des formes moins acerbes; et, tout en se montrant énergique à l'égard des indigènes, il s'efforça de leur faire sentir les bienfaits d'une administration protectrice et bienveillante. Au commencement du mois de mai, deux tribus de la Métidja, les Bouyagueb et les Guerouaou, dont l'insolence et les agressions continuelles excitèrent le juste courroux du général, furent rudement châtiées, et cet exemple d'une juste sévérité accrut encore les bonnes dispositions de la population arabe envers nous.

A Bone, le général Monck-d'User, suivant la même conduite que le général Voirol, sut se faire craindre et respecter des Arabes, et fit régner la sécurité dans sa province. Le bey de Constantine, Hadj-Ahmcd, voyant que Bone lui avait échappé sans retour, convoita Bougie pour en faire son port. Mais les populations kabyles, peu empressées de se donner un maître, repoussèrent toutes ses intrigues et toutes ses avances. Ne pouvant prendre pied sur le littoral, il voulut du moins s'emparer de Médéah, afin de se rapprocher d'Alger, impatient de s'arroger le titre de pacha, qu'il faisait solliciter à Constantinople. Cette espérance fut encore déçue; les gens de Médéah, divisés par les factions, se réunirent pour résister au bey de

néraux de Lamoricière et Marey; elle a été perfectionnée sous le gouvernement du maréchal Bugeaud par un des hommes que de longues études ont le plus profondément initié aux mœurs africaines, par le général Daumas.

Constantine. L'horreur qu'inspirait aux tribus la domination turque était si grande, qu'elles réclamèrent
des secours auprès du général en chef; on ne put
leur en accorder, mais l'assurance de la sympathie
de la France les encouragea; Hajd-Ahmed, attaqué
dans son camp, fut battu, et rentra en fugitif dans
son beylik. A Bone, nos progrès ne se ralentissaient
pas; les tribus, attirées dans notre cercle d'action,
commençaient à résister d'elles-mêmes aux entreprises des agents et des troupes du bey de Constantine.

A Oran, le général Boyer avait eu de fréquents
combats à soutenir contre les Arabes, dirigés par
Mahi-ed-Din et par son jeune fils Abd-el-Kader.
Quoique leurs attaques n'eussent eu aucun succès,
le sang-froid et la bravoure que montra Abd-el-
Kader en cette circonstance augmentèrent encore la
confiance des siens.

Comme le nom de cet homme célèbre tiendra
une place remarquable dans ce récit, disons en
passant quelques mots de son origine et de ses antécédents avant ce jour où nous le voyons paraître
en scène.

Abd-el-Kader (el-Hadj, nom qu'on donne aux
musulmans qui ont fait le voyage de la Mecque)
appartient à une très ancienne famille de marabouts, qui fait remonter son origine aux califes
fatimites. Il est né vers la fin de 1806 ou au commencement de 1807, à la *ghetna* de son père, Mahi-
ed-Din, située à seize kilomètres ouest de Mascara sur
l'Oued-el-Haman (rivière des bains). Cette ghetna (*lieu
de retraite, séminaire, hôtellerie, université*) des Oule-
Sidi-Kada-ben-Mokhtar, fraction de la grande tribu

des Hachems, était la plus riche de la contrée, et y avait une importance immense depuis le xvie siècle de notre ère. En 1830, elle se composait encore de cinq cents maisons, tentes ou cabanes, renfermant cinq cents familles, serviteurs, disciples ou infirmes, nourris et hébergés par le chef de la ghetna. Tous les marabouts, talebs, docteurs et autres gens influents de la province d'Oran, venaient depuis trois siècles y faire leur éducation. Le père d'Abd-el-Kader, Sidi-el-Hadj-Mahi-ed-Din (*seigneur pèlerin vivificateur de la religion*), mort en 1834, jouissait comme marabout d'une grande réputation de sainteté, et, par suite, d'une grande influence sur les gens de sa tribu, et il transmit l'une et l'autre à son fils. Abd-el-Kader n'avait que huit ans lorsqu'il fit avec son père le pèlerinage de la Mecque, ce qui lui valut le surnom d'*el-Hadj,* le pèlerin, qui précède son nom (Sidi-el-Hadj-Abd-el-Kader, *le seigneur pèlerin, serviteur du Tout-Puissant*).

En 1827, Abd-el-Kader accompagna son père en Égypte, et le séjour qu'il eut alors occasion de faire au Caire et à Alexandrie le mit pour la première fois en contact avec les éléments de la civilisation européenne. Il profita de son séjour en Égypte pour perfectionner son éducation; il se livra avec zèle à l'étude de l'éloquence et de l'histoire; celle du Coran lui était familière; dès son enfance aucun passage de ce livre sacré ne l'embarrassait, et ses explications devançaient celles des plus habiles commentateurs. Il ne négligea pas non plus les exercices du corps, dans lesquels il excella bientôt; il passait généralement pour le meilleur cavalier de l'Algérie, où les bons cavaliers ne sont pas rares. Enfin, pen-

dant qu'il se trouvait en Égypte, il alla une seconde
fois visiter le tombeau du Prophète, à la Mecque,
pieux pèlerinage qui ajouta encore à la réputation de
sainteté dont il jouissait dès lors, et qui ne pouvait
que préparer sa future omnipotence parmi ses com-
patriotes.

Au retour d'Abd-el-Kader et de son père en Algérie, Alger était au pouvoir des Français, et la
puissance des Turcs sur la contrée à jamais détruite. Les tribus arabes des environs d'Oran virent
dans cette révolution si peu prévue une occasion
favorable pour recouvrer leur indépendance. Mahi-
ed-Din prêcha la guerre sainte, et vit accourir sous
son *goum* (drapeau) une masse considérable de
partisans, à la tête desquels il s'empara de Mascara, après avoir battu la garnison turque qui occupait cette place. Les habitants de Mascara et toutes
les tribus voisines voulurent l'élire pour leur souverain; mais Mahi-ed-Din déclina cet honneur sous
prétexte de son grand âge, et il présenta, comme
plus capable que lui de remplir ces fonctions, son
fils Abd-el-Kader. Celui-ci fut accueilli avec enthousiasme et salué aussitôt du titre d'émir par
toutes les populations soulevées au nom de l'indépendance nationale. Les tribus voisines devaient
acclamer, l'une après l'autre, le chef que l'islamisme
et la nationalité arabe venaient de se donner; et le
jour vint où, de proche en proche, l'autorité d'Abd-
el-Kader, d'abord limitée aux environs de Mascara,
devait être reconnue jusqu'aux limites du Grand
Désert.

La première tentative de quelque portée qu'essayèrent les tribus rangées sous les ordres d'Abd-

el-Kader fut dirigée contre Oran, occupé par nos troupes, que commandait le général Boyer. Les Arabes, comme nous l'avons dit, n'eurent aucun succès dans ces attaques; ils furent même si vigoureusement repoussés, qu'ils se virent forcés de battre en retraite, et de cesser pendant quelque temps les hostilités; les chefs des diverses tribus ralliées contre la domination française comprirent la nécessité d'organiser la guerre, et de centraliser les efforts communs sous une direction unique. Ils songèrent d'abord à se mettre sous la protection de l'empereur du Maroc, Muley-Abd-el-Rhaman, qui ne demandait pas mieux que d'étendre son pouvoir sur la province d'Oran; mais les réclamations énergiques de la France le forcèrent à s'abstenir de toute intervention en Algérie; seulement il délégua ses pouvoirs, comme chef des croyants, au jeune émir Abd-el-Kader, en lui donnant le titre de khalifa. Cette nouvelle dignité augmenta son crédit sur les tribus; il organisa immédiatemeut celles qui l'avaient reconnu d'abord, et, agrandissant peu à peu le cercle du pays assujetti à ses lois, il soumit, au commencement de 1833, les tribus de la Mina et du Chélif.

Sur ces entrefaites, le général Desmichels avait remplacé le général Boyer au commandement d'Oran. Les tribus, sous l'inspiration de leur jeune chef, vinrent souvent nous provoquer jusque sous les murs de cette ville. Le général Desmichels ne voulut pas supporter plus longtemps ces insolentes bravades; il prit vigoureusement l'offensive. Dès qu'il apprenait qu'un rassemblement s'était formé, il sortait de la ville, se portait à sa rencontre et le dispersait. Les 7 et 27 mai 1833, les tribus arabes, réunies en grand nombre, subirent ainsi de graves échecs. Obligé de se tenir à distance d'Oran, Abd-el-Kader marcha sur Mostaganem pour s'emparer de cette ville, qui, après Mascara et Tlemcen, déjà en son pouvoir, était la plus importante du beylik. La petite ville d'Arzeu, située entre Oran et Mostaganem, fut enlevée par les Arabes, et son kadi, qui avait traité avec les Français, fut décapité. Le général Desmichels, craignant avec raison que Mostaganem ne fût obligée de se rendre, et que l'occupation de ces deux places ne compromît gravement notre domination, se détermina à établir des garnisons françaises dans ces deux places. Il prit possession d'Arzeu le 3 juillet; la ville avait été abandonnée par les Arabes. Le 29 du même mois, il entra à Mostaganem.

Chaque pas en avant que les circonstances nous forçaient de faire pour mieux asseoir notre autorité produisait sur les tribus un effet salutaire, et les disposait à se rapprocher; ainsi, après l'occupation d'Arzeu et de Mostaganem, les importantes tribus des Douaïrs et des Zmélas entrèrent en pourparlers pour faire leur soumission à la France. Abd-el-Kader voulut tenter encore contre nous la fortune des armes; il fut battu dans la plaine de Mélata, à Aïn-Bedha, le 1er octobre, et à Tamzouat le 3 décembre. Après ce dernier combat, les Douaïrs et les Zmélas se détachèrent tout à fait de sa cause.

Vers cette même époque, une expédition organisée à Toulon se présenta devant Bougie (29 septembre). Après une attaque audacieuse de la part de nos troupes et une très vive résistance de la part

15

des Kabyles, Bougie tomba en notre pouvoir et devint une ville française.

Cet acte de vigueur releva le courage des colons, qui commençaient à affluer en Algérie, et rendit l'espoir aux indigènes qui avaient embrassé notre parti.

L'année 1834 sembla donc s'annoncer sous des auspices favorables. Sur tous les points notre situation s'était améliorée. Des hakems (gouverneurs), nommés par l'autorité française, maintenaient sur les villes de Blidah et de Coléah une souveraineté nominale. Les tribus du beylik de Tittery continuaient à repousser les tentatives d'Ahmed-Bey; celles des environs de Bone se tenaient également prêtes à le combattre. Tuggurt, ville des confins du désert, avait envoyé des députés à Alger, pour promettre à la France son concours et ses sympathies si elle marchait contre le bey de Constantine.

Enfin, à Oran, le général Desmichels, après de nouveaux avantages remportés sur Abd-el-Kader, avait signé la paix avec lui le 26 février 1834, et si, d'une part, la cessation des hostilités permettait à l'émir de tourner ses efforts contre ses rivaux, de l'autre, elle donnait à la France le temps de s'affermir sur tous les points occupés.

CHAPITRE V

Commission nommée pour l'examen des affaires d'Afrique. — Ordonnance du 24 juillet 1834 sur l'organisation politique des *possessions françaises dans le nord de l'Afrique.* — Institution d'un gouverneur général. — Ses attributions. — Le général Drouet d'Erlon premier gouverneur général. — Création des spahis. — Le général Trézel nommé commandant d'Oran. — Ses difficultés avec Abd-el-Kader. — Celui-ci s'empare de Médéah et de Mélianah. — Traité du général Trézel avec les Douaïrs et les Zmélas. — Abd-el-Kader veut forcer ces tribus à rompre leur alliance avec les Français. — Le général Trézel s'y oppose. — Abd-el-Kader appelle les tribus à la guerre. — Le général Trézel marche contre elles. — Combat de Muley-Ismaël. — Défaite du général Trézel à la Macta. — Le général d'Arlange remplace le général Trézel à Oran. — Le comte d'Erlon est rappelé, et le maréchal Clausel est nommé gouverneur général de l'Algérie. — Le maréchal Clausel occupe Mascara et l'abandonne. — Il s'empare de Tlemcen et y laisse une garnison. — Établissement d'un camp retranché à l'embouchure de la Tafna. — Dangers que court le camp de la Tafna. — Le général Bugeaud est envoyé directement de France pour le secourir. — Bataille de la Sikak, où le général Bugeaud défait complètement l'émir Abd-el-Kader. — Retour du général Bugeaud en France. — Le général de l'Estang est nommé au commandement de la province d'Oran. — Première expédition contre Constantine, sous les ordres du maréchal Clausel. — Arrivée sous les murs de cette place. — Impossibilité reconnue de l'emporter de vive force. — Retraite de l'armée. — Dangers et fatigues de cette retraite. — Le maréchal Clausel est rappelé. — Le général Damrémont est nommé gouverneur général. — Travaux exécutés pendant le commandement intérieur du général Rapatel. — Le général Bugeaud est chargé du commandement de la province d'Oran. — Il fait la paix avec Abd-el-Kader. — Traité de la Tafna. — Principales conditions de ce traité. — Les premiers résultats de ce traité sont avantageux. — Préparatifs d'une nouvelle expédition contre Constantine. — Départ et marche de l'armée expéditionnaire. — Attaque de Constantine. — Mort du

général Damrémont. — Prise de la ville. — Soumission d'un grand
nombre de tribus. — Retour de l'armée victorieuse à Bone. — Le général Vallée est nommé gouverneur général de l'Algérie et maréchal
de France. — Organisation et pacification de la province de Constantine. — Reconnaissance de la route de Constantine à Stora. — Fondation de Philippeville. — Érection d'un siège épiscopal à Alger. —
Expédition des *Portes-de-Fer.*

Au mois de juillet 1833, une commission spéciale
composée de pairs et de députés avait été chargée
de se rendre en Afrique, afin de recueillir tous les
faits propres à éclairer la France sur les inconvénients
et les avantages de sa conquête, et sur les mesures
que réclamait son avenir.

Les travaux de cette commission fournirent sur
l'Algérie des renseignements précieux, qui permirent de constituer sur de meilleures bases le gouvernement et l'administration de notre conquête. Le
22 juillet 1834, parut l'ordonnance sur l'organisation
politique de l'ancienne régence, à laquelle on donna
le nom significatif de *possessions françaises dans le
nord de l'Afrique,* nom qui excluait désormais toute
idée d'abandon de la nouvelle colonie.

Le gouvernement ne fut plus la conséquence du
gouvernement militaire, mais le domina. Jusque-là
le pays obéissait au général commandant les troupes;
il fut confié au commandement d'un gouverneur
général, qui eut sous ses ordres un lieutenant
général commandant les troupes; toute l'administration rentra sous la domination immédiate du ministre de la guerre. Les différents services civils et
militaires furent confiés au général commandant les
troupes, à un intendant civil, au commandant de
la marine, à un procureur général, à un directeur

des finances et à un intendant militaire, lesquels composèrent un conseil de gouvernement auprès du gouverneur général.

Le général Drouet d'Erlon fut nommé à ce poste éminent, et en prit possession le 26 septembre. En même temps M. Lepasquier, préfet du Finistère, fut désigné pour les fonctions d'intendant civil. Le général Voirol, ayant refusé le commandement des troupes qui lui était offert, le remit au général Rapatel.

Par suite du vœu qu'avaient exprimé les chambres de voir réduire les dépenses de l'occupation, le nouveau gouverneur dut, à défaut d'un déploiement de forces considérable, donner à la composition de l'armée une valeur plus grande et en rendre l'effectif plus réel. Dans cette vue, il créa, sous le titre de spahis réguliers, un corps de cavaliers indigènes, afin d'utiliser ces derniers, et de pouvoir en même temps réduire les corps venus de France.

Outre la création des spahis, les trois actes les plus marquants de l'administration du comte d'Erlon furent l'établissement du régime municipal dans la régence, la division de la banlieue d'Alger en communes, et la création d'un collège dans cette ville.

Les événements militaires furent peu importants dans la province de Bone et dans celle d'Alger, bien que les hostilités fussent continuelles avec les Hadjoutes. Il n'en fut pas de même dans le beylik d'Oran, où la puissance d'Abd-el-Kader prenait chaque jour de nouveaux accroissements.

Le général Trézel, envoyé à Oran pour remplacer le général Desmichels, eut pour mission de continuer les rapports pacifiques établis avec Abd-el-Kader; mais la tâche était difficile. Les conditions du dernier traité n'étaient pas exécutées; Abd-el-Kader exerçait sur les Arabes de la province d'Oran, et même de la province de Tittery, une influence prépondérante. Le besoin d'ordre et de gouvernement régulier poussait les populations, à défaut de la France, trop éloignée et souvent invoquée en vain, vers l'émir, représentant de la nationalité arabe. Médéah, toujours menacée par le bey de Constantine, après avoir vainement demandé des secours au gouverneur général, se jeta dans son parti. Abd-el-Kader entra en souverain dans Médéah, et reçut la soumission de Mélianah.

Cependant les Douaïrs et les Zmélas, s'étant décidés à se séparer de l'émir, vinrent se mettre sous la protection du général Trézel, qui signa un traité d'alliance avec leur chef, Mustapha-ben-Ismaël. Abd-el-Kader, craignant que ces rapports nouveaux entre l'autorité française et les tribus ne fussent d'un fâcheux exemple dans la contrée la plus rapprochée d'Oran, prescrivit aux Douaïrs et aux Zmélas de quitter le territoire qu'ils occupaient, et d'aller s'établir dans l'intérieur de la province. Les deux tribus refusèrent d'obéir, et invoquèrent la protection du général Trézel. Celui-ci s'empressa de rassembler les forces dont il pouvait disposer, et arriva au milieu du campement des Douaïrs et des Zmélas au moment où les gens d'Abd-el-Kader saisissaient les principaux chefs de ces tribus, et commençaient à faire opérer le mouvement de retraite vers l'intérieur. Cet événement devint le signal de la guerre.

Abd-el-Kader la désirait, et s'y préparait depuis

longtemps. A son appel, les tribus lui fournirent de
nombreux contingents. Le général Trézel voulut marcher à la rencontre de l'ennemi avant qu'il eût réuni
toutes ses forces ; le 26 juin 1835, il mit sa colonne
en mouvement, et parvint, sans rencontrer d'ennemis, jusqu'à un défilé dans la forêt de Muley-Ismaël,
sur la route de Mascara. Là il trouva l'infanterie arabe
embusquée, et la cavalerie occupant la route et tous
les espaces un peu découverts. Les troupes françaises
abordèrent ces positions difficiles avec élan, et, malgré
les efforts désespérés des Arabes, ils finirent par les
enlever et par rester maîtres du champ de bataille.
Cette victoire nous coûta cher ; bon nombre de soldats
et d'officiers furent mis hors de combat, et le brave
colonel Oudinot, fils du maréchal duc de Reggio, y
trouva la mort. Le général Trézel établit son camp sur
le Sig, et y fit reposer ses troupes pendant un seul
jour. Ce temps suffit à l'émir pour rallier ses soldats
dispersés. Le général pressentit, de son côté, qu'il
s'était engagé trop avant, et résolut de se retirer sur
Arzeu, en suivant les rives du Sig, qui prend le nom
de Macta après sa jonction avec l'Habrach. On se mit
en marche le 28 ; bientôt l'armée se trouva resserrée
dans un passage étroit, formé à droite par les bords
marécageux de la Macta, à gauche par des collines
très boisées ; c'était là le point choisi par Abd-el-Kader
pour nous assaillir. Les Arabes nous attaquèrent de
tous côtés avec fureur, atteignirent plusieurs voitures
de blessés, et massacrèrent nos malheureux soldats.
En un instant nos troupes se débandèrent, le désordre
fut à son comble, et dès ce moment la marche de la
colonne devint une véritable déroute. On ne parvint
à rallier nos soldats que dans la plaine qui s'étend au

bord de la mer; les corps se reformèrent difficilement, et à sept heures du soir la colonne, épuisée de
fatigue, arriva à Arzeu. Nos pertes, dans cette fatale
journée, avaient été de six cents hommes hors de
combat, sur dix-huit cents.

Le général Trézel, au milieu de ces pénibles circonstances, se montra noble et digne; dans ses rapports et dans son ordre du jour, il assuma sur lui seul
la responsabilité de ce déplorable événement, et se
résigna à en accepter toutes les conséquences.

A la nouvelle de la défaite de la Macta, le comte
d'Erlon rappela le général Trézel, en lui donnant
l'ordre de remettre son commandement au général
d'Arlange.

Le gouvernement français, de son côté, frappé de
l'atteinte funeste reçue par notre puissance aux yeux
des indigènes, s'occupa promptement de réunir les
moyens d'obtenir une éclatante revanche. Le général d'Erlon fut rappelé, et remplacé par le maréchal
Clausel.

Le maréchal arriva à Alger le 10 août 1835; il fut
reçu avec des transports de joie. Sa haute réputation
militaire donnait la garantie que l'échec éprouvé par
nos armes à la Macta serait glorieusement réparé.
Telle était, en effet, l'intention du nouveau gouverneur; mais, l'apparition du choléra dans la colonie
ayant suspendu l'envoi des renforts qu'il attendait,
l'expédition fut retardée jusqu'au mois de novembre.

A cette époque, le gouverneur se rendit à Oran,
avec le prince royal duc d'Orléans, et y rassembla les
troupes destinées à faire la campagne. Le 25 novembre, le corps expéditionnaire, fort de onze mille
hommes, divisés en quatre brigades, se mit en marche

et arriva le 6 décembre, après plusieurs combats avec
l'ennemi, à Mascara, que la population musulmane
avait complètement abandonné.

Après avoir reconnu que cette position ne pouvait
être gardée, on se décida à évacuer la ville, et à reprendre la route d'Oran, où l'armée arriva le 18,
suivie de la population juive de Mascara.

Le 8 janvier 1836, le maréchal rentra en campagne
et se porta sur Tlemcen, toujours occupée par les
koulouglis, commandés par Mustapha-ben-Ismaël,
notre fidèle allié. Abd-el-Kader, qui assiégeait la ville,
ou plutôt la citadelle où se trouvait Mustapha, se
retira à l'approche de nos troupes, qui entrèrent
le 13 dans la ville. Frappé de la belle position de
Tlemcen, le gouverneur se décida à y laisser une
garnison, composée d'un bataillon de volontaires,
sous les ordres du capitaine de génie Cavaignac. Puis,
pour assurer les communications de cette place avec
Oran, le maréchal établit un camp retranché près de
l'embouchure de la Tafna. Le 7 février, il reprit la
route d'Oran, où il arriva le 12, après une affaire
assez chaude avec les Arabes, commandés par Abd-
el-Kader en personne.

De retour à Alger, le gouverneur entreprit, au delà
de l'Atlas, une nouvelle expédition, après laquelle il
partit pour la France, afin de défendre à la tribune
les intérêts de nos possessions d'Afrique, que des
projets de réduction sur le budget de la guerre menaçaient sérieusement; il chargea le général Rapatel du
commandement intérimaire. A la même époque, le
général d'User fut rappelé de Bone, et remplacé par
le colonel Duverger, qu'accompagna le commandant
Jousouf, récemment nommé bey de Constantine. Un

camp fut aussitôt établi à Dréan, comme un jalon jeté
sur la route de Constantine ; et la Calle, notre ancienne possession française, fut occupée par Jousouf.

Cependant le camp établi à l'embouchure de la
Tafna, et défendu par deux mille hommes au plus,
était étroitement bloqué par plus de vingt mille Arabes
et Marocains, sous les ordres d'Abd-el-Kader. Le général d'Arlange, qui commandait le camp, se hâta de
faire connaître sa situation périlleuse et de demander
du secours.

Dès que ces nouvelles arrivèrent en France, des
ordres furent donnés pour que la division d'Oran reçût
sur-le-champ un renfort de trois régiments. Le maréchal de camp Bugeaud fut désigné pour prendre le
commandement de ces troupes.

Arrivé, le 6 juin, à la Tafna, après avoir abondam-
ment pourvu le camp de vivres et de munitions, il se
mit en campagne, et ravitailla Tlemcen. Attaqué, le
6 juillet, par toutes les forces de l'émir, sur les bords
de la Sikkak, il battit complètement l'ennemi, lui tua
douze à quinze cents Arabes, et mit en fuite un de ses
bataillons de réguliers, dont une partie furent faits
prisonniers et emmenés en France. Jamais, depuis
notre conquête, notre armée n'avait livré une bataille
si importante, ni fait un aussi grand nombre de prisonniers musulmans. L'émir, découragé, se retira à
Nédrona, où il rallia les débris de son armée. C'était
une glorieuse revanche de la défaite de la Macta. Le
général Bugeaud, ayant rempli sa mission, qui était
toute militaire, laissa le commandement de la province au général de l'Estang, et s'embarqua pour la
France, où l'attendait le grade de lieutenant général. Le général de l'Estang sut tirer parti de l'abat-

tement momentané des tribus pour parcourir le pays, et recueillir les soumissions passagères de plusieurs d'entre elles. Aucun événement important n'eut lieu dans la province d'Oran jusqu'à la fin de l'année 1836.

A son retour de France, le maréchal Clausel songea à mettre à exécution un projet qu'il méditait depuis longtemps : c'était l'occupation de Constantine, et l'installation du nouveau bey qu'il avait nommé. Malheureusement tout sembla conspirer contre ce projet, conçu trop légèrement, et mis à exécution dans une mauvaise saison, avec des moyens incomplets, et sur la foi d'un homme brave et fidèle, mais qui ne méritait pas cependant une confiance aussi entière.

Le corps expéditionnaire, fort de 9,137 hommes, partit de Bone le 8 novembre. Il était commandé par le maréchal Clausel, accompagné du duc de Nemours, qui n'exerçait dans cette expédition aucun commandement militaire. Le 15, on campa sur les ruines d'une ancienne ville romaine, située au bord de la Seibouse, appelée Ghelma par les Arabes, et que les Romains nommaient Calama. L'enceinte d'une forteresse en assez bon état de conservation permit d'y établir une garnison. Le 21, l'armée prit position sous les murs de Constantine, défendue par Ben-Aïssa, lieutenant du bey Ahmed, qui avait quitté la ville. Après quelques tentatives infructueuses pour l'emporter de vive force, le maréchal reconnut l'impossibilité de réussir de cette manière. D'un autre côté, le temps était devenu affreux : la grêle, la neige, ne cessaient de tomber; le froid était aussi rigoureux que dans les contrées du Nord; les approvisionnements et les munitions de guerre étaient épuisés : il n'y avait plus d'autre parti à prendre qu'une prompte

retraite. Le maréchal l'ordonna, et toute l'armée
s'ébranla dans la matinée du 24 novembre. On sait
l'acharnement des indigènes de l'Afrique contre une
troupe qui bat en retraite; nous n'en avions pas rencontré un seul, dans notre marche en avant, qui es-
sayât de nous arrêter; maintenant des milliers se
ruaient sur notre arrière-garde, et à chaque instant
leur nombre semblait grossir et leur exaltation sauvage
s'accroître. Dans ces circonstances périlleuses, l'armée
dut peut-être son salut au sang-froid et à l'habileté
du commandant Changarnier, et au courage des
braves du 2e léger. Du reste, la retraite, sous la direction du maréchal, se fit avec calme, sans que
l'ennemi pût se flatter d'avoir inquiété sérieusement
la marche de notre colonne. L'armée arriva à Ghelma
le 28 novembre, et se replia lentement sur Bone.

Le camp de Ghelma resta occupé par le colonel Duvivier avec deux bataillons.

La fortune avait donné tort au maréchal Clausel :
il fut rappelé. Il s'embarqua le 12 janvier 1837, et, le
12 février suivant, le général Damrémont fut nommé
à sa place gouverneur général des possessions françaises dans le nord de l'Afrique; il n'arriva à Alger
qu'au commencement d'avril.

Cependant l'issue malheureuse de l'expédition de
Constantine n'eut pas une influence aussi fâcheuse
sur nos relations avec les tribus qu'on aurait pu le
craindre, grâce aux habiles dispositions du général
Rapatel, qui avait exercé le commandement intérimaire pendant l'absence du gouverneur général. Le
développement de nos établissements militaires, l'a-
grandissement de Ghelma, les travaux de route, de
canalisation, d'agriculture, qui s'exécutaient de toutes

parts, imposaient aux Arabes, et leur prouvaient que l'insuccès d'une opération contrariée par le mauvais temps n'abattait pas notre courage.

L'opinion publique était unanime sur ce point, que nous étions loin de renoncer à notre entreprise, et l'arrivée du nouveau gouverneur général confirmait cette idée.

Pendant qu'il prenait possession de son gouvernement, le général Bugeaud arrivait à Oran, avec une autorité assez vaguement définie, mais, par le fait, indépendante de celle du général Damrémont. La mission de M. Bugeaud était de combattre l'émir à outrance, ou de faire avec lui une paix définitive et convenable. Il débuta par un manifeste qui, s'adressant aux Arabes, avait pour but de les effrayer par la menace d'une guerre d'extermination; mais à peine l'eut-il lancé, qu'il entama avec Abd-el-Kader des négociations dont le résultat fut le fameux traité de la *Tafna*. Par ce traité, l'émir reconnaissait la souveraineté de la France en Afrique; on lui accordait l'administration des deux provinces d'Oran et de Tittery, et d'une partie de celle d'Alger, à l'exception d'Oran, Mostaganem, Mazagran, Arzeu et leurs territoires, Alger, le Sahel et la plaine de la Métidja, qui restaient territoires français. Aucune partie de la province de Constantine n'était mentionnée dans ce traité. Cette convention fut signée le 30 mai 1837.

Cet acte diplomatique fut dans le temps l'objet des plus violentes attaques de l'opposition; nous n'avons pas à nous occuper ici de ces critiques, dont la plus sérieuse, sans contredit, était le blâme porté sur l'établissement d'une autorité autour de laquelle les Arabes pouvaient se rallier, et qui devait être pour nous une source d'embarras et de désastres ; mais reste à savoir si le gouvernement était libre d'agir autrement en présence des dispositions des chambres, qui lui refusaient, sous prétexte d'économies, les moyens de poursuivre vigoureusement la guerre et d'affermir notre conquête.

Quoi qu'il en soit, les premiers effets de ce traité eurent pour nous des résultats avantageux. La pacification de l'ouest de la régence permit de reporter toute l'attention sur la province de Constantine, et d'employer une partie des troupes de la division d'Oran pour reconquérir à nos armées tout leur prestige. Rien ne fut donc épargné pour que la question depuis si longtemps indécise entre Ahmed-Bey et nous fût enfin tranchée par la guerre. Bone, Dréan, Ghelma, Nechmeya, Hamman-Berda, et tous les postes échelonnés sur la route de Constantine, se remplirent de troupes et d'approvisionnements. On se rapprocha encore de cette ville en occupant fortement la position de Medjez-el-Amar, sur laquelle dix mille Arabes ne tardèrent pas à se ruer, mais sans succès.

Vers la fin de septembre, tout le personnel et tout le matériel de l'expédition se trouvèrent réunis à Medjez-el-Amar. Le corps expéditionnaire était divisé en quatre brigades, sous les ordres du duc de Nemours, du général Trézel, du général Rullière et du colonel Combes ; l'artillerie était commandée par le général Vallée, et le génie par le général Fleury.

Le 1er octobre, l'armée s'ébranla ; elle arriva le 6 en vue de Constantine. De même qu'en 1836, Ben-Aïssa défendait la ville, et Ahmed-Bey tenait la campagne. Le jour même de l'arrivée, la reconnaissance de la place fut faite, et l'emplacement des batteries

déterminé; le 12, la brèche fut ouverte. Le chef de
l'armée, jaloux d'éviter l'effusion du sang, fit alors
sommer les assiégés de se rendre, en les éclairant
sur les dangers de leur position. « Les Français, ré-
pondirent-ils, ne seront maîtres de Constantine qu'a-
près avoir tué jusqu'au dernier de ses défenseurs. »
A cette réponse, le général s'écria : « Ce sont des
gens de cœur : eh bien! l'affaire n'en sera que plus
glorieuse pour nous. » Peu d'instants après, comme
il se dirigeait, avec le duc de Nemours et son chef
d'état-major, vers le dépôt de tranchée pour y exa-
miner les travaux de la nuit, un boulet parti de la
place l'atteignit au flanc gauche; il tomba mort sans
proférer une parole. Le général Perregaux, en se
penchant sur lui, reçut une balle au front, et tomba
mortellement blessé sur le corps de celui qui avait
été son chef et son ami.

La fin glorieuse du général en chef ne fit qu'enflammer le courage de l'armée. Le général Vallée,
comme plus ancien de grade, fut appelé à la direction des opérations. La batterie continua à tirer et à
compléter la brèche pendant toute la journée du 12.
Le 13, à sept heures du matin, la première colonne
d'attaque, sous les ordres du lieutenant-colonel de
Lamoricière, s'élança au pas de course, et atteignit
bientôt le sommet de la brèche. L'explosion d'une
mine fortement chargée blessa grièvement son commandant, mais sans arrêter l'élan des soldats. La
deuxième colonne, dirigée par le colonel Combes,
arriva bientôt sur le théâtre où le combat était le plus
acharné. La lutte fut meurtrière; mais la valeur de
nos troupes en assura bien vite le succès. Bientôt le
drapeau français flotta sur ces murailles, devant les-

quelles, pendant l'expédition de 1836, nos soldats avaient enduré tant de fatigues et de souffrances. La victoire fut chèrement achetée. Le général Damrémont, le général Perregaux, le colonel Combes, les commandants Vieux et de Sérigny, et une foule de vaillants officiers et soldats trouvèrent la mort sur ce champ de bataille.

La prise de Constantine était la ruine du pouvoir d'Ahmed-Bey. Abandonné de ses troupes, repoussé par les populations que sa domination cruelle avait écrasées, il se retira vers le désert, suivi de quelques centaines de cavaliers. Trente et une tribus firent immédiatement leur soumission.

Après avoir pourvu à l'administration et à la défense de la ville, dont il confia le commandement au colonel Bernelle avec une garnison de trois mille hommes, le général Vallée se mit en route, le 29 octobre, pour Bone, avec le reste de l'armée. Il arriva sans obstacle dans cette ville, où il reçut sa nomination de gouverneur général de l'Algérie, et peu de temps après le bâton de maréchal de France.

Un nouveau mode d'organisation administrative fut introduit dans la province de Constantine; un réseau d'autorités émanées de la puissance française s'étendit sur tout le pays. A l'aide de ces intermédiaires, choisis parmi les notabilités indigènes, nous eûmes à notre disposition des forces agressives et répressives pour subjuguer nos ennemis et protéger nos amis; et notre domination fut rendue plus facile par l'emploi de ces forces laissées sous le commandement de leurs chefs [1].

---

[1] Trois khalifas (lieutenants) pour le Sahel, le Firdjoua, la Med-

A partir de cette époque, la province de Constantine est restée la plus soumise et la plus paisible des trois provinces de l'ancienne régence. Dès les premiers temps de notre occupation, la sécurité était telle, que le général Négrier, qui avait remplacé le colonel Bernelle dans le commandement de Constantine, voulant faire une reconnaissance de la route qui conduit de Constantine à la rade de Stora, trouva sur son passage, dans une étendue de soixante-dix kilomètres, tous les Arabes paisibles et adonnés au travail des champs. On avait voulu, dans cette excursion, s'assurer de la possibilité d'établir de Constantine à la mer une voie de communication beaucoup plus courte que celle qui existe par Bone ; en effet, de Constantine à la baie de Stora, il n'y a en ligne droite que soixante-dix kilomètres, tandis que la distance de la même ville à Bone est de cent soixante-dix kilomètres. Dès le mois d'avril 1838, une route carrossable fut commencée et terminée en peu de mois, de sorte que les transports de l'armée ne tardèrent pas à la parcourir en toute sécurité. Bientôt une ville française, sous le nom de Philippeville, s'éleva auprès de l'ancienne Stora, sur les ruines d'une cité romaine appelée *Rusicada*. Sa position heureusement choisie lui a procuré une rapide prospérité ; elle compte aujourd'hui dix mille habitants, dont huit mille sont Européens. Elle sert de transit au commerce d'Europe avec Constantine et le Sahara.

Du côté d'Alger et d'Oran, des difficultés s'élevèrent

jana, trois kaïds (administrateurs) pour les puissantes tribus des Ha-ractas, des Amèr-Cheragas et des Hanenchas, un cheik-el-Arab pour le Sahara, un hakem (gouverneur) pour la ville même de Constantine : telles furent les autorités instituées par un arrêté du 30 septembre 1838.

pour l'interprétation du traité de la Tafna : une convention supplémentaire destinée à les aplanir fut signée, le 4 juillet, à Alger, par l'agent d'Abd-el-Kader ; mais ce dernier refusa de la ratifier. Il fut facile dès lors de prévoir que la paix n'était qu'une trêve, dont plus d'un symptôme faisait présager déjà la rupture. Cependant elle ne fut pas ouvertement troublée jusqu'à la fin de 1839, et le gouvernement profita de ce répit pour s'occuper des progrès des différents établissements déjà formés, et en créer de nouveaux.

Parmi les mesures importantes prises cette année par le gouvernement pour hâter le développement de la puissance française dans l'Algérie, et faire entrer ce pays dans la véritable voie de la civilisation, nous mentionnerons l'érection d'un siège épiscopal à Alger. Deux ordonnances royales du 25 août 1838, approuvées par S. S. le pape Grégoire XVI, constituèrent cet évêché et y nommèrent l'abbé Dupuch, l'un des grands vicaires de Bordeaux [1].

Divers événements, tels que les approvisionnements de Millah et de Ghelma, une reconnaissance entre Bone et Philippeville ayant pour objet une communication plus prompte entre ces deux points importants, reliés ainsi à Constantine, l'occupation de Millah, de Djemillah et du port de Djidjelli, l'expédition de Sétif (l'ancienne *Sitifi,* capitale de la Mauritanie Sitifienne), et la soumission de plusieurs tribus, occupèrent laborieusement nos armées jusqu'au mois d'octobre 1839.

---

[1] En 1846, Mgr Dupuch, dont la santé s'était ruinée dans les pénibles fonctions de son épiscopat, donna sa démission, et fut remplacé par Mgr Pavy.

Le duc d'Orléans étant arrivé en Afrique avec la mission de porter à l'armée le témoignage de satisfaction du roi et du gouvernement pour ses travaux et pour ses souffrances, le maréchal Vallée profita de cette circonstance pour faire la reconnaissance de la route qui relie Alger à Constantine, et de toute la partie de la province de Constantine qui s'étend de cette capitale au Biban, et du Biban au Oued-Kadara, en passant par le fort de Hamza.

Le 6 octobre, le prince, accompagné du maréchal, s'embarqua à Alger pour Philippeville; il visita, en passant, Bougie et Djidjelli, et débarqua le 8 à Stora. Le 12, il fit son entrée à Constantine, où il reçut de la population indigène un accueil chaleureux.

Le corps expéditionnaire quitta Constantine le 16 octobre. Il était partagé en deux divisions, commandées, l'une par le duc d'Orléans, l'autre par le général Galbois, et toutes deux sous les ordres du maréchal Vallée. Après avoir traversé Millah et Djemillah, le corps expéditionnaire arriva le 21 à Sétif, où il se reposa jusqu'au 25. En quittant cette station, la colonne prit la direction de l'ouest; c'était la route d'Alger. Après trois jours de marche, elle atteignit les premières gorges du Biban, par lesquelles s'ouvre le fameux défilé connu sous le nom de *Portes-de-Fer*. Le 28, la division Galbois se sépara de la division d'Orléans, et reprit la route de Constantine. L'autre colonne, forte de trois mille hommes, sous les ordres du gouverneur général et du duc d'Orléans, s'engagea dans le redoutable passage que les Turcs n'avaient jamais franchi sans payer un tribut aux populations kabyles de ces montagnes, et où n'étaient jamais parvenues les légions romaines. On mit quatre heures à traverser ce défilé, resserré entre des rochers formant des murailles verticales hautes de plus de cinquante mètres. A l'endroit le plus étroit de ces portes, les sapeurs du génie gravèrent cette simple inscription : *Armée française,* 1839. La colonne déboucha dans la vallée de Hamza, et prit sa marche, sans être sérieusement inquiétée, vers Alger, où elle arriva le 2 novembre, après avoir fait la veille sa jonction avec les troupes qui l'attendaient au camp de Fondouck.

Le corps expéditionnaire, en rentrant dans Alger, fut l'objet, de la part de la population tout entière, d'une réception enthousiaste. Mais cette expédition toute pacifique et ce paisible triomphe devaient être bientôt suivis d'une longue et sanglante guerre.

CHAPITRE VI

Impression causée sur les indigènes par le passage d'une armée française aux Portes-de-Fer. — Symptômes de guerre. — Hostilités commencées par les Hadjoutes. — L'émir proclame la guerre sainte. — Attaques des Arabes sur tous les points. — Renforts considérables envoyés de France à l'armée d'Afrique. — Divers combats dans les provinces d'Alger et d'Oran. — Héroïque défense de Mazagran. — Prise de Cherchell par les Français. — Expédition contre Médéah. — — Combat au col de Mouzaïa. — Prise de Médéah. — Combat des Oliviers. — Occupation de Mélianah. — Vains efforts d'Abd-el-Kader pour reprendre ces trois villes. — Tranquillité de la province de Constantine pendant ces hostilités. — Amélioration de notre situation. — Manière de faire la guerre des Arabes. — Le général Bugeaud est nommé gouverneur général à la place du maréchal Vallée.— Nouveau plan formé par le général Bugeaud pour la guerre d'Afrique. — Sa mission. — Augmentation considérable de l'effectif de l'armée. — Ravitaillement de Médéah. — Premier engagement de cette campagne avec l'émir. — Prise et destruction de Tekedempt. — Occupation de Mascara. — Le général Bugeaud y laisse une garnison. — Opérations du général Baraguay-d'Hilliers.— Destruction de Boghar et de Thaza. — Échange de prisonniers opéré par Mgr Dupuch. — Opérations militaires en 1842. — Occupation de Tlemcen. — Destruction de Saïda et de la ghetna d'Abd-el-Kader. — Soumission de plusieurs tribus. — Prise de Sebdou. — Opérations du général Bugeaud sur le Chélif. — Construction de routes. — Rassemblement de troupes sur Mascara. — L'émir s'enfuit dans le désert. — Abd-el-Kader s'établit dans les montagnes de l'Ouarensenis. — Campagne d'hiver. — Son succès. — Expédition du général Changarnier contre Ténès. — Situation de l'Algérie à la fin de l'année 1842. — Réapparition de l'émir dans la vallée du Chélif. — Nouveau soulèvement des tribus. — Rapides opérations pour les réprimer. — Fondation d'établissements permanents à Orléansville, à Ténès et à Tiaret. — Prise de la smalah d'Abd-el-Kader par le duc d'Aumale. — Les généraux de Lamoricière et Mustapha achèvent la défaite de la smalah. — Mort du général Mustapha. —

Les débris de la smalah, retirés dans le Maroc, prennent le nom de *deïra*. — Combat du colonel Géry contre Abd-el-Kader, qui s'échappe presque seul de la déroute des siens. — Opérations du général Bedeau et du colonel Tempoure ; — du général Baraguay-d'Hilliers dans la province de Constantine. — Le colonel Tempoure défait les réguliers d'Abd-el-Kader, commandés par son khalifa. — Effets de ce succès. — Résultats de la campagne de 1843.

Le passage d'une armée française à travers les Portes-de-Fer causa une immense impression parmi les indigènes. Cet acte hardi frappa d'abord nos ennemis de stupeur; mais bientôt l'orgueil l'emporta; ils nous reprochèrent d'avoir surpris le pays par le mystère de notre marche; et excités par les prédications des marabouts, ils réclamèrent hautement de l'émir la reprise des hostilités.

Déjà pendant l'expédition, le 29 octobre, on avait saisi sur un Arabe des lettres d'Abd-el-Kader provoquant à la guerre sainte et annonçant la rupture de la paix avec les Français, qu'il espérait chasser promptement de l'Algérie. Bientôt les Hadjoutes passèrent la Chiffa, et vinrent exercer des razzias meurtrières contre la tribu de Beni-Kalib, notre alliée. Le commandant du camp de l'Oued-el-Aleg, accouru pour les repousser, tomba mortellement blessé. Nos soldats, furieux, se précipitent sur l'ennemi, et, malgré leur infériorité numérique, le refoulent au delà de la Chiffa. Enfin, après des actes répétés d'hostilité, l'émir, mettant de côté toute dissimulation, proclama la guerre sainte [1]. Aussitôt les

---

[1] Voici la traduction de la lettre par laquelle l'émir dénonçait au maréchal Vallée la reprise des hostilités : « Votre première et votre der-« nière lettre nous sont parvenues. Je vous ai déjà écrit que tous les « Arabes de la régence étaient d'accord, et qu'il ne leur reste d'autres

établissements français furent attaqués sur toute la
ligne, et, malgré le courage de nos soldats, les colons, contraints d'évacuer la plaine, vinrent chercher un asile dans Alger; les coureurs de l'ennemi
pénétrèrent jusque sur quelques points du massif,
et les tribus alliées se réfugièrent sous la protection
des camps.

A la première nouvelle de l'agression des Arabes
et des malheurs qui en avaient été la suite, toutes
les mesures nécessaires furent prises en France pour
mettre le gouverneur général en état de reprendre
bientôt l'offensive. Des ordres rapidement expédiés
poursuivirent et hâtèrent la marche de l'embarquement de vingt mille hommes, de trois mille huit
cents chevaux et de quinze cents mulets : ce qui
porta l'effectif de notre armée d'Afrique à près de
soixante mille hommes, et douze mille chevaux et
mulets.

Les bornes de cet ouvrage ne nous permettent
pas d'entrer dans tous les détails de cette guerre,
pendant laquelle de si belles pages ont été ajoutées
à notre histoire militaire. Nous dirons seulement
qu'en attendant les renforts qui allaient arriver de
France les troupes des divisions d'Alger et d'Oran
eurent à soutenir de glorieux combats. Le 10 décembre, mille à douze cents Hadjoutes, rencontrés

« paroles que la guerre sainte. *J'ai employé mes efforts pour changer*
« *leur idée; mais personne n'a voulu de la durée de la paix : ils ont*
« *tous été d'accord pour faire la guerre sainte, et je ne trouve pas*
« *d'autre moyen que de les écouter, pour être fidèle à notre chère loi*
« *qui le commande.* Ainsi je ne vous trahis pas, et vous avertis de ce
« qui est. Renvoyez mon oukil d'Oran pour qu'il rentre dans sa famille.
« Tenez-vous prêt à ce que tous les musulmans vous fassent la guerre
« sainte. »

entre le camp de l'Arba et le cours de l'Habrach par une colonne formée du 62ᵉ de ligne et d'un escadron du 1ᵉʳ de chasseurs, furent culbutés et forcés à une prompte retraite, après avoir subi des pertes considérables. Peu de temps après, un convoi parti de Bouffarik pour Blidah rencontra au delà de Méred les bataillons réguliers de l'émir, auxquels s'étaient joints un grand nombre de kabyles. Une charge vigoureuse du 1ᵉʳ régiment de chasseurs les jette dans un ravin, et les décime par un feu des plus meurtriers; à peine arrêté dans sa marche, le convoi gagna tout entier le camp de Blidah.

Les hostilités éclataient en même temps dans la division d'Oran. Le khalifa de Mascara, à la tête de plus de trois mille hommes, dirigea, le 13 décembre, une attaque contre Mazagran, situé à proximité de Mostaganem. Le poste, quoique très faible, se défendit avec une grande bravoure et donna le temps à la garnison de Mostaganem de venir le dégager. Ce poste préludait ainsi au brillant fait d'armes qui devait quelques semaines après illustrer le nom de Mazagran.

Un succès important signala dans la province d'Alger le dernier jour de l'année 1839. Le 31 décembre, toutes les forces des khalifas de Médéah et de Mélianah étaient réunies entre le camp supérieur de Blidah et la Chiffah. Le 2ᵉ léger, inaugurant alors l'éclatante renommée qu'il allait conquérir sous les ordres du colonel Changarnier, et le 1ᵉʳ chasseurs d'Afrique se précipitèrent sur l'ennemi avec impétuosité, et le mirent dans une déroute complète. Trois drapeaux, une pièce de canon et quatre cents fusils restèrent en notre pouvoir. L'ennemi laissa plus de trois cents cadavres sur le champ de bataille.

Si la fin de l'année 1839 avait été signalée par une action marquante, le commencement de 1840 devait l'être par un des plus héroïques combats de notre histoire; combat qui rappelait les souvenirs de la république et de l'empire.

Ce fut à Mazagran, du 2 au 6 février : cent vingt-trois hommes de la 10e compagnie du 1er bataillon d'infanterie légère d'Afrique, protégés par une faible muraille en pierres sèches, soutinrent pendant quatre jours les attaques incessantes de plus de douze mille Arabes : un contre cent! Privés de munitions, ils étaient décidés, plutôt que de se rendre, à mourir sous les débris du réduit qu'ils défendaient; mais devant cette héroïque résistance les Arabes se retirèrent, emmenant une partie de leurs morts et de leurs blessés, dont on porta le nombre de cinq à six cents. Du côté de la garnison, trois hommes seulement furent tués, et seize blessés.

Mais ces combats isolés n'étaient que l'annonce de la campagne que le maréchal préparait contre l'émir. Il commença par s'emparer de Cherchell (16 mars), l'ancienne Julia Cæsarea. Cette opération avait été exécutée par deux colonnes, sorties l'une de Blidah, et l'autre de Coléah ; elles parcoururent pendant deux jours le territoire des Hadjoutes, et détruisirent tous leurs établissements.

Au mois d'avril, une expédition fut résolue contre Médéah, capitale de la province de Tittery, et centre des opérations d'Abd-el-Kader. Le duc d'Orléans et son jeune frère le duc d'Aumale, arrivés récemment à Alger, devaient faire partie de cette expédition.

L'armée, qui comptait dix à douze mille hommes de différentes armes, se mit en mouvement le 25 avril. Après différentes escarmouches qui retardèrent sa marche, elle arriva le 11 mai devant le col de Mouzaïa. Le 12 mai, à quatre heures du matin, la première division, commandée par le duc d'Orléans, franchissait ce passage difficile, dont les bataillons de l'émir et un grand nombre de Kabyles garnissaient les hauteurs, défendues par des retranchements en pierres. Nos troupes abordèrent l'ennemi avec un élan irrésistible, et, malgré le feu meurtrier qu'elles eurent à essuyer, malgré le courage opiniâtre des réguliers et des Kabyles, tous les retranchements furent rapidement enlevés. Duvivier, récemment nommé maréchal de camp, les colonels de Lamoricière et Changarnier, se distinguèrent particulièrement dans cette glorieuse affaire.

Le 17, le corps expéditionnaire entra à Médéah. On y laissa une garnison de deux mille quatre cents hommes, sous les ordres du général Duvivier; le 20, l'armée reprit la route de la Métidja; elle eut à soutenir une action très vive en traversant le bois des Oliviers; l'honneur en resta au 17ᵉ léger et à son colonel, M. Bedeau, dont la belle conduite fut remarquée de toutes les troupes.

Après avoir donné quelques jours de repos à ses troupes, le maréchal Vallée entra en campagne le 5 juin, à la tête de dix mille hommes, se dirigeant sur Mélianah. Les Kabyles inquiétèrent sa route, sans en venir cependant à un engagement sérieux. Mélianah fut occupé, le 8, sans résistance. Mais la chaleur ne permettant pas de continuer les opérations dans la province de Tittery, le gouverneur ramena ses troupes dans le territoire d'Alger, après avoir châtié sévèrement les Kabyles de Mouzaïa et les Béni-Salah, qui depuis le commencement de la guerre s'étaient montrés très hostiles et avaient constamment inquiété nos convois.

Cherchell, Médéah et Mélianah occupés, le territoire des Hadjoutes balayé et l'ennemi repoussé partout où il avait tenté la résistance, tels furent les résultats matériels de cette glorieuse campagne. Abd-el-Kader essaya plusieurs fois, soit par lui-même, soit par ses lieutenants, de reprendre ces trois villes importantes : tous ses efforts échouèrent devant le courage de nos soldats. Deux fois il fallut ravitailler Mélianah, et deux fois les colonnes parties de Blidah, harcelées par les Kabyles, ne purent arriver qu'à travers mille obstacles. Le trajet de Blidah à Médéah fut moins difficile, par suite des routes construites pour tourner le col de Mouzaïa; le passage de la chaîne de l'Atlas s'opéra sans qu'aucun engagement de quelque importance arrêtât l'armée dans sa marche. Toutefois une affaire assez meurtrière eut lieu au bois des Oliviers le 29 et le 30 octobre; le camp d'Abd-el-Kader, établi sur la Chiffa, fut livré aux flammes. Le 29 novembre, une nouvelle expédition arriva sans difficulté à Médéah, et la garnison de cette ville fut approvisionnée pour six mois. Le ravitaillement de Cherchell, se faisant par mer, était le plus facile de tous.

Pendant que la guerre était allumée sur tous les points dans les provinces d'Alger, de Tittery et d'Oran, celle de Constantine continua à jouir, sauf quelques exceptions insignifiantes, d'une tranquillité que ne parvinrent à troubler ni les émissaires d'Abd-el-Kader, ni l'émir lui-même.

Du reste, la situation pendant cette année s'a-
méliora d'une manière sensible. Le tribut prélevé
sur une grande partie du pays commençait á offrir
quelques ressources; les marchés se peuplaient d'indigènes, les Arabes cultivaient les terres, et la
cause française gagnait chaque jour de nouveaux
défenseurs; près de sept mille musulmans, cavaliers
ou fantassins, s'étaient rangés sous nos drapeaux.
Les villes d'Alger, Oran et Bone, sorties de leurs
ruines, prenaient un rapide développement; la population européenne, qui s'accroissait dans une proportion croissante, atteignait, au 31 décembre 1840,
le chiffre de vingt-huit mille âmes, dont treize
mille Français, neuf mille Espagnols, six mille Italiens, Maltais ou Allemands. Du côté des Arabes,
la guerre continuait comme d'habitude, sous forme
d'escarmouches, de déprédations, de dévastations
et d'attaques contre les individus isolés et les faibles
détachements. L'émir ne défendait ni pays, ni villes,
ni camps, ni positions; il fuyait les rencontres sérieuses, les engagements décisifs, et, malgré de
fréquentes défaites, il conservait encore des forces
imposantes : il était loin de s'avouer vaincu. Le
gouvernement pensa que pour réduire un ennemi
aussi insaisissable il fallait lui faire une guerre plus
active et moins méthodique que celle dont le maréchal Vallée avait formulé le plan. Ces considérations déterminèrent le rappel de ce maréchal, et
le général Bugeaud fut nommé gouverneur général
de l'Algérie.

Le général Bugeaud arriva à Alger le 22 février 1841.

La gloire incontestable de Bugeaud sera d'avoir

compris la guerre d'Afrique mieux que ne l'avaient
fait ses prédécesseurs, et d'avoir tracé la marche à
suivre à ceux qui sont venus après lui. Reconnaissant que nous n'avions pas devant nous une véritable armée, mais la population elle-même, il en
conclut qu'il fallait pour se maintenir dans un tel
pays que nos troupes y restassent presque aussi
nombreuses en temps de paix qu'en temps de guerre;
il découvrit en même temps que les populations
qui repoussaient notre domination n'étaient pas
nomades dans le sens ordinaire de ce mot, comme
on l'avait cru longtemps, mais seulement beaucoup plus mobiles que celles d'Europe. Chacune
avait son territoire limité, d'où elle ne s'éloignait
pas sans peine et où elle était toujours obligée de
revenir. Si l'on ne pouvait occuper les maisons des
habitants, qui n'en avaient pas, on pouvait du moins
s'emparer des récoltes, prendre les troupeaux et
arrêter les personnes. Dès lors les véritables conditions de la guerre d'Afrique lui apparurent. Il ne
s'agissait plus, comme en Europe, de rassembler
de grandes armées destinées à opérer en masse
contre des armées semblables, mais de couvrir le
pays de petits corps légers qui pussent atteindre
les populations à la course, ou qui, placés près
de leur territoire, les forçassent d'y rester et d'y
vivre en paix. Il renonça d'abord à tout ce qui
encombre la marche des soldats en Europe. Il
supprima presque entièrement le canon; à la voi-
ture il substitua le chameau ou le mulet. Des
postes-magasins permirent de n'emporter avec soi
que peu ou point de vivres; nos officiers apprirent
l'arabe, étudièrent le pays, et y guidèrent les co-

lonnes sans hésitation et sans détour. Comme la rapidité faisait bien plus que le nombre, on ne composa les colonnes elles-mêmes que de soldats choisis et déjà faits à la fatigue. On obtint ainsi une rapidité de mouvements presque incroyable. Aujourd'hui nos troupes, aussi mobiles que l'Arabe armé, vont plus vite que la tribu en marche.

La mission expresse du général Bugeaud était de détruire la puissance d'Abd-el-Kader; pour cela l'effectif de l'armée fut porté à soixante-dix-huit mille hommes et treize mille cinq cents chevaux. La grande guerre à l'européenne allait cesser en Afrique. On renonçait enfin à cette ceinture de postes isolés qui ne protégeaient rien, et à cette occupation restreinte qui compromettait plus qu'elle ne garantissait notre conquête. Le général Bugeaud avait compris qu'en Algérie nous devions être partout, sous peine de n'y être en sécurité nulle part. En conséquence on commença par occuper les villes, et à mettre en pratique le système qui consiste à rayonner autour de soi en partant d'une position permanente. De cette manière l'ennemi, toujours maintenu à distance, incessamment menacé dans ses troupeaux et dans ses moissons, était forcé de se tenir constamment sur une défensive fatigante et ruineuse qui l'appauvrissait chaque jour davantage.

Avant de commencer la guerre offensive contre Abd-el-Kader, le gouverneur général fit une rapide excursion dans la province de Constantine, où il séjourna à peine quelques jours. Le duc de Nemours et le duc d'Aumale vinrent encore partager les fatigues et les dangers de l'armée.

A la fin du mois de mars, Médéah fut ravitaillé

de manière à pouvoir fournir des vivres aux colonnes qui agiraient dans le pays. Un convoi parti
de Blidah le 27 avril pénétra le 29 à Mélianah.
Le 3 mai, la colonne française revenant de Mélianah, commandée par le général Bugeaud, eut un
premier engagement très sérieux avec une grande
quantité de Kabiles. Abd-el-Kader y prit part avec
une cavalerie nombreuse et trois bataillons de réguliers. L'ennemi laissa quatre cents hommes sur le
terrain. Les réguliers de l'émir furent vivement
poursuivis, et plusieurs tribus qui s'étaient toujours
montrées hostiles furent rudement châtiées.

A son retour de Mélianah, le général Bugeaud
confia au général Baraguay-d'Hilliers le commandement de la division d'Alger, qui devait agir dans
la vallée du Chélif, pendant que lui-même dirigerait
l'expédition projetée dans la province d'Oran. Le
maréchal de camp de Bar reçut le commandement
de la ville d'Alger et de son territoire.

Le 18 mai, l'armée réunie à Mostaganem, sous
les ordres du gouverneur général, se mit en mouvement. Elle était divisée en deux colonnes, l'une
sous les ordres du général de Lamoricière, l'autre
sous le commandement du duc de Nemours. L'armée se dirigea sur Tekedempt, établissement formé
par Abd-el-Kader sur les limites du Tell, pour
s'y réfugier en cas de revers dans l'intérieur du
Tell. Après quelques engagements insignifiants, nos
troupes entrèrent dans la place le 25 mai. Le ma-
gasin, la fabrique d'armes, la scierie et d'autres
constructions élevées par l'émir étaient encore in-
tacts. Le gouverneur général donna ordre de faire
sauter le fort; tous les autres établissements furent

également détruits. Abd-el-Kader assista des hauteurs voisines à la ruine de Tekedempt, sans oser venir nous attaquer.

A partir de cette époque, une suite non interrompue de revers vint accabler le fils de Mahi-ed-Din. En quittant Tekedempt, le corps expéditionnaire se dirigea sur Mascara, entra dans la ville sans résistance, et la trouva complètement déserte. L'armée y laissa une garnison, et rentra à Mostaganem, après avoir repoussé vigoureusement l'ennemi, qui voulut attaquer notre arrière-garde au défilé d'Abd-el-Kredda. Dans le même temps, le général Baraguay-d'Hilliers, qui agissait dans le bas Chélif, contraignait l'émir à brûler ses places fortes de Bogar et Thaza, et infligeait un châtiment sévère à la tribu des Ouled-Ourah, qui nous était hostile. Ces rapides échecs, ayant ébranlé la puissance d'Abd-el-Kader, le ramenèrent à des sentiments plus doux que par le passé; beaucoup de prisonniers furent épargnés, et plusieurs échanges eurent lieu par l'intervention de Mgr Dupuch, évêque d'Alger. Ces négociations se firent en dehors de l'action du gouvernement, et dans cette circonstance la religion fit plus que nos armes victorieuses.

Nous regrettons que l'espace ne nous permette pas de reproduire ici le récit touchant de ces diverses négociations, tel qu'il a été publié dans les Annales de la propagation de la foi, par Mgr Dupuch lui-même et par M. l'abbé Suchet, son grand vicaire.

Pendant la première campagne de 1842, la guerre marcha avec une rapidité incroyable dans les provinces d'Alger et de Tittery. Les émigrations, les

alarmes continuelles, les pertes énormes occasionnées par les razzias, les femmes et les enfants enlevés ou morts de fatigue et de faim, la nécessité
de vivre pendant tout l'hiver sur les montagnes les
plus âpres, dont les sommets étaient couverts de
neige, décidèrent des soumissions multipliées, et
un grand nombre de tribus firent marcher leurs
cavaliers avec les nôtres pour combattre l'ennemi.
Malgré cette tendance générale à la paix, les opérations militaires ne manquèrent, en 1842, ni d'activité
ni d'importance.

Le 30 janvier, le général Bugeaud occupa Tlemcen.
Abd-el-Kader avait évacué cette ville la veille au soir,
emmenant, selon son habitude, toute la population à
sa suite. On y trouva une fonderie, des canons, des
boulets, des obus, essais encore imparfaits récemment tentés. Bientôt une partie des habitants de la
ville, échappés des mains de l'émir pendant la
marche, rentrèrent dans leurs maisons; ils annonçaient que les tribus étaient plus que jamais fatiguées
de la guerre, et que le nombre des partisans d'Abd-
el-Kader diminuait. Dans cette situation, le gouverneur général se détermina à occuper Tlemcen d'une
manière permanente, pour donner un point d'appui au parti de la paix parmi les Arabes, et pour
empêcher l'ennemi de rétablir une autre fois sa
puissance après le départ de la colonne expéditionnaire.

A soixante-douze kilomètres au sud de Mascara,
se trouvait le fort de Saïda, que sa position rendait
précieux à Abd-el-Kader; il lui servait à contenir
le pays de la Yacoubia, impatient de sa domination. Ce fort fut pris et rasé; le village de la Ghetna,

17

berceau de la famille de l'émir, subit le même sort, et aussitôt six tribus vinrent faire alliance avec l'armée française, à laquelle elles ont depuis constamment servi d'auxiliaires dans les attaques dirigées contre la grande tribu des Hachems.

Le fort de Sebdou, unique place de la seconde ligne qui restât encore à l'émir, situé à cinquante-deux kilomètres au sud-ouest de Tlemcen, fut enlevé par nos troupes, et quinze tribus nous firent leur soumission. Les Béni-Menaur, des environs de Cherchell, furent sévèrement châtiés. Plus de vingt tribus implorèrent l'aman du général Bugeaud. Le gouverneur se dirigea ensuite vers le Chélif; enveloppant dans un mouvement concentrique les montagnes qui servaient de refuge aux tribus insoumises, il délivra la plaine d'Alger, par cette immense razzia, des incursions des montagnards, et assura les communications entre Médéah, Mélianah et Cherchell. Le général de Lamoricière accomplissait, de son côté, une brillante expédition, et Abd-el-Kader était forcé de se rejeter de nouveau dans le désert.

Les colonnes expéditionnaires étant de retour, on les employa à des travaux plus pacifiques : on poussa la construction de la route qui lie Médéah à Blidah; on s'occupa d'un fossé d'enceinte de la Métidja. En même temps on réglait les différents effectifs des *magzems* ou contingents fournis par nos alliés.

Le mois de septembre s'ouvrit par une grande concentration de troupes à Mascara et à Mostaganem; il s'agissait de porter un coup décisif à Abd-el-Kader, qui avait encore obtenu la défection de quelques tribus. Mais, ayant reconnu le cercle dans lequel on voulait l'enfermer, l'émir se jeta dans les défilés du petit Atlas, et se dirigea vers le désert sur Tuggurt.

L'hiver était arrivé; mais Abd-el-Kader s'était établi dans les montagnes de l'Ouarensenis, d'où il dominait tout le pays entre le Chélif et la Mina; une campagne d'hiver fut organisée. Le résultat des opérations répondit parfaitement à l'attente du général en chef, et en vingt-deux jours presque toute la chaîne de l'Ouarensenis jusqu'à l'Oued-Ribou, toute la vallée du Chélif, plusieurs tribus entières et la plus grande partie de celle des Flissas, se trouvèrent soumises. Le général Changarnier dirigea ensuite une expédition contre les populations qui environnent Ténès, où nous n'avions pas encore porté nos armes.

A la fin de l'année 1842, voici quelle était la situation de l'Algérie.

Tout le pays était soumis et organisé depuis le Jurjura jusqu'à la frontière du Maroc. Les villes du littoral, relevées comme celles de l'intérieur, s'environnaient alors de villages presque aussitôt peuplés que construits; on essayait tous les moyens pour favoriser la colonisation; des casernes, des hôpitaux, des magasins, des églises, des écoles, des marchés, des fontaines, des édifices publics et privés surgissaient sur tous les points. Des chambres de commerce, des entrepôts réels s'ouvraient sur nos ports aux marchandises étrangères; des phares éclairaient tous les ports; des routes nouvelles rayonnaient sur le sol, toutes couvertes de soldats, de marchands, même de voyageurs isolés circulant avec

sécurité; des ponts étaient jetés sur l'Isser, le Rio-
Salado et la Mina; on commençait même à exploi-
ter ces vastes forêts dont l'existence avait été si
longtemps contestée. L'industrie, le commerce, la
culture, s'accroissaient en proportion de la population, qui de vingt-huit mille âmes, en 1838, était
montée à quarante-quatre mille cinq cent trente et
un. Les grains, les bestiaux, les huiles, cires, laines,
fruits, légumes et volailles qui nous étaient fournis
pendant la guerre par le commerce maritime, et à
des prix excessifs, nous furent alors vendus à meilleur compte par les indigènes, et les colons virent
enfin cesser leurs privations. Tels furent les résultats politiques et administratifs qui signalèrent à l'admiration et à la reconnaissance de la France le gouvernement de l'Algérie à la fin de cette campagne.

Cependant Abd-el-Kader, toujours infatigable, et
ne se tenant pas pour vaincu, habile à tourner à son
profit ce qu'il y avait de peu sincère dans la soumission des Béni-Menaur et de quelques tribus voisines,
reparut au mois de janvier 1843 dans la vallée du
Chélif, et parvint à recruter trois mille Kabyles. Au
mois d'avril, l'insurrection s'étendait jusqu'aux portes
de Cherchell; tout le Dahra, sauf la grande tribu des
Béni-Zérouels, subissait encore l'influence de l'émir,
ainsi que les tribus riveraines du Chélif et celles de
l'Ouarensenis. Une vigoureuse offensive pouvait seule
ramener ces populations au calme et à l'obéissance;
aussi le gouverneur général résolut-il d'étouffer sur-
le-champ dans leurs germes ces nouveaux symptômes
de désordre et de rébellion.

La marche simultanée de trois colonnes françaises,
dont l'une, dirigée par le gouverneur en personne,

pénétra au cœur des tribus insurgées et brûla la ville d'Haïnda, fit promptement échouer les projets de l'émir. Pendant ce temps le général Changarnier, commandant la seconde colonne, créait les postes provisoires de Teniet-el-Haad et de l'Oued-Rouina, et ses bataillons, avant de pénétrer dans la chaîne orientale de l'Ouarensenis, exécutaient chez les Béni-Férebls une manœuvre qui les rendait maîtres d'un riche butin ; ils parcouraient le pays en tout sens, incendiant les douars, coupant les arbres fruitiers, détruisant les moissons, et réussissant par ces moyens extrêmes à soumettre enfin les montagnards terrifiés. D'un autre côté, le duc d'Aumale, dirigeant la troisième colonne, s'empara, du côté de Boghar, du trésor de Ben-Allal-Ould-Sidi-M'barek, dont la majeure partie fut distribuée aux troupes alliées. Le général Bugeaud, dans cette expédition, jeta les bases des établissements permanents d'Orléansville sur le Chélif central, de Ténès sur le littoral entre Mostaganem et Cherchell, et de Tiaret sur les confins du désert. Une razzia énergique poussée sur les Sbeih lui livra deux mille prisonniers, quinze mille têtes de bétail et un immense butin. Mais de toutes ces opérations, exécutées avec audace et habileté, aucune n'eut un résultat aussi important et un aussi grand retentissement que la prise de la smalah d'Abd-el-Kader.

La smalah était une population nomade composée de la famille de l'émir et de celles des principaux personnages attachés à sa fortune. Cette réunion, grossie d'un grand nombre d'émigrés appartenant à toutes les tribus de l'Ouest, et particulièrement aux Hachems, renfermait de douze à quinze mille personnes. Elle était protégée par quelques centaines de fantassins réguliers. Cette agrégation essentiellement ambulante s'enfonçait tantôt vers le·sud, tantôt revenait vers le Tell, selon les circonstances de la guerre : elle représentait le foyer et le centre des forces d'Abd-el-Kader, et était devenue en quelque sorte la capitale de sa puissance nomade. La tâche de poursuivre et d'enlever la smalah fut confiée au duc d'Aumale.

Le jeune prince partit le 9 mai de Boghar, où il avait réuni sa colonne et organisé son convoi d'approvisionnements. Il emmenait dix-huit cents fantassins et cinq cents cavaliers, dont deux cents Français seulement (chasseurs d'Afrique), et trois cents spahis. Après une marche forcée de plusieurs jours, on apprit le 15, que la smalah était campée sur les sources du Tanguin. La cavalerie prit immédiatement la poursuite, et, après trente heures de marche, elle se trouva, le 16 à dix heures du matin, en présence de la smalah, dont les tentes, au nombre de plus de quatre mille, couvraient un espace immense ; on pouvait évaluer les forces des défenseurs à deux mille cavaliers environ et trois mille fantassins, en dehors du petit bataillon de réguliers. Notre cavalerie n'avait que cinq cents chevaux, et l'infanterie ne devait arriver que plusieurs heures après sur le champ de bataille. La circonstance était critique. Attendre l'infanterie, c'était donner à l'ennemi le temps de plier ses tentes et d'organiser une vigoureuse résistance. La prudence conseillait d'être hardi et de se précipiter au milieu des tentes, malgré l'infériorité du nombre, de jeter le trouble dans cette population mêlée et de triompher par surprise. Ce parti fut adopté, et le succès le plus complet en fut le résultat. Le trésor d'Abd-el-Kader, sa correspondance, quatre drapeaux, un canon, des armes de toute espèce, un butin immense, des troupeaux innombrables, les familles des lieutenants les plus illustres de l'émir, tombèrent entre nos mains. Sa mère et sa femme faillirent elles-mêmes subir le même sort.

Quelques jours après, l'émir fut rejoint par les généraux de Lamoricière, Mustapha-Ben-Ismaïl et le colonel Géry; deux mille cinq cents Hachems et leurs troupeaux devinrent notre proie, et le brillant succès du duc d'Aumale fut ainsi complété. Mais une catastrophe inattendue vint troubler la joie de l'armée. Notre fidèle allié, le général Mustapha, fut tué dans un guet-apens en traversant la forêt des Cheurfas. Ses cavaliers, chargés de butin, se voyant attaqués, songèrent plutôt à fuir qu'à défendre leur chef, qui périt les armes à la main. Les Cheurfas portèrent sa tête à Abd-el-Kader comme un trophée.

Les débris de la smalah errèrent pendant quelque temps encore dans le sud, puis se dirigèrent vers le Maroc. Cette réunion, reconstituée sur des bases moins importantes, prit le nom de *deïra*.

Pour protéger la retraite des siens et recueillir quelques-uns des fugitifs, Abd-el-Kader se tenait au sud de Mascara avec cinq cents cavaliers réguliers et six cents fantassins environ. Le colonel Géry, instruit de sa présence dans le voisinage de Mascara, se dirige à sa rencontre par une marche de nuit, qui n'est trahie par aucun des habitants de la contrée, et, chargeant sur lui à l'improviste, renverse son camp tout entier. Dans le butin, on trouva les éperons et la selle de l'émir, qui ne s'était sauvé que par miracle sur le cheval d'un de ses khiaias.

Le général Bedeau et le colonel Tempoure n'étaient

pas restés inactifs dans cette brillante campagne. La colonne de Tlemcen avait aussi sa part de fatigues et de glorieuses actions, tant à l'ouest qu'à l'est du pays, des Djaffras; enfin la division de Constantine, bien que sur un théâtre tout à fait indépendant de l'influence d'Abd-el-Kader, n'en rivalisait pas moins d'énergie avec celles d'Oran et d'Alger. A peine investi du commandement de la province, le général Baraguay-d'Hilliers avait concentré ses principales forces dans le grand triangle, entre Bone, Philippeville et Constantine, où, à très peu d'exceptions près, on n'avait jamais reconnu l'autorité de la France : par des combats meurtriers et des courses incessantes, il parvint à soumettre toutes les montagnes de Collo à la frontière de Tunis, força l'Edhoug à nous obéir, et renversa ainsi le seul pouvoir qui dans l'Est ne fût pas encore subjugué.

Un événement militaire de la plus haute importance marqua la fin de l'année 1843 dans la province d'Oran. Le 11 novembre, une colonne partie de Mascara, sous les ordres du colonel Tempoure, atteignit le camp du khalifa Ben-Allal-Ould-Sidi-M'barek, qui renfermait le reste de l'infanterie régulière de l'émir. Ce corps fut complètement anéanti; les cavaliers les mieux montés purent seuls échapper, plus de quatre cents morts restèrent sur la place; les drapeaux de trois bataillons, trois cent soixante prisonniers, toutes les armes, les bagages, les bêtes de somme restèrent en notre pouvoir. Ben-Allal lui-même fut tué dans le combat : il était le premier lieutenant d'Abd-el-Kader, et exerçait une très grande influence sur les populations arabes de Mélianah, de la Métidja, du Sébaou et de Médéah. Ce combat trancha définitivement la

question de guerre. Dans les tribus de l'intérieur,
nous devînmes définitivement les véritables possesseurs du pays ; et ceux qui nous combattirent désormais n'étaient plus des ennemis, mais des sujets en
rébellion, toujours facilement ramenés à l'obéissance.
L'émir fut rejeté dans le Maroc. Il avait encore un
de ses lieutenants à Biskara, dans la province de
Constantine ; mais il n'existait plus aucun rapport
régulier entre ce chef et son maître.

La campagne de 1843, dirigée avec autant d'habileté que de courage et de persévérance, donna, comme
on le voit, d'immenses résultats. Sur tous les points,
les grands intérêts de la colonisation obtinrent sécurité et protection ; l'agriculture, le commerce, l'industrie, se développèrent rapidement dans nos principaux
centres de population, qui, tous ensemble, formaient
à la fin de cette année un total de soixante-cinq mille
habitants, tandis qu'à la fin de 1842 ce total n'était,
comme nous l'avons vu, que de quarante-quatre mille
cinq cent trente et un.

CHAPITRE VII

Le général Bugeaud nommé maréchal de France. — Le duc d'Aumale gouverneur de la province de Constantine. — Situation d'Abd-el-Kader et de la deïra. — Le maréchal gouverneur s'occupe des travaux de la colonisation. — Expédition sur Biskara ou Biskra. — Résultats de cette campagne. — Les émissaires d'Abd-el-Kader. — Soulèvement des Flissas. — Leur châtiment. — Abd-el-Kader cherche à reconstruire sa puissance dans le Riff, province du Maroc. — Plaintes du gouvernement français à l'empereur du Maroc. — Réponse de ce souverain. — Violation du territoire français par les troupes marocaines. — Le maréchal gouverneur franchit la frontière du Maroc. — Bataille d'Isly. — Défaite de l'armée marocaine. — Expéditions maritimes sur les côtes du Maroc. — Bombardement de Tanger et de Mogador par le prince de Joinville. — Traité de paix avec le Maroc. — Influence de cette campagne sur la tranquillité de l'Algérie. — Voyage du maréchal en France. — Menées d'Abd-el-Kader pendant l'absence du maréchal. — Fermentation dans les tribus. — Nouveau plan d'Abd-el-Kader. — Explosion de l'insurrection dans les montagnes du Dahra et de l'Ouarensenis. — Apparition d'un nouvel imposteur nommé Bou-Maza. — Défaite et fuite de Bou-Maza. — Regrettable épisode de cette guerre. — Bou-Maza essaye de reprendre son rôle. — Il est battu par le commandant Maurelon. — Prise de son khalifa Ben-Aïcha. — Nouvelle insurrection. — Guet-apens de Sidi-Ibrahim. — Massacre de 450 de nos soldats.— Retour du maréchal Bugeaud, duc d'Isly, en Afrique. — Opérations des généraux de Lamoricière et Changarnier dans la province d'Oran. — Abd-el-Kader rentre dans l'Algérie. — Le maréchal gouverneur le force de retourner au désert. — Nouvelle invasion d'Abd-el-Kader. — Il s'enfuit encore devant le maréchal. — Il revient chez les Flissas. — Il en est immédiatement chassé. — Changement de face dans la lutte. — Vigoureuse offensive du maréchal gouverneur.— Le général Cavaignac force la deïra d'Abd-el-Kader de quitter notre frontière et de s'interner dans le Maroc. — Massacre de 300 prisonniers français à la deïra. — Effets de l'insurrection de 1845-46. —

Bou-Maza se rend prisonnier. — Soumission de Ben-Salem, khalifa
d'Abd-el-Kader; — de Ben-Kassem-Oukassi, et d'autres chefs. — Expédition contre la grande Kabylie. — Son succès. — Le maréchal
Bugeaud donne sa démission.

Au commencement de l'année 1844, le général
Bugeaud fut nommé maréchal de France. Le duc
d'Aumale reçut le commandement de la province de
Constantine, et MM. de Lamoricière et Chargarnier
furent promus au grade de lieutenants généraux.

L'ex-émir, car on le désigna ainsi dès lors, paraissait tout à fait impuissant à troubler la paix. Au mois
de janvier 1844, il campait, avec trois cents chevaux,
dernier débris de son armée, à une journée au sud
d'Ouchda; sa deïra occupait une vallée au delà du
Chot-el-Gharbi; puis elle vint à Bouka-Cheba, sur
l'extrême frontière. Son dénuement était affreux; les
maladies, la lassitude, la faim, la misère, éclaircis-
saient encore chaque jour les rangs de ses fidèles. A
chaque marche nouvelle, la deïra marquait son passage
par un nouveau cimetière.

Le gouverneur général mit à profit cette situation
favorable pour activer les travaux de colonisation.
Dans la province d'Alger, un système de rayonne-
ment, comprenant la Métidja, le Sahel et le revers
septentrional de l'Atlas, était en pleine voie de prospérité. Des routes étaient tracées, des ponts reliaient
entre elles les rives jusque-là séparées des cours d'eau.
Enfin des villages nombreux s'élevaient comme par
enchantement.

Cependant le khalifa d'Abd-el-Kader, dont nous
avons parlé à la fin du précédent chapitre, occupait
toujours Biskara, ville d'entrepôt pour les caravanes

du désert, et capitale du Zab, réunion de petits villages sur la frontière du Sahara algérien. Une colonne
expéditionnaire, sous les ordres du duc d'Aumale,
prit possession de cette place; après y avoir laissé
une faible garnison composée d'indigènes et de quelques Français, elle se porta rapidement sur tous les
points occupés par Ahmed, l'ancien bey de Constantine, et faillit même le faire prisonnier. Les résultats
de cette campagne, qui dura jusqu'au 4 juin, et dont
les détails nous entraîneraient trop loin, furent l'occupation permanente de Batna et de Biskara, l'organisation des tribus du Sahara, du Bélezma et de la
Houdna. Cette partie de la province de Constantine
ne donna plus par la suite aucun sujet d'inquiétude.

Abd-el-Kader n'avait pas reparu; mais ses émissaires agissaient pour lui; l'un d'eux, Ben-Salem, qui
avait une grande influence sur les tribus kabyles de
l'Est, soulevait les Flissas. Le maréchal leur livra
combat à Ouarezzivin. L'ennemi laissa plus de mille
morts. Une quarantaine de villages furent incendiés.
Ben-Zamoun, leur chef, fit sa soumission.

Le général Marey-Monge obtenait, sur un autre
point de la province, un résultat également important, la soumission du marabout Tedjini, rival d'Abd-
el-Kader.

Le maréchal Bugeaud apprit enfin qu'Abd-el-Kader
s'était réfugié sur le territoire de la province du Riff
dans le Maroc, où il cherchait à reconstruire le noyau
de sa puissance. Le gouvernement français se plaignit
à l'empereur Abd-er-Rhaman, qui déclara que son
autorité était à peine reconnue chez les Riffains, et
qu'il ne pouvait obtempérer à la demande de la
France. En même temps il nommait Abd-el-Kader

son khalifa de la province du Riff. Cette nouvelle
dignité exalta l'ambition d'Abd-el-Kader, qui se flat-
tait de devenir bientôt plus puissant que jamais. Pour
préparer les voies à ses projets, il excitait par tous
les moyens possibles les populations marocaines contre
nous, et par son influence soulevait entre la France et
le Maroc une question de frontière qui amena les
troupes d'Abd-er-Rhaman à Ouchda, en face du camp
et du fort français de Lalla-Maghrnia. Le territoire
français fut violé. Le général de Lamoricière repoussa l'attaque avec un grand succès. Les hostilités
étaient donc ouvertes. Des renforts arrivaient de
France. Le maréchal gouverneur prit le commandement supérieur. Après un engagement sans conséquence à Mouïla, le maréchal posa un *ultimatum* qui
resta sans réponse; le 19, il franchit la frontière du
Maroc et entra à Ouchda sans coup férir; les troupes
marocaines s'étaient retirées dans le plus grand désordre.

Le gouvernement français comprit la nécessité de
joindre aux opérations militaires sur les frontières du
Maroc une expédition maritime sur les côtes de l'empire. Une division navale fut réunie, et le commandement en fut donné au prince de Joinville. Aussitôt
Tanger fut bombardé, tous ses forts démantelés et
ruinés.

Cependant les sévères leçons données aux Marocains ne paraissaient devoir porter aucun fruit. De
nouvelles levées en masse s'effectuaient à Fez et dans
les environs. Les négociations entamées furent rompues, et le fils de l'empereur vint lui-même, avec une
vingtaine de mille hommes, prendre le commandement des troupes rassemblées sur la frontière. Le

gouverneur général résolut alors de prendre l'initiative, redoutant les suites de toute lenteur qui pourrait donner aux tribus de la province d'Oran le temps de se déclarer contre nous. En conséquence, le 13 août, à trois heures après midi, nos troupes se mirent en mouvement, en simulant un grand fourrage; le 14, à deux heures du matin, elles se remirent en marche. A huit heures, on aperçut les camps marocains qui couvraient plus de quatre kilomètres sur la rive droite de l'Isly. L'ennemi tenta de nous disputer le passage de la rivière; il fut repoussé par les tirailleurs d'infanterie. A peine notre armée avait pris son ordre de combat sur la rive opposée, qu'elle fut assaillie sur ses deux flancs et sur ses derrières par des masses considérables de cavalerie. Mais partout l'attaque échoua contre la solidité de notre infanterie; bientôt notre artillerie mit le désordre dans ces bandes confuses, qui se retirèrent devant nous. La colonne française, voyant l'effort de l'ennemi brisé sur ses flancs, continua sa marche en avant, et, après une légère résistance, enleva la butte où le fils de l'empereur s'était établi dès le commencement du combat. Alors le maréchal se dirigea contre les camps. Notre brave cavalerie se montra digne de sa renommée; elle enleva, dans une charge vigoureuse, la batterie qui défendait les tentes du fils de l'empereur. Les canonniers furent sabrés sur leurs pièces, et un immense butin tomba en notre pouvoir. Les Marocains, vivement poursuivis, se dispersèrent dans toutes les directions, et nous restâmes maîtres du champ de bataille. Onze pièces de canon, seize drapeaux, près de douze cents tentes, y compris celle du fils de l'empereur, et son parasol de commandement, restèrent en notre pouvoir. Cette

K. Girardet del.

Karazol sc.

Prise de Constantine

victoire signalée valut au maréchal Bugeaud le titre de duc d'Isly.

Le soir du même jour, et sans qu'il eût été possible à la flotte de se concerter avec l'armée de terre, le prince de Joinville bombardait Mogador, et le lendemain les fortifications de cette place n'offraient qu'un monceau de ruines.

L'orgueil du Maroc était humilié, et ses populations fanatiques commençaient à comprendre la nécessité de faire la paix. Elle fut accordée aux conditions suivantes : les rassemblements extraordinaires de troupes marocaines formés sur notre frontière et dans les environs d'Ouchda seraient immédiatement dissous; un châtiment exemplaire serait infligé aux auteurs des agressions commises sur notre territoire; Abd-el-Kader serait expulsé du territoire marocain ou interné, et ne recevrait plus désormais des populations soumises à l'empereur ni secours ni appui d'aucun genre. Une délimitation complète et régulière des frontières serait arrêtée et convenue.

L'issue favorable de la campagne contre le Maroc exerça la plus salutaire influence sur la tranquillité de toute l'Algérie. Cette tranquillité parut au gouverneur général si bien assurée, qu'il crut pouvoir en profiter pour aller se reposer quelque temps en France, après un séjour de quatre ans en Afrique, si laborieusement et si glorieusement employés. Il partit le 16 novembre, en laissant le gouvernement par intérim de l'Algérie au général de Lamoricière.

La clause du traité de Tanger par laquelle l'empereur du Maroc s'obligeait à expulser ou à interner Abd-el-Kader ne fut pas exécutée. Notre dangereux ennemi resta longtemps campé sur la rive gauche de la Malouïa, dans la partie du territoire du Maroc la plus voisine de nos possessions. De là il envoyait des émissaires pour prêcher la révolte ; il faisait circuler des lettres nombreuses dans lesquelles il annonçait aux tribus que l'empereur du Maroc devait bientôt se joindre à lui, pour nous attaquer par le sud et par l'ouest. Ces sourdes menées, encouragées par l'absence du gouverneur général, ne tardèrent pas à porter un coup funeste à la tranquillité du pays. Une tentative exécutée par une bande de fanatiques contre le camp de Sidi-Bel-Abbès fut le signal d'une lutte nouvelle. La fermentation devint bientôt générale. La tribu des Béni-Amer nous abandonna la première, et il fallut adopter des mesures de surveillance et de répression très vigoureuses pour arrêter la défection d'un grand nombre de tribus qui voulaient émigrer afin de se joindre à Abd-el-Kader dans le Maroc. En effet, Abd-el-Kader avait formé un nouveau plan. Se voyant entouré des sympathies les plus vives de la part des populations marocaines, au point que les agents de l'empereur envoyés pour exécuter le traité de Tanger durent renoncer à l'expulser du Tell, il songea à faire venir auprès de lui le plus grand nombre qu'il pourrait de ses partisans de l'Algérie, et avec leur aide il fonderait un nouvel État, ou peut-être même pourrait-il bien s'élever jusqu'au trône d'Ad-er-Rhaman. Car les rêves de l'ambition n'ont pas de bornes, et d'ailleurs celui que faisait Abd-el-Kader était entretenu par les témoignages de sympathie qu'il recevait de tous les points de l'empire, témoignages accompagnés de secours et de subsides de toute nature. Plus tard, comme nous le verrons, ces prétentions vraies ou supposées d'Abd-el-Kader excitèrent la jalousie et la défiance de l'empereur, qui voulut enfin se défaire d'un compétiteur dangereux.

En attendant, les émissaires d'Abd-el-Kader parcouraient sans cesse l'Algérie, au moyen des ramifications nombreuses qui existent dans les tribus, parmi les membres des confréries religieuses; ils entretenaient le fanatisme, et cherchaient à persuader aux tribus d'émigrer, de fuir un sol souillé par la présence des infidèles, et de venir grossir le peuple nouveau que l'émir réunissait dans le Maroc.

Ces prédications exaltèrent partout les esprits, et l'insurrection, un moment comprimée dans l'Ouest, fit tout à coup explosion dans les montagnes du Dahra et de l'Ouarensenis. Ici l'instigateur de la révolte se présenta non en partisan, mais en compétiteur d'Abd-el-Kader. Il s'annonçait comme issu de la famille du Prophète, et envoyé de Dieu pour expulser les chrétiens de l'Algérie. Il prit le nom de Mohammed-ben-Abdallah, annoncé par les prophéties; mais il n'est connu que par le sobriquet de Bou-Maza (*le Père de la chèvre,* ou *l'homme à la chèvre*), par lequel les populations le désignèrent. Il obtint d'abord quelques succès sur de faibles détachements isolés; il n'en fallut pas davantage pour lui attirer un grand nombre de partisans. Aux yeux de beaucoup d'Arabes, le rôle d'Abd-el-Kader était fini; la fortune avait prononcé contre lui; il avait été vaincu, et depuis longtemps aucun succès n'avait relevé le prestige de son nom; tandis que Bou-Maza venait de tenir en échec les forces françaises. Mais Bou-Maza n'avait ni les talents ni la capacité de son rival, et il ne devait pas soutenir longtemps le prestige du rôle qu'il avait adopté.

18

Battu par une colonne française, il se vit bientôt forcé de fuir de tribu en tribu, essayant, mais en vain, de soulever encore sur son passage les fanatiques et crédules habitants du Sahara. C'est alors qu'eut lieu un regrettable épisode de cette guerre, épisode qui eut le plus fâcheux retentissement. Une partie des populations rebelles des Ouled-Riah avait cherché un refuge dans des grottes profondes et inexpugnables. On les somma vainement de se rendre en leur promettant la vie sauve. Elles repoussèrent toutes nos propositions, et accueillirent même nos parlementaires à coups de fusil. Alors, pour les obliger à quitter leurs retraites, on jeta des fascines enflammées à l'entrée des grottes, et tout ce qui s'y trouvait fut étouffé. Dans cette triste journée (20 juin) périrent à peu près cinq cent trente Arabes. Ce châtiment terrible, désavoué par nos mœurs, et qui n'avait pas été calculé par le chef des troupes françaises, frappa d'épouvante toutes les tribus, et mit fin à la résistance du Dahra. Sur un autre point, Abd-el-Kader, encouragé par la nouvelle prise d'armes, repassait sur notre territoire, mais rentrait presque immédiatement sur le sol marocain. Dans la province de Constantine, le général Bedeau, qui avait remplacé le duc d'Aumale, obtenait la soumission des montagnards de l'Aurès et leur faisait payer des impôts de guerre.

Bou-Maza errait toujours avec un petit nombre de partisans, tantôt dans les montagnes de la rive droite du Chélif, tantôt dans celles de la rive gauche, lorsque la trahison d'une fraction des Ouled-Sbéah, qui massacrèrent notre agha du Sandjeh et sa suite, lui fournirent l'occasion d'essayer de reprendre son rôle politique. Il vint se placer au milieu de la population coupable pour la diriger dans sa défense contre nous, et s'en faire un levier avec lequel il pût soulever de nouveau le pays. Mais il se fit battre dans les douars des Sbéah par le chef de bataillon Maurelon, du 1er régiment de la légion étrangère ; et, quelques jours après, son khalifa Mohammed-ben-Aïcha, ancien porte-drapeau d'Abd-el-Kader, fut pris et tué par notre agha Ghobrini. Cette capture importante fit une grande sensation parmi les tribus, sur lesquelles Ben-Aïcha avait plus d'influence que Bou-Maza lui-même.

Ce dernier fait d'armes fut suivi d'une tranquillité plus apparente que réelle ; car bientôt une insurrection nouvelle et plus terrible vint montrer sur quel fond peu solide reposait la sécurité générale.

Déjà, depuis quelques jours, l'effervescence qui accompagne toujours chez les musulmans le mois de ramazan se faisait sentir dans nos rapports avec certaines populations éloignées du centre. Quelques révoltes partielles avaient été aussitôt étouffées que nées ; mais ce n'était que le prélude du guet-apens qu'on nous préparait.

Le 21 septembre, un chef indigène, Muley-Cheik, qui jusqu'alors s'était montré très dévoué à la France, vint prévenir le lieutenant-colonel de Montagnac, commandant le camp de Djemmâ-Ghazouat, petit port sur la frontière du Maroc, que deux cents hommes commandés par Abd-el-Kader allaient venir pour enlever un douar voisin. M. de Montagnac partit avec trois compagnies du 8e bataillon de chasseurs d'Orléans, commandées par M. Froment-Coste, et soixante hussards du 2ᵉ, commandés par le chef d'escadrons Courby de Cognor.

Le 22 au matin, la colonne marchait sans défiance, un peloton de hussards à l'avant-garde, la compagnie de carabiniers à l'arrière-garde, le reste des troupes au centre, lorsque tout à coup, près de déboucher du ravin qui mène dans la plaine, elle se trouva enveloppée par des forces dix fois supérieures, qui l'assaillirent avec fureur. Après une défense acharnée, tous les officiers furent tués, ou pris avec des blessures qui les mettaient hors de combat. Quatre cent cinquante hommes furent ainsi massacrés, ou tombèrent, couverts de blessures, au pouvoir des Arabes. Quatre-vingts hommes avaient été laissés dans le marabout de Sidi-Ibrahim; ils s'y retranchèrent, et ne tardèrent pas à être attaqués à leur tour après la destruction de la première troupe. Pendant quarante-huit heures cette poignée de braves, sans eau, sans vivres, résista à toutes les attaques des Arabes. Pressés par la faim et surtout par la soif, voyant leurs munitions s'épuiser, ils prirent la résolution de se faire jour à travers l'ennemi pour regagner Djemmâ-Ghazouat. Parvenue, après des efforts prodigieux, à quatre kilomètres environ du camp, cette petite troupe dut traverser un ravin rempli de Kabyles. Les forces de nos soldats étaient épuisées. Le seul officier qui restait pour les commander, le capitaine de Géraux, fut tué; les ennemis se ruèrent sur eux et les massacrèrent, à l'exception de quatorze qui parvinrent à gagner le camp : quatre de ces derniers moururent de leurs blessures.

À la nouvelle de ce malheur, l'émotion publique fut grande en France. Le gouverneur général, qui s'y trouvait encore, reçut l'ordre de partir immédiatement pour l'Algérie. Abd-el-Kader, après la funeste journée du 22 septembre, avait fait irruption vers l'Est; il passa la Tafna, et parvint, sans rencontrer d'obstacles, jusqu'à quarante-huit kilomètres d'Oran. Déjà même ses agents commençaient à entraîner les Douaïrs jusque-là si fidèles, lorsque le directeur des affaires de la division d'Oran arrêta la marche de l'émigration par son énergie.

Dès que ces nouvelles parvinrent à Alger, le général de Lamoricière, sans attendre le retour du maréchal gouverneur, se rendit en toute hâte dans la province d'Oran avec des renforts. Le 2 octobre, il partit d'Oran pour aller se réunir au général Cavaignac à Tlemcen. Toutes les populations avaient été enlevées du pays par l'ennemi, et s'étaient dirigées vers la déïra dans le Maroc. Le général Cavaignac s'était porté à Bab-Taza avec dix-huit cents hommes pour s'opposer à ces émigrations; mais il ne put empêcher qu'un petit nombre de fugitifs de gagner la frontière. Le 8 octobre, le général de Lamoricière rejoignit Cavaignac avec cinq mille cinq cents hommes; nos troupes étaient impatientes d'en venir aux mains pour venger le guet-apens de Sidi-Ibrahim. Ils joignirent enfin l'ennemi dans les montagnes des Traras; mais Abd-el-Kader esquiva le combat, et s'enfuit avec ses cavaliers au delà de la frontière, laissant écraser les insurgés, qui le poursuivaient de leurs malédictions.

Lorsque le maréchal Bugeaud arriva à Alger, il trouva le rôle agressif d'Abd-el-Kader déjà réduit à une position défensive. Néanmoins il se mit en campagne avec sept bataillons, quatre escadrons, une batterie de montagne et un détachement de sapeurs du génie, en tout quatre mille hommes.

La pointe faite par Abd-el-Kader sur le Maroc après les victoires du général de Lamoricière n'était qu'une ruse nouvelle. Après avoir traversé la Tafna et l'Oued-Mouïlah, il passa par Brigdi, entre Lalla-Maghrnia et Tlemcen, contourna cette ville par le sud, et prit enfin la direction de Sidi-Bel-Abbès et de Mascara. Il fallut lui abandonner toute la partie excentrique de la province d'Oran, et tous les efforts des généraux de Lamoricière et Cavaignac durent se borner à préserver d'incursions et à maintenir dans le devoir la contrée d'Oran à Mostaganem, ainsi que celle du Chélif, d'Orléansville à Mélianah, pour que le trouble ne s'étendît pas jusque dans la plaine d'Oran et la Métidja d'Alger.

A la suite des mouvements opérés par le maréchal gouverneur, le général Jousouf et le colonel de Saint-Arnaud forcèrent Abd-el-Kader de retourner au désert. Il en sortit bientôt et vint menacer la province de Tittery. Son intention était d'inquiéter le centre de nos possessions, de pénétrer, en arrière de Mélianah et de Médéah, jusque dans la province d'Alger, et d'y exécuter une invasion soudaine et rapide, non pas sans doute dans l'espoir de s'y maintenir, mais en vue de frapper un coup qui ébranlerait notre domination, et ranimerait encore pour longtemps les espérances des Arabes.

Mais il se vit bientôt arrêté dans sa marche par l'arrivée du maréchal Bugeaud sur le territoire de la puissante tribu des Ouled-Naïls, chez lesquels il avait trouvé un refuge. Sur un autre point, le chérif Bou-Maza, s'étant avancé jusqu'à Tadjena pour paralyser l'effet de nos succès, fut contraint de disparaître devant le lieutenant-colonel Canrobert.

Tout à coup Abd-el-Kader renonça à son plan d'invasion de l'Est dans la direction du cercle de Sétif. Il remonta rapidement vers le nord-ouest; puis, tournant le Djebel-Dira, il traversa la plaine d'Hamza, et prit position sur le versant occidental du Jurjura, chez les Flissas, tribu kabyle du cercle de Dellys, à cent vingt kilomètres seulement d'Alger. De là il menaçait de franchir l'Isser et d'exécuter une subite incursion dans la Métidja. Son khalifa, Ben-Salem, l'avait précédé sur l'Isser avec des contingents nombreux des Kabyles du Jurjura. Mais le général Gentil, établi sur l'Oued-Corso, n'eut pas plus tôt appris la marche en avant du lieutenant d'Abd-el-Kader, qu'il le surprit, le 7 février 1846, dans son camp, lui tua beaucoup de monde, et prit position à Djar-Djouhala, sur la rive droite de l'Isser. Abd-el-Kader lui-même assistait à ce combat. Le 16, le général Gentil opéra sa jonction avec la colonne du maréchal gouverneur.

Le 17, le maréchal envahit les montagnes des Flissas insoumis; il les balaya facilement; mais il ne put atteindre la colonne de l'ex-émir, qui, suivant sa tactique ordinaire, avait abandonné ses alliés, et profitait de l'insurrection qu'il avait excitée pour couvrir sa retraite.

De ce jour, la lutte eut une autre face, et les rôles se trouvèrent changés. A son tour, le maréchal Bugeaud prit une vigoureuse offensive; ses colonnes mobiles pénétrèrent profondément dans le Sud, et le sillonnèrent en tous sens. Les tribus rebelles passèrent de nouveau sous notre drapeau, et celles qui avaient émigré du Tell demandèrent à revenir sur leur territoire. Dans les premiers jours d'avril, l'ex-émir ne trouvant plus aucun appui, suivi seulement d'une poignée de cavaliers montés sur des chevaux exténués, se jeta vers l'ouest du désert. Dans le même temps, les derniers foyers de l'insurrection du Tell étaient vivement attaqués dans le Dahra et dans l'Ouarensenis. L'action de nos troupes y fut puissamment secondée par l'influence morale des désastres que l'émir avait essuyés dans le désert. La soumission complète de ces contrées s'obtint presque sans coup férir.

Cependant la deïra d'Abd-el-Kader était toujours campée sur la frontière marocaine près de la Malouïah. Le général Cavaignac franchit la frontière, et força le khalifa d'Abd-el-Kader, Bou-Hamdi, à lever son camp et à se diriger dans l'intérieur. L'empereur du Maroc lui-même avait aidé à ce succès par des manifestations armées. Une affreuse nouvelle vint tout à coup troubler la joie causée par les derniers événements. Réduit avec sa deïra à la misère la plus profonde, et voulant d'ailleurs compromettre davantage les tribus qui l'avaient suivi dans sa défaite, Abd-el-Kader avait ordonné le massacre de trois cents Français faits prisonniers pendant la dernière campagne. Onze seulement furent épargnés; c'étaient la plupart des officiers, et entre autres M. Courby de Cognor, chef d'escadrons du 2e hussards. Plus tard Abd-el-Kader les rendit moyennant une rançon en argent; ce traité excita l'indignation des Arabes; ils lui reprochèrent avec amertume d'avoir vendu ses prisonniers pour de l'or, tandis qu'il pouvait les échanger pour un certain nombre de ses fidèles serviteurs qui étaient captifs des Français.

La grande insurrection de 1845-1846 touchait à sa

fin. Chose remarquable! pendant cette lutte la confiance de notre conquête s'était plus affaiblie en
France qu'en Algérie même. Les capitaux de la métropole s'étaient retirés de l'Algérie, et pourtant
l'effet réel de cette insurrection suprême avait été
de consolider la domination française par une grave
mais brillante épreuve. En Afrique, sauf un seul
jour de panique sans motif à Alger, la confiance n'a-
vait pas cessé de régner. Au milieu de la guerre, les
transactions de tout genre avaient suivi leur cours
habituel; les travaux de colonisation, les constructions n'avaient pas été un instant interrompus. En
effet, grâce à l'ardente activité de l'armée, les hostilités avaient été éloignées des établissements européens, et aucun intérêt n'avait été atteint par les
maux de la guerre.

Enfin l'année 1847 était destinée à voir s'accomplir
notre œuvre de conquête et de pacification si hardi-
ment entreprise, si énergiquement conduite par notre
armée d'Afrique à travers la bonne et la mauvaise fortune.

Quelques combats furent encore nécessaires pour
assurer ce résultat depuis si longtemps attendu. Un
engagement meurtrier eut lieu, le 10 janvier, entre
le général Herbillon et les Ouled-Djellal, que Bou-
Maza venait de visiter; un village fortifié fut enlevé
par nos soldats. D'un autre côté, le général Marey-
Monge, qui commandait à Médéah, tombait sur les
Ouled-Naïls, qui avaient reçu Bou-Maza et lui avaient
fourni des secours en hommes et en denrées. Quelques
jours après, Bou-Maza lui-même était poursuivi entre
Teniet-el-Haad et Tiaret; son escorte était dispersée, et son trésor enlevé. Cet échec fut sans doute

pour Bou-Maza la cause d'une résolution extrême. Ce chérif fameux qui avait été un des plus ardents promoteurs de la révolte de 1845, cet imposteur habile qu'Abd-el-Kader lui-même redoutait comme un rival, se rendit, le 13 avril, au colonel de Saint-Arnaud. Bou-Maza fut amené à Paris, où le gouvernement le traita avec plus de distinction que sa vie et ses antécédents ne le méritaient[1].

Une soumission peut-être plus importante que celle de Bou-Maza eut lieu à cette époque. Ce fut celle de Si-Ahmed-ben-Salem-ben-Thaïeb, ancien khalifa d'Abd el-Kader dans le Sébaou et sur les pentes du Jurjura. Ce chef, l'un des plus influents des montagnes de la Kabylie, après plusieurs entrevues avec un officier français chargé des affaires arabes, se rendit au poste de Sour-el-Ghozlan, le 27 février, et reconnut solennellement l'autorité française. Un autre chef kabyle, Bel-Kassem ou Kassi, qui s'était fait un nom pendant la dernière insurrection, des personnages importants réfugiés dans la Kabylie, et tous les chefs notables de la vallée du Sébaou et des revers ouest et sud du Jurjura furent entraînés par l'exemple de Ben-Salem. Ces heureux événements portèrent le dernier coup à l'influence d'Abd-el-Kader dans la partie orientale de la province d'Alger, et ouvrirent des débouchés nouveaux pour notre commerce.

Le maréchal gouverneur jugea le moment favorable

---

[1] Bou-Maza habitait Paris; mais lors de la révolution de 1848 il s'évada de la capitale, et ne fut arrêté qu'à Brest, au moment où il cherchait à s'embarquer. Le gouvernement provisoire le fit enfermer au fort de Ham. Remis en liberté le 22 juillet 1849, il quitta définitivement la France en 1854, commanda un corps de bachi-bouzouks pendant la guerre d'Orient, et reçut au mois d'août 1855 le grade de colonel dans l'armée ottomane.

pour obtenir la soumission complète de la Kabylie.
La grande insurrection de 1845-1846 avait révélé le
péril d'une enclave indépendante à soixante kilomètres de la capitale. Dans le mois de mai, deux
colonnes françaises, parties de points différents, parcoururent les montagnes, et enlevèrent de vive force
les positions qui tentèrent de se défendre; le mois
n'était pas fini qu'après trois combats seulement
tout le territoire montagneux compris dans le grand
triangle formé par Hamza, Sétif et Bougie, était soumis. Ce territoire est habité par cinquante-cinq tribus, ayant plus de trente-trois mille hommes armés.
Le 24 mai, le maréchal Bugeaud réunit sous les murs
de Bougie tous les principaux personnages des tribus
qui venaient de faire leur soumission, et leur donna
une organisation administrative en rapport avec le
caractère indépendant de ces montagnards.

Pendant cette opération principale, le gouverneur
général avait envoyé vers le sud sept colonnes lé-
gères avec mission de raffermir notre autorité dans
le petit désert, et d'enlever à Abd-el-Kader et aux
autres perturbateurs les appuis et les ressources
qu'ils pouvaient y trouver. Nos forces se montrèrent
dans le Ziban, dans l'Aurès, dans la Houdna, chez
les Ouled-Naïls et dans le Djebel-Amour; enfin la
colonne de Mascara et celle de Tlemcen poursuivirent nos ennemis jusque chez les Amian-Gharabas
et chez les Ouled-Sidi-Cheik, et obtinrent partout
des garanties réelles de fidélité et d'obéissance. Ainsi,
à la fin du mois de mai 1847, depuis la frontière du
Maroc jusqu'à celle de Tunis, depuis le littoral jusqu'au désert, l'autorité française était partout acceptée sans contestation.

Le maréchal Bugeaud rentra à Alger le 26 mai. Regardant sa mission comme accomplie, il demanda au ministre de la guerre de pourvoir à son remplacement. La durée de son commandement, qui fut marqué par une si prodigieuse activité, et pendant lequel s'accomplirent des faits de la plus haute importance pour l'Algérie, avait été de six ans et demi.

CHAPITRE VIII

Le maréchal Bugeaud quitta Alger le 5 juin, et laissa le commandement par intérim au général de Bar. Celui-ci n'exerça ce commandement que jusqu'au 18 juillet, époque à laquelle il fut remplacé par le général Bedeau, nommé aussi gouverneur par intérim. Déjà on savait que la nomination du duc d'Aumale comme gouverneur général était arrêtée dans le conseil. Ce ne fut que le 5 octobre 1847 que ce nouveau gouverneur général débarqua à Alger. Pendant tout le temps qu'avait duré l'intérim, la tranquillité n'avait pas été troublée dans l'Algérie.

Le duc d'Aumale, à son arrivée à Alger, s'occupa d'abord de discuter, avec les généraux et les directeurs des affaires civiles, les principales mesures à prendre pour favoriser le développement de la colonisation, et donner des garanties nouvelles aux populations européennes. Le général de Lamoricière conservait le gouvernement de la province d'Oran, le général Bedeau celui de la province de Constantine, et le général Cavaignac fut nommé au commandement de la province d'Alger. Avec le concours de tels lieutenants, le jeune prince était assuré de ne pas laisser péricliter les bons résultats obtenus par son prédécesseur.

Mais tout n'était pas fini pour l'Algérie tant qu'Abd-el-Kader campait sur la frontière du Maroc. Si ce n'était plus vers nos possessions qu'il tournait ses regards, le gouvernement français ne pouvait pourtant sans inquiétude le voir s'essayer à fonder un empire sur les ruines de l'empire de Muley-Abd-er-Rhaman. Le succès d'une telle entreprise eût été pour nous le signal d'une lutte nouvelle et terrible, et nous eût imposé la nécessité d'une sanglante et onéreuse conquête.

La position de l'émir avait surtout augmenté d'importance depuis que le prince Abd-er-Rhaman, fils de Muley-Soliman, prédécesseur de Muley-Abd-er-Rhaman, dont celui-ci était le neveu, s'était réfugié auprès de lui. Les craintes de l'empereur du Maroc, au moment d'entrer en lutte avec l'émir, étaient faciles à comprendre. Abd el-Kader, secondé par l'alliance de celui qui se regardait comme l'héritier légitime du trône du Maroc, avait de nombreux partisans dans toutes les villes de l'empire et jusque dans les rangs de l'armée impériale.

Cependant Muley-Hachem, neveu de l'empereur régnant, et son kaïd El-Hamar, se rendirent parmi les tribus encore indécises pour les engager dans un mouvement qu'ils préparaient contre l'émir. Mais celui-ci, instruit de ces tentatives, se résolut à porter un coup qui frappât de terreur ses nombreux ennemis. Deux cents cavaliers marocains étaient assemblés à quelque distance de son camp ; il courut à leur rencontre et les culbuta. En même temps un de ses aghas, Ben-Jahia, attaquait un camp marocain, et l'enlevait avec une grande vigueur : le khaïd marocain El-Hamar fut pris et eut la tête tranchée.

L'empereur sentit alors qu'un grand déploiement de forces était indispensable. A la fin de novembre, trois camps marocains se dirigèrent de Fez contre la deïra d'Abd-el-Kader, fixée depuis plusieurs mois à Kasbah-Zélouan (non loin de Melilla et de la mer) ; deux fils de l'empereur étaient à la tête de ces opérations. Ces colonnes châtiaient sur leur passage les tribus qui entretenaient des relations avec Abd-el-Kader, et déterminaient les populations marocaines à cesser tout rapport avec la deïra. Cette situation jeta l'alarme parmi les amis de l'émir ; on changea de campement, et l'on s'établit à Zaïou, pays difficile, où avaient été formés des dépôts de grains. En même temps, pour relever le courage des siens, Abd-el-

Kader envoya un agent à Djemmâ-Ghazouat, pour faire des propositions de paix à la France. Son émissaire fut reconduit à la frontière sans réponse. Rebuté de ce côté, il dépêcha son khalifa, Bou-Hamdi, auprès de l'empereur pour offrir sa soumission. Son lieutenant fut gardé à Fez. A mesure que ces faits si graves se développaient, le général de Lamoricière avait réuni un corps d'observation sur la frontière du Maroc pour seconder au besoin les mouvements de l'armée impériale. Bientôt la deïra se trouva resserrée de tous côtés, et une solution parut imminente. Le duc d'Aumale partit d'Alger le 18 décembre, pour se rapprocher du théâtre de ces événements importants.

Abd-el-Kader jugea alors qu'un coup de vigueur et de désespoir pouvait seul le sauver. Méprisant la cohue de combattants qui se trouvait devant lui, avec ses deux mille hommes d'élite, il tomba à l'improviste pendant la nuit sur un des camps marocains et s'en empara. Mais, le lendemain, toute la masse de ses adversaires se rua contre lui, il fut obligé de se retirer vers la Malouïa; toutes les hauteurs étaient couronnées d'ennemis. Dans la matinée du 12 décembre, les divers camps marocains se réunirent, et enveloppèrent la deïra dans une sorte d'enceinte vivante.

Quelques jours se passèrent dans cette position critique, et dans l'attente d'un événement décisif. Les plus fidèles serviteurs d'Abd-el-Kader perdaient confiance en sa fortune. Son frère aîné, Si-Mustapha, parvint à s'enfuir de la deïra et à gagner notre territoire, où il obtint l'aman du général de Lamoricière.

· Le 21, la deïra ayant commencé à traverser la Malouïa pour se rapprocher de l'Algérie, les troupes et les Kabyles marocains se précipitèrent à la fois contre elle; Abd-el-Kader courut au-devant des assaillants à la tête de ses fantassins et de ses cavaliers réguliers, et, au prix de la vie de plus de la moitié de ses soldats, il réussit à protéger le passage de la rivière et à ramener tout son monde au delà des limites du Maroc. Il forma alors le projet d'abandonner sa deïra à la générosité de la France, et de tenter de sa personne la route du désert avec ses plus dévoués partisans; c'était la seule que les troupes marocaines avaient laissée libre. Cherchant son chemin au milieu de l'obscurité, il interrogea, sans soupçonner la méprise, un cavalier arabe placé par nous pour surveiller ses mouvements, et demanda des renseignements pour gagner le pays des Béni-Snassen, en traversant le col de Kerbous. Ces indications, transmises aussitôt au général de Lamoricière, le portèrent à marcher en diligence vers le col désigné; des dispositions rapides furent prises pour fermer cette voie.

Un officier indigène envoyé en reconnaissance distingua, au milieu de l'obscurité de la nuit et de la pluie, quelques cavaliers qu'il chassa à coups de fusil; au bruit de la fusillade, un peloton de renfort accourut en sonnant la charge. Abd-el-Kader, car c'était lui-même qui tentait de franchir le col, reconnut au son des trompettes la présence d'une troupe française, et demanda à parlementer avec le général. La nuit et la pluie ne permettant pas d'écrire, l'ex-émir apposa son cachet sur un papier blanc, le remit à l'officier et le chargea d'être son organe. Il offrait de se mettre entre les mains des Français sous l'engagement d'être conduit, avec sa famille, à Saint-Jean-d'Acre ou à Jérusalem. Le général de Lamoricière ne pouvait pas non plus écrire; il donna son sabre et le cachet du bureau arabe de Tlemcen comme gage de sa parole. Les incertitudes d'Abd-el-Kader furent longues; toute la journée s'écoula sans solution. Enfin, à onze heures du soir, il écrivit au général; il sollicitait *une parole française* pour se livrer sans défiance et se soumettre à sa destinée. L'engagement fut pris immédiatement, et le lendemain, 23 décembre, notre redoutable adversaire se rendit à une troupe française qui l'attendait au marabout de Sidi-Ibrahim, théâtre d'un de ses plus importants succès.

Le même jour, à six heures, il arriva à Djemmâ-Ghazouat (qui venait de changer son nom pour celui de Nemours), où il fut introduit devant le duc d'Aumale. Le prince confirma la promesse du général de Lamoricière. Le 24 décembre, il s'embarqua pour Oran. Là, ayant été rejoint par tous les membres de sa famille et par sa suite, montant à quatre-vingt-douze personnes, il s'embarqua sur l'*Asmodée,* bateau à vapeur de l'État, qui le transporta à Toulon, où il arriva le 1er janvier 1848. Ni le gouvernement de Louis-Philippe, ni la république qui lui succéda, ne ratifièrent l'engagement pris par le général de Lamoricière et le duc d'Aumale. Abd-el-Kader, enfermé d'abord au fort Lamalgue à Toulon, puis transféré au château de Pau, fut amené, dans les premiers jours de novembre 1848, au château d'Amboise, où il est resté jusqu'au moment où le prince Louis-Napoléon, alors président de la république française, alla lui-même lui annoncer sa mise en liberté, et la permission de se rendre dans une ville de Turquie.

Nous avons voulu raconter les phases principales de ce grand drame, qui termina, si heureusement pour les intérêts français, la lutte que la nationalité arabe soutenait depuis dix-sept ans contre notre domination. La soumission d'Abd-el-Kader donna une consécration définitive aux succès si brillants et si nombreux obtenus par notre armée; désormais la tâche à remplir par nous pour affermir notre autorité en Algérie cessait d'être exclusivement militaire et guerrière pour devenir civile et administrative. Sans doute la prudence commandait de prévoir qu'on aurait encore à réprimer des insurrections partielles sur quelques points isolés; mais, les chefs manquant à ces révoltes, nous n'avions plus à craindre un soulèvement général semblable à celui de l'année 1845. Les tribus elles-mêmes, d'ailleurs, semblèrent comprendre la position nouvelle que leur faisait la soumission du plus infatigable athlète de leur indépendance religieuse et politique; elles étaient avides de repos; les dernières années avaient été désastreuses pour leurs récoltes : elles se tournèrent, pour ainsi dire, unanimement vers les choses et les travaux de la paix. Sous l'active et intelligente inspiration des bureaux arabes, elles entreprirent la construction de maisons qu'elles groupèrent en villages; elles plantèrent des arbres, s'essayèrent à des associations industrielles, pour immobiliser leurs intérêts sur le sol. C'était la meilleure preuve de la confiance qu'elles accordaient à notre administration; et c'était en même temps pour nous une garantie réelle de la durée de la tranquillité. Cette réaction contre la guerre et les troubles, qui maintenaient les habitudes nomades, se déclara d'abord dans la province d'Oran, parmi les tribus qui avaient pris la plus large part aux agitations et qui avaient le plus souffert pendant la lutte.

L'année 1848 s'ouvrait sous les auspices les plus favorables. La soumission d'Abd-el-Kader avait amélioré notre situation de la manière la plus heureuse. Tout le monde prenait confiance. La banque de France, après de longues hésitations, venait de se décider enfin à fonder un comptoir à Alger. Des institutions municipales venaient d'être accordées à un grand nombre de localités; les autorités civiles, dont l'action avait été simplifiée et fortifiée par des ordonnances royales du 1er septembre 1847, commençaient à donner des preuves d'une activité jusqu'alors inconnue. On se sentait de toutes parts, et pour tous les intérêts, arrivé sur le terrain des améliorations et du progrès.

C'est au milieu de ces impatiences qui semblaient toucher déjà à l'avenir tant souhaité, qu'arriva comme un coup de foudre la nouvelle de la révolution de février. Le duc d'Aumale, en apprenant la chute du trône de son père, remit sans hésiter ses pouvoirs au général Changarnier, en attendant que le général Cavaignac, qui en était investi, fût arrivé. Le prince de Joinville se trouvait aussi en Afrique. Les deux frères quittèrent noblement ces rivages, où ils avaient combattu avec nos armées, et protestèrent encore une fois de leur dévouement à la France.

Ainsi, comme la prise d'Alger et la chute d'Hussein-Dey, en 1830, avaient été suivies de près par la

révolution de juillet et la chute de Charles X, la pacification générale de l'Algérie et la soumission d'Abd-
el-Kader furent suivies presque aussi promptement
de la révolution de février et de la chute de Louis-
Philippe. Quoique ces événements n'aient entre eux
aucune corrélation, le rapprochement n'en est pas
moins extraordinaire.

La révolution de février eut un contre-coup plus
fort sur la population européenne que sur les Arabes.
Le découragement s'empara des esprits dans toute la
colonie; le mouvement des affaires fut subitement
arrêté; le personnel administratif, menacé dans son
existence, n'accorda plus qu'une attention distraite
aux intérêts dont il était chargé; l'effectif de l'armée
d'Afrique fut diminué de trente mille hommes environ, pour la formation du corps d'observation des
Alpes; la population civile européenne diminua tout
à coup de près de vingt mille âmes; on conçut dans
les trois provinces des inquiétudes sérieuses sur le
maintien de la tranquillité.

Dans ces conjonctures si graves, on reconnut
combien il était important pour notre domination
que les principaux chefs de la résistance se trouvassent hors de l'Algérie : Abd-el-Kader et Bou-
Maza étaient en France, Ben-Salem en Syrie; Ahmed-
Bey lui-même était réduit à faire sa soumission.

Du reste, les indigènes n'étaient pas encore remis
des rudes secousses des années précédentes; puis ils
ne se rendaient pas compte des événements qui venaient de se passer en France, et ils n'en comprenaient pas la portée. A peine s'étaient-ils aperçus de
la diminution de l'effectif de notre armée; car les
postes les plus importants n'avaient pas été dégarnis.

Ils ne songèrent donc pas en 1848 à organiser une insurrection.

Les premiers mois de l'année 1849 furent assez paisibles, sauf quelques expéditions de peu d'importance dans le Sahara du sud-ouest et sur les frontières du Maroc. Il n'en fut pas de même de celle qui eut lieu contre Zaatcha, ville ou plutôt oasis qui fait partie d'une région d'oasis appelée le Ziban, dont Biskara est le chef-lieu. Un marabout très vénéré, nommé Bou-Zian, commença, au mois de juin, à prêcher la guerre sainte à Zaatcha et dans les oasis du voisinage. Le colonel Carbuccia expédia à Zaatcha un officier avec quelques cavaliers du Cheik-el-Arab pour arrêter Bou-Zian. Le marabout fut enlevé, et on l'emmenait déjà, lorsque son fils souleva le peuple et le délivra. Le colonel Carbuccia vint attaquer l'oasis de Zaatcha avec une colonne de douze cents hommes; mais il fut repoussé avec perte. Cet échec pouvait compromettre la renommée des armes françaises. L'audace des Kabyles s'en accrut, et une petite armée descendit des montagnes, marchant sur Biskara, sous la conduite du marabout Si-Afid. Il fut vigoureusement repoussé par le commandant Saint-Germain. Cependant l'agitation augmentait toujours, propagée par l'association religieuse de Sidi-Abd-er-Rhaman, espèce de vaste société secrète qui embrassa presque toutes les populations kabyles. Depuis trois mois Zaatcha bravait l'autorité française, et Bou-Zian fomentait au loin la révolte. Une expédition commandée par les généraux Herbillon et Canrobert s'empara de cette place, après un siège meurtrier qui dura cinquante et un jours. Les oasis se rendirent alors sans conditions. Le reste de l'insurrection s'éteignit dans le Houdna, dans l'Aurès, et sous les décombres de Narah, dont les habitants furent passés par les armes. Le Ziban fut dès lors pacifié, et n'a plus donné depuis le moindre signe de rébellion.

En 1850, l'ouverture d'une route de Bougie à Sétif, à travers la Kabylie, rencontra une vive opposition de la part des Béni-Immel, tribu kabyle sur le territoire de laquelle il fallait passer. Le général de Barral, après d'inutiles négociations, voulut s'ouvrir le passage par la force. Il fut tué dans une première attaque (12 mai); mais le colonel de Lourmel, qui prit le commandement, mit en pleine déroute les Béni-Immel, détruisit leurs villages, et procéda paisiblement à la construction de la route, qui fut terminée le 24 juin.

Depuis longtemps l'attention du gouvernement se portait sur les montagnes qui bordent le littoral entre Dellys et Philippeville, et qu'on nomme la Petite-Kabylie. Cette partie de pays était restée en dehors de notre autorité, et pouvait d'un jour à l'autre nous menacer; en même temps plusieurs villes du littoral étaient comme bloquées par une population ennemie. Au commencement de 1851, le gouvernement résolut de mettre un terme à cet état de choses. Une expédition fut résolue. Dans les premiers jours du mois de mai, le général de Saint-Arnaud parcourut les environs de Djidjelli. Une insurrection conduite par un imposteur surnommé Bou-Baghla (l'homme à la mule) amena le général Camou aux environs de Bougie, qu'il délivra, et enfin l'expédition se termina par des opérations dans le cercle de Collo. Dans cette campagne brillante, nos troupes, avec leur valeur et leur courage ordinaire, supportèrent des fatigues inouïes. Ils avaient été arrêtés presque à chaque pas par des difficultés qu'on ne saurait comprendre si l'on n'a apprécié par ses yeux la configuration tourmentée de la Kabylie. Ravins profonds, cols élevés, pentes abruptes, rochers escarpés, sentiers rendus praticables, la pioche à la main, sous le feu de l'ennemi, pluies torrentielles, chaleurs accablantes, nuits glacées : telles avaient été les conditions de cette rude et glorieuse expédition, si rapidement terminée. Six cent quarante kilomètres avaient été parcourus en quatre-vingts jours, et dans vingt-six rencontres victorieuses la colonne du général de Saint-Arnaud avait eu treize officiers tués, quarante-deux blessés, cent soixante-seize sous-officiers et soldats tués, sept cent quarante et un blessés, un homme touché sur huit. Pendant toutes ces opérations, le reste de l'Algérie jouissait d'une tranquillité parfaite. A la fin de l'année, l'expédition dans la Kabylie commençait à porter ses fruits. L'est de la province d'Alger était complètement dégagé de craintes, et chacun y avait repris ses habitudes commerciales ou agricoles. Les tribus elles-mêmes, châtiées avec rigueur, reconnaissaient l'inutilité de la lutte.

M. le général comte Randon, nommé gouverneur général de l'Algérie, poursuivit avec activité et intelligence les expéditions militaires dans les diverses parties du pays qui se dérobaient à notre obéissance. Nous ne mentionnerons pas toutes ces expéditions, qui ont entre elles tant de ressemblance que le récit en deviendrait monotone. D'ailleurs notre possession du nord de l'Afrique était entrée définitivement, à cette époque (1852), de la phase belliqueuse dans la phase de colonisation. La conquête était désormais assurée, et les expéditions militaires n'avaient plus ce caractère d'impérieuse nécessité qui les distinguait dans les années précédentes. Il ne s'agissait plus désormais que de faire respecter le drapeau français sur les points les plus éloignés du territoire, ou de défendre les tribus soumises contre les agressions de peuplades hostiles qui n'avaient pas encore subi notre ascendant. Tel a été le caractère des expéditions entreprises les années suivantes ; nous ne ferons que les indiquer sommairement, et nous mentionnerons seulement les principaux faits d'armes.

Après une campagne longue et pénible, nous avions rétabli la paix sur toutes nos frontières ; un seul ennemi restait dont l'opiniâtreté courageuse menaçait la tranquillité de notre domination : c'était le chérif d'Ouargla, Mohammed-ben-Abdallah. N'osant plus rien tenter sur les populations du Tell, il s'était porté vers le sud, du côté de Laghouat (El-Aghouat), et était parvenu à soulever plusieurs tribus placées en dehors de notre action directe.

Deux colonnes, commandées l'une par le général Pélissier, l'autre par le général Jousouf, se portèrent vers le sud. Ce dernier, à la suite d'une marche de nuit, atteignit le chérif, lui tua trois cents hommes, enleva quinze à dix-huit cents chameaux et quinze à vingt mille moutons ; Mohammed parvint à s'échapper et à gagner Laghouat, où il fut accueilli avec empressement. Sous l'inspiration de ce fanatique, les habitants de l'oasis jurèrent de défendre leur ville jusqu'à la dernière extrémité.

Le général Jousouf se présenta devant la ville le 2 novembre, et il eut sur ce terrain un engagement assez vif; toutefois il n'essaya pas d'emporter la place, dans la crainte que la faiblesse numérique de sa colonne ne lui assurât qu'un succès incomplet. Il se décida à attendre l'arrivée du général Pélissier. Celui-ci, qui se trouvait à deux cents kilomètres de Laghouat, ne put rejoindre le général Jousouf que le 2 décembre; mais il amenait avec lui des moyens suffisants pour réduire la place. Le siège commença immédiatement; les murailles furent battues en brèche, et la ville emportée d'assaut le 4 décembre. Laghouat est devenu dès lors un poste important pour nous dans le Sahara; il a été relié, par une route garnie de caravansérails, à Boghar et à l'intérieur du Tell.

Cet événement eut un grand retentissement dans le Sahara. Dès le commencement de 1853, une confédération puissante, celle des Béni-Mzab, se soumit et paya l'impôt; le chérif Mohammed-ben-Abdallah, qui exerçait depuis longtemps une influence considérable dans ces contrées, et qui avait inquiété si souvent les tribus soumises à la France, fut obligé de chercher un refuge loin du Sahara algérien; Metlili, Ngouça, Ouargla et ses dépendances, ainsi que les tribus nomades qui vivent ordinairement entre ces oasis, firent leur soumission, et les provinces d'Alger et d'Oran n'eurent plus d'ennemis dans le sud.

Cependant, dans le Sahara de Constantine, Selman, cheik de Tuggurt, cherchait avec les populations de l'Oued-R'ir et de l'Oued-Souf, et avec les nomades des environs, à échapper à la domination française. Il ne devait pas tarder à avoir le même sort que le chérif Mohammed-ben-Abdallah.

En effet, dans l'hiver de 1854, une nouvelle expédition fut dirigée contre Selman. Après un glorieux combat à Meggarin, le cheik prit la fuite, et Tuggurt, les oasis et les populations situées entre Biskara et le désert furent obligées de se soumettre.

Pendant que le colonel Desveaux réglait l'organisation de Tuggurt, le capitaine Colomb arrivait dans l'oasis d'Ouargla vers les premiers jours de décembre 1854, et, malgré la faiblesse de son escorte, y rétablissait facilement notre autorité.

La restauration de notre pouvoir à Ouargla, la soumission de Tuggurt et du Souf, nous donnèrent désormais dans le sud une position excellente; jamais nous n'avons dominé dans de pareilles conditions jusqu'aux limites méridionales indiquées par la nature pour notre Algérie. Au delà des limites que nous avions atteintes commence le véritable désert, que les Arabes, dans leur langage pittoresque, appellent le *pays de la soif;* il y a encore des oasis, sans doute, mais à de grandes distances, où notre influence ne devra arriver que par le commerce, et que les intérêts mercantiles nous rattacheront, sans que nous ayons à nous en occuper. Elles sont trop éloignées pour servir de bases aux agitateurs du Sahara.

Malgré la situation critique que les événements d'Orient semblaient devoir créer à l'Algérie, malgré la diminution de l'effectif de l'armée et le retrait des troupes les plus habituées à la guerre d'Afrique, le pays a joui, en 1855, du calme le plus profond.

Rien ne saurait mieux prouver l'état de notre domination que cette tranquillité dans un moment où l'esprit des agitateurs pouvait être réveillé par la guerre d'Orient.

Une seule expédition mérite d'être mentionnée. Au

mois de janvier 1855, une colonne de mille hommes environ, sous les ordres du capitaine Colomb, commandant du cercle de Gériville, poussa une reconnaissance contre la tribu des Zegdou, qui avait attaqué plusieurs tribus alliées dépendantes de ce cercle. Il suffit d'un combat assez vif pour mettre les Zegdou en pleine déroute, et rétablir la tranquillité la plus complète dans cette partie de l'Algérie. Au mois de décembre, bien qu'il ne se fût produit dans le cours de l'année aucun symptôme alarmant, le gouverneur général pensa qu'il ne serait pas inutile d'ordonner une marche militaire dans la région du Sud; et il fit partir de Biskara, Bouçada, Laghouat et Gériville, quatre colonnes expéditionnaires, qui furent accueillies sur leur route par des démonstrations sympathiques des indigènes, et rentrèrent dans leurs campements sans avoir tiré un seul coup de fusil. Enfin ce qui prouve à quel point la domination française était dès lors consolidée, c'est la démarche inopinée faite par la tribu des Touaregs, qui habite le grand désert entre nos possessions, le Tombouctou et le Soudan. Cette tribu envoya, en décembre 1855, une députation à Alger pour proposer au gouverneur général d'ouvrir des relations régulières de commerce et d'amitié avec les tribus du grand désert.

Le calme rétabli, en 1855, dans toute l'Algérie et jusqu'aux points les plus éloignés du Sud, fut troublé en 1856, au centre même de nos possessions, par les tribus kabyles du Jurjura, toujours restées insoumises; une partie de cette année fut employée en expéditions partielles qui circonscrivirent l'insurrection, mais ne l'étouffèrent pas encore.

En 1857, M. le maréchal Randon voulut en finir une

fois pour toutes avec ces incorrigibles montagnards. La rentrée en Afrique des troupes de l'expédition de Crimée mettait à sa disposition une armée aguerrie et propre à une expédition de cette nature. Pour écraser l'insurrection, et dompter définitivement ces peuples qui se croyaient invincibles dans les sommets inaccessibles de leurs montagnes, il fit usage d'un déploiement de force considérable, et, après une campagne de deux mois, la grande Kabylie fut entièrement soumise. Cette fois, on ne se contenta pas de parcourir le pays, et d'obtenir ces engagements souvent violés quand nos troupes s'étaient retirées; on éleva des établissements permanents, on construisit des routes et des ponts; une forteresse, et une ville déjà importante, le fort Napoléon, devenu plus tard le fort National, ont été bâtis au centre du pays et de manière à le dominer. Dès ce moment, les Kabyles paraissent avoir accepté avec résignation notre autorité.

On écrivait d'Alger le 6 mars 1858 : « Tout ce qu'on publie de la soumission de la Kabylie est on ne peut plus exact. Les Béni-Raten et autres, soumis les derniers, paraissent être les plus assimilables, grâce à la sagesse du maréchal gouverneur général, qui leur a laissé leurs usages et leurs terres. Nous exerçons sur eux une sorte de protectorat, sans toucher à l'autorité municipale à laquelle ils sont habitués. Leur défaite, au surplus, accomplie par une masse de forces qui sauvait leur amour-propre, n'a eu d'autre résultat que de leur ouvrir le pays et de donner à leur travail toute la sécurité désirable. Aussi ne montrent-ils ni haine ni esprit de résistance. Ils ont l'air et l'attitude de vieux Romains, un peu déguenillés, il est vrai; du reste, de la gaieté dans les relations privées, la manière d'agir et de parler d'hommes familiarisés avec les affaires, sans affectation de dignité extérieure et sans excès d'humilité.

« Dès le premier jour, leur venue à nous a été cordiale et a paru être sans arrière-pensée. Pendant la construction de la route, il est arrivé souvent à quelque officier isolé cherchant, sur l'invitation du maréchal, d'autres tracés, de se rencontrer sans armes, et très loin du camp, avec des Béni-Raten, qui l'accueillirent mieux que n'auraient fait peut-être des indigènes de la capitale du monde civilisé. »

Dès 1858 l'Algérie était complètement soumise, on le croyait du moins, et, selon l'expression d'un écrivain de cette époque, « un homme isolé pouvait la parcourir, des frontières de Tunis à celles du Maroc, sans courir plus de danger qu'il n'en trouverait à traverser la France de Toulon à Dunkerque. »

La période de conquête était, en effet, achevée; mais des insurrections locales sans cesse renaissantes vont encore prouver plus d'une fois que les indigènes ont toujours besoin d'être surveillés et contenus, et que l'effectif do l'armée ne peut être diminué sans danger.

CHAPITRE IX

Organisation administrative de l'Algérie de 1834 à 1858. — Création d'un ministère de l'Algérie en 1858. — Reconstitution du gouvernement général en 1860. — Le maréchal Pélissier, gouverneur général de 1860 à 1864. — Voyages de l'empereur Napoléon III en Algérie, 1860 et 1865. — Le maréchal de Mac-Mahon, gouverneur général de 1864 à 1870. — Réformes administratives. — Faits militaires : troubles dans l'Aurès et l'Oued-el-Kébir en 1858 et 1859. — Campagne dans le Maroc contre les Beni-Snassen, 1859 ; — contre Mohmamed-ben-Abd-Allah en 1861. — Traité de commerce avec les Touaregs, 1862. — Insurrection des Ouled-Sidi-Cheikh en 1864. — Mort du colonel Beauprêtre. — Si-Mohammed-ben-Hamza, et son oncle Si-Lala, chefs arabes. — Années néfastes de 1866 à 1868 : invasion de sauterelles, tremblement de terre, famine. — Nouvelles révoltes des Ouled-Sidi-Cheikh en 1869 et 1870.

Avant de continuer le récit des faits survenus en Algérie depuis 1858, il sera bon de jeter un coup d'œil rapide sur l'organisation administrative du pays depuis la conquête; car nous sommes à la veille de réformes importantes, qui vont tenir une grande place dans cette histoire à côté des expéditions militaires.

Ainsi que nous l'avons vu dans les chapitres précédents, une ordonnance du 22 juillet 1834 avait établi en Algérie un gouvernement général sous le contrôle du ministre de la guerre, et avait placé à côté du gouverneur un conseil composé d'un intendant civil, du commandant de la marine, du procu-

reur général, du directeur des finances et d'un intendant militaire. Le régime inauguré par cette
ordonnance demeura en vigueur jusqu'en 1845. A
cette époque, l'Algérie fut divisée en trois provinces, et chacune de ces trois provinces en trois
zones ou territoires : territoire civil, où les services
administratifs étaient complètement organisés; territoire mixte, où l'autorité militaire remplissait les
fonctions civiles; territoire arabe enfin, exclusivement
soumis au régime militaire. On institua en même
temps une direction générale des affaires civiles, un
conseil supérieur d'administration et un conseil du
contentieux. Une ordonnance du 1er septembre 1847
inaugura la décentralisation en instituant dans
chaque province un directeur des affaires civiles et
un conseil de direction. De nombreux conflits avaient
provoqué ces modifications successives sans qu'on
pût parvenir à en tarir la source.

La république de 1848 tenta une assimilation
plus complète de l'Algérie à la mère patrie. Un de
ses premiers actes fut de conférer le droit d'élection
aux habitants de l'Algérie nés ou naturalisés français. Le nombre des représentants de la colonie à
la constituante de 1848 était de quatre; il était de
trois à la législative. Mais l'Algérie n'eut pas de
représentants sous l'empire, le nombre de ses élec-
teurs n'étant que de vingt-neuf mille et n'atteignant
pas le chiffre de trente-cinq mille exigé pour constituer un groupe électoral.

Le décret du 9 décembre 1848 vint ensuite supprimer la direction générale des affaires civiles, et
créer dans chaque province un préfet et un conseil
de préfecture. Le territoire civil reçut une légère

extension. Le gouvernement militaire fut maintenu, ainsi que la double suprématie de l'autorité militaire, représentée à Alger par un gouverneur, à Paris par le ministre de la guerre. Les conflits entre les pouvoirs civils et les pouvoirs militaires continuèrent.

Survint l'empire : l'article 27 de la constitution chargeait le sénat du soin de régler l'administration de l'Algérie. Au lieu d'élaborer un projet complet d'organisation, on crut remédier aux difficultés sans cesse renaissantes en créant, par décret du 24 juin 1858, un ministère spécial de l'Algérie et des colonies. Le gouverneur général était remplacé par un ministre résidant à Paris; le conseil du gouvernement était supprimé; des conseils généraux étaient institués; les préfets en territoire civil, les généraux en territoire militaire, obtenaient une extension de leurs attributions administratives; le chef de l'armée d'Afrique prenait le titre de commandant supérieur des forces de terre et de mer; de nouvelles sous-préfectures étaient créées et le territoire civil était agrandi.

Le prince Jérôme-Napoléon, nommé ministre de l'Algérie et des colonies, le 24 juin 1858, n'occupa ces fonctions que jusqu'au 7 mars de l'année suivante. Il donna alors sa démission et fut remplacé par M. le comte de Chasseloup-Laubat. D'un autre côté, le général de Mac-Mahon, nommé commandant supérieur des forces militaires de terre et de mer dès le 31 août 1858, avait dû quitter ce poste pour aller prendre le commandement de la deuxième division de l'armée d'Italie. Le général Gueswiler lui succéda le 24 avril, et fut remplacé lui-même par le général de Martimprey le 15 août suivant.

Ces changements successifs et à brève échéance n'étaient pas de nature à assurer le calme de notre colonie; les tribus marocaines campées près de notre frontière, convaincues que nos forces étaient affaiblies par la guerre d'Italie, s'efforcèrent de susciter des troubles, et ce ne fut pas sans peine, que dans le second semestre de 1859, le général de Martimprey réduisit les Béni-Snassen, soulevés par le marabout Mohammed-ben-Abd-Allah.

L'année suivante, au mois de septembre, l'empereur, accompagné de l'impératrice et suivi d'une cour nombreuse, entreprit le voyage de l'Algérie pour se rendre compte par lui-même de l'état du pays. Ce voyage eut pour résultat immédiat la suppression du ministère spécial de l'Algérie, dont les attributions furent remises au gouvernement général reconstitué le 10 décembre 1860. De nouveaux décrets des 30 avril et 22 mai 1861 vinrent régler les attributions des conseils placés près du gouverneur.

Un homme énergique bien connu des Arabes, contre lesquels il avait dépensé seize années de sa carrière militaire, le maréchal Pélissier, duc de Malakoff, fut appelé au poste important de gouverneur général de l'Algérie, qu'il devait occuper jusqu'à sa mort, arrivée le 22 mai 1864.

Cependant les discussions continuaient entre l'administration, les Arabes et les colons. L'empereur crut le moment venu d'intervenir personnellement dans le débat et de se concilier les sympathies des Arabes, « cette race intelligente, fière, guerrière et agricole, » ainsi qu'il se plaisait à la définir.

Dans une lettre adressée le 6 février 1863 au maréchal de Malakoff, il exprima la volonté bien arrêtée de rendre les tribus « propriétaires incommutables des territoires qu'elles occupaient à demeure fixe, et dont elles avaient la jouissance traditionnelle à quelque titre que ce fût. » Le sénatus-consulte du 22 avril 1863 vint réaliser en partie ce programme, en décidant qu'il serait procédé dans le plus bref délai à la délimitation des territoires des tribus, à leur répartition entre les différents douars de chaque tribu, à l'établissement de la propriété individuelle entre les membres de ces douars, partout où cette mesure serait reconnue possible et opportune.

On avait voulu mettre un terme aux querelles toujours renaissantes au sujet des propriétés, se concilier les Arabes : on n'atteignit ni l'un ni l'autre but. En affranchissant la propriété individuelle des indigènes, on réduisait sensiblement les attributions des chefs, on leur enlevait dans les périmètres constitués en communes le recensement et la perception des impôts, la justice répressive et une partie de leurs pouvoirs administratifs; il ne leur restait plus que le pouvoir politique, la haute administration et le commandement militaire dans le cas de mobilisation des contingents indigènes. Ces chefs, blessés dans leurs intérêts les plus chers, avaient tout lieu d'être mécontents. Quant aux Européens, ils étaient atteints au plus vif de leurs espérances d'obtenir pour eux-mêmes les terres dont la propriété était ainsi confirmée ou restituée aux indigènes[1].

Aussi l'application de ce sénatus-consulte rencontra-t-elle de nombreuses difficultés. En cinq ans, de

[1] Voir, pour les détails relatifs à ces diverses mesures et aux faits de cette période, les *Tableaux statistiques* officiels et le rapport de M. de la Sicotière sur les événements de 1870 et 1871.

1863 à 1868, on n'avait accompli que la première
opération pour cent deux tribus; mais au 1er octobre 1879, la délimitation des tribus et leur répartition en douars étaient terminées pour deux cent
quatre-vingt-quinze tribus, divisées en cinq cent .
quinze douars-communes. Pour obtenir ce résultat il
avait fallu réprimer des insurrections formidables,
qui éclatèrent sur divers points au commencement
de l'année 1864, et dont le sénatus-consulte avait
été l'occasion ou le prétexte. Le maréchal Pélissier
était mort le 22 mai, au moment même où l'Algérie
était en proie à ces révoltes, et avait été remplacé
après un intérim de quelques mois par le maréchal de
Mac-Mahon.

Les troubles une fois apaisés, l'empereur se décida
à entreprendre un nouveau voyage en Algérie pour
étudier sur place les besoins de la colonie, et se
rendre un compte exact de la situation. Parti de
Paris le 29 avril, il débarquait à Alger le 3 mai
suivant. Du 3 mai au 7 juin, date de son rembar-
quement, il visita successivement les trois provinces
d'Alger, d'Oran et de Constantine, s'arrêtant dans
les principaux centres, interrogeant sur son passage
les colons, les Européens, les indigènes, prodiguant
les déclarations, et promettant de donner satisfaction
à tous; partout du reste accueilli chaleureusement, s'il
faut en croire les rapports officiels.

Quelques jours après son retour en France, le
20 juin 1865, il adressait des Tuileries au gouverneur
de l'Algérie une lettre-manifeste contenant les obser-
vations faites sur l'état de notre colonie et les réformes administratives à introduire. La naturalisation des Juifs indigènes, conditionnelle toutefois, fut

décidée à la suite de ce voyage. La lettre impériale proposait en outre de réduire le nombre des sous-préfectures, qui, de dix en 1865, fut abaissé à cinq en 1867; en 1868 on ne devait plus en maintenir qu'une seule par province. Par contre, un décret de janvier 1867 créa un évêché par province, et l'église épiscopale d'Alger fut érigée en métropole. Les bulles qui consacraient ces grandes institutions catholiques avaient été délivrées à Rome le 25 juillet 1866, et les trois nouveaux prélats purent prendre possession de leurs sièges dans le courant de l'année 1867.

Voici du reste, d'après M. Ch. du Bouget, commissaire extraordinaire en Algérie en 1870, quelle était l'organisation administrative de l'Algérie pendant la dernière période de l'empire, de 1860 à 1870.

« Un gouverneur général réunit en ses mains le commandement des forces de terre et de mer, le gouvernement et l'administration en Algérie. Il correspond directement avec le chef de l'État. Il prépare le budget, qui sera approuvé et présenté aux chambres par le ministre de la guerre, comme une annexe du budget militaire, et il ordonnance les crédits alloués. Il prépare les décrets que le ministre de la guerre soumettra à la signature du chef de l'État et contresignera. Il nomme à certains emplois; mais la justice et l'instruction publique françaises, les cultes et les douanes, les postes, le trésor, ressortissent chacun à son ministère spécial.

« Sous l'autorité du gouverneur général, deux hauts fonctionnaires, un sous-gouverneur et un directeur des affaires civiles, indépendants l'un de l'autre, se partagent l'administration en Algérie.

« Le sous-gouverneur, outre ses fonctions de chef d'état-major de l'armée d'Afrique, administre le territoire militaire par les mains de trois généraux de division, de généraux de brigade ou colonels commandant les subdivisions, et de commandants supérieurs de cercle. Chacun de ces officiers continue à avoir sous ses ordres un de ces bureaux qui sont devenus si célèbres sous le nom générique de *bureaux arabes,* et qui s'appellent, suivant le degré, en allant du sous-gouverneur au commandant de cercle : bureaux politiques, bureaux divisionnaires, bureaux subdivisionnaires et bureaux de cercle.

Le directeur des affaires civiles administre le territoire civil par l'entremise de trois préfets, de sous-préfets et de commissaires civils; ceux-ci réunissent, dans les parties du territoire civil où la commune n'est pas encore organisée, les fonctions de maire, de sous-préfet, et, sur certains points, de juge de paix. Enfin un conseil supérieur, dont font partie six délégués des trois conseils généraux, prépare le projet de budget du gouvernement général et la répartition des impôts. Un conseil consultatif donne son avis sur toutes les affaires à lui renvoyées par le gouverneur.

« Dans cette organisation, l'autorité civile et l'autorité militaire étaient indépendantes l'une de l'autre, et libres chacune sur son territoire.

« Par le décret du 7 juillet 1864, l'autorité civile fut, au contraire, partout subordonnée à l'autorité militaire. Les généraux commandant les trois divisions prirent le titre de commandants de province; les préfets furent placés sous leur autorité, reçurent leurs instructions et leur adressèrent des rapports.

« L'Algérie était soumise à un gouvernement purement militaire ayant sous ses ordres un certain nombre d'agents civils. »

Ce régime purement militaire et la direction donnée à l'administration des indigènes soulevaient de toutes parts les réclamations et les critiques les plus vives. Pour donner satisfaction à l'opinion publique, l'enquête agricole de 1868, dirigée en Algérie par M. le comte le Hon, comprit non seulement les questions relatives à la mise en culture du sol, mais encore celles concernant la sécurité des personnes et des biens et les diverses branches de l'administration.

A la suite de cette enquête, M. le Hon, voulant faire connaître son opinion personnelle sur l'état des choses en Algérie, déposa dans la session de 1869 un amendement dont les principales dispositions, réalisées aujourd'hui, parurent contenir des innovations dangereuses ou tout au moins prématurées. Cet amendement, combattu par les ministres, fut repoussé à une assez forte majorité : cent vingt-neuf voix contre quatre-vingts.

Le gouvernement, cependant, pour donner à l'Algérie un gage de sa sollicitude, nomma, le 5 mai 1869, sous la présidence du maréchal Randon, une commission chargée de préparer un projet de constitution pour l'Algérie.

Le projet élaboré par la commission avait pour base l'établissement en Algérie d'un pouvoir autonome et politiquement responsable, confié à un chef indifféremment choisi dans l'ordre militaire ou dans l'ordre civil. Cette concession ne put calmer les inquiétudes du pays, qui par ses organes même les plus modérés demandait l'assimilation complète à la

France, la suppression du pouvoir militaire, et l'établissement d'un régime de droit commun. Une discussion au corps législatif, en mars 1870, manifesta dans toute leur vivacité les sympathies de l'opinion pour la substitution du régime civil au régime militaire. Tous les orateurs en proclamèrent la nécessité, et un ordre du jour motivé, adopté à l'unanimité à la séance du 9 mars, vint affirmer devant l'Algérie attentive l'avènement du nouveau régime.

L'effet produit par ce vote fut considérable. S'il fut bien accueilli par la population européenne et la presse, il causa une grande émotion parmi les Arabes. Plusieurs chefs indigènes parlèrent de se retirer ; le gouverneur général voulut donner sa démission.

La déclaration de guerre à l'Allemagne vint dénouer cette situation critique ; le maréchal de Mac-Mahon fut appelé à un commandement, et un décret du 27 juillet nomma le général Durrieu gouverneur général par intérim de l'Algérie.

Cependant depuis 1858 notre colonie n'avait pas joui de la paix la plus parfaite ; les discussions administratives et politiques n'avaient pas été seules à l'agiter, de nombreux soulèvements avaient eu lieu sur différents points et à différentes époques, et nous devons en signaler ici les principales péripéties avant d'entrer dans le récit des événements d'une dernière période historique qui s'étend depuis 1870 jusqu'à nos jours.

Deux expéditions de peu d'importance signalèrent le premier semestre de l'année 1858. La première, sous les ordres du général Desvaux, commandant de la subdivision de Batna, fut dirigée contre les tribus du Souf, où la présence du cheikh Ghouma, à la tête d'une émigration d'Arabes tripolitains, avait causé une certaine agitation. Parti de Biskra le 27 février, le général visita successivement les principales villes de l'Oued-Souf et rétablit l'autorité de nos agents. Le cheikh Ghouma n'avait fait partout qu'une courte apparition sur le territoire algérien, et s'était dirigé sur Ghadamès, où il devait trouver la mort dans une embuscade dressée par les cavaliers de la régence de Tripoli.

La seconde expédition fut dirigée par le général commandant la subdivision de Sétif contre les tribus de Babors, soulevées contre leurs chefs. Les rebelles attaquèrent vainement le poste de Takitount et faisaient leur soumission le 14 mars.

Mais ces révoltes étaient de peu d'importance relativement à celles qui devaient avoir lieu pendant la seconde partie de l'année.

Vers le mois d'août 1858, Si-Saddok-bel-Hadj, fanatique marabout de l'Ahmar-Khaddou, réunissait les membres de la confrérie religieuse dont il était le chef, parcourait l'Aurès en répandant de fausses nouvelles, et attendait le retour des nomades, que le mois d'octobre ramène du Tell dans le Sahara, pour prêcher la guerre sainte. Au commencement de novembre, une fraction de Lakhdar s'établit dans les jardins de Sidi-Okba, et, d'accord avec les Ouled-Salah de cette oasis, se déclara en pleine révolte. Il était urgent d'arrêter ces désordres : le général Desvaux, commandant la subdivision de Batna, se rendit avec toute la cavalerie disponible à Biskara, dont on renforça la garnison de deux compagnies d'infanterie.

Sur ces entrefaites, diverses tribus de l'Oued-el-

Kébir refusèrent de payer les amendes qui leur avaient été imposées à l'occasion d'incendies de forêts, et se retirèrent dans les montagnes comprises entre Djidjelly, Collo et El-Miliah, dans la Kabylie orientale. Le 13 et le 14 novembre, notre kaïd Bou-Renan ben-Azzedin fut attaqué à plusieurs reprises par les rebelles, à qui il fut obligé d'abandonner son argent, ses tentes et ses bagages. Le général commandant la division de Constantine envoya immédiatement dans l'Oued-el-Kébir une colonne de quatre mille hommes environ.

La révolte était moins dirigée contre notre domination que contre l'administration du kaïd Bou-Renan. Les tribus, qui avaient refusé de payer les amendes entre les mains du kaïd, s'empressèrent d'envoyer des députations pour assurer de leur soumission et renouveler leurs réclamations. Le général Gastu reçut leur soumission; mais il eût été impolitique et dangereux de céder aux prétentions des rebelles. Il fallait apprendre aux Kabyles à respecter les agents de l'autorité, et punir en même temps les attaques dirigées contre Bou-Renan. En conséquence, il fut notifié aux tribus qu'elles eussent à apporter dans les quarante-huit heures, à titre de contribution de guerre, une somme égale aux amendes dont elles étaient frappées.

Le 29 novembre au matin, toutes les députations des tribus étaient au camp apportant la contribution demandée. Le général Gastu leur fit connaître ses ordres et les mesures qu'il avait prescrites. L'administration de ces tribus devait être soumise désormais à notre contrôle direct; un officier resterait à El-Miliah pour écouter leurs réclamations : trois cheikhs, créatures de Bou-Renan, et en partie cause des désordres, étaient remplacés par des hommes influents dans leur tribu.

Jusque-là les douze à quinze cents Kabyles réunis applaudissaient aux mesures annoncées; mais à la déclaration du maintien de Bou-Renan à leur tête, tous se récrièrent et protestèrent par des cris et des menaces. Devant cette attitude, le général renvoya les députations, leur donnant jusqu'au lendemain pour se conformer à ses ordres. Le lendemain elles venaient, aussi nombreuses que la veille, faire leur soumission, assurant qu'elles acceptaient les mesures prises par le général, dont la fermeté avait fait réfléchir les plus obstinés.

L'installation de notre autorité dans l'Oued-el-Kébir était un fait accompli; l'occupation d'El-Miliah était désormais une garantie pour la tranquillité de cette partie de la Kabylie orientale.

Ces opérations avaient détourné momentanément de l'Aurès l'attention du général commandant la division. Si-Saddok, exploitant habilement cette situation, répand le bruit que les troupes françaises sont occupées en Kabylie et que le moment est propice pour l'insurrection. Mais le prompt apaisement des troubles de l'Oued-el-Kébir permit de réunir dès le 3 janvier 1859 une colonne de trois mille hommes dans le camp du général Desvaux, près de Batna. Ces troupes étaient suffisantes pour maintenir dans l'obéissance les tribus qui n'étaient pas encore ouvertement compromises, et aussi pour prendre l'offensive.

La colonne partit de Chetna le 10 janvier, et le 13 elle se dirigeait sur Teniet-ben-Ahmar, où se trouvaient les.avant-postes de Si-Saddok. Nos troupes s'emparent de cette position et d'Hamman-Bessouf. Les contingents de Si-Saddok nous attendaient à quelques kilomètres plus loin, dans une position qu'ils avaient renforcée par des retranchements en pierre sèche.

L'ennemi fut bientôt culbuté dans les ravins par une charge du 2e bataillon du 3e zouaves ; une charge de spahis acheva sa défaite, et les rebelles se réfugièrent dans les montagnes d'El-K'sar.

Il fallait frapper un dernier coup. Le village était situé au pied de hautes montagnes, mais dominé par des groupes rocheux. Le général Desvaux occupa les points culminants et se rabattit ensuite sur le village. C'était de là qu'étaient partis les appels à la guerre sainte ; les habitations de Si-Saddok furent incendiées. Mais l'ennemi s'était enfui en remontant vers Guelaa-Djedida ; il fallut l'y poursuivre. Dès le lendemain, les goums étaient maîtres des magasins de Si-Saddok et en rapportaient un butin considérable.

Bientôt la soumission était complète, et l'auteur de la révolte livré avec toute sa famille par les indigènes eux-mêmes.

Cette guerre, qui menaça un instant d'envahir tout le sud de la province de Constantine, eut pour résultat de désabuser les populations de l'Aurès, et d'affermir l'autorité française dans l'Amhar-Khaddou, où elle n'avait jamais pénétré jusqu'alors.

L'expédition dans l'Aurès était à peine terminée, lorsqu'au mois d'août 1859 la tranquillité dont la frontière du Maroc jouissait depuis 1857 fut troublée tout à coup. Les Angades et les Maia, tribus marocaines, envahirent le territoire algérien, attaquant et pillant les convois. Tous les Marocains étaient convaincus de l'affaiblissement de nos forces, occupées par la guerre d'Italie; et on signala bientôt dans la plaine de Trifa, chez les Béni-Snassen, l'arrivée du marabout Mohammed-ben-Abd-Allah, qui prêchait la guerre au nom de l'empereur du Maroc.

Rien cependant n'annonçait un danger imminent, lorsqu'une première rencontre eut lieu le 31 août près de Zouia. Les Marocains furent repoussés, mais ils revinrent le lendemain attaquer Sidi-Saher. Le 2 septembre, un autre goum ennemi assiégeait les villages de Maziz et de Leaou, incendiant tout sur son passage; le 3, il pillait Sidi-Aziz. Enfin, sur toute notre frontière, de Gar-Rouban aux mines de Maziz, apparaissaient des bandes indigènes révoltées, tuant ou pillant les hommes, brûlant les gourbis et les habitations; la guerre sainte était commencée, toutes les tribus marocaines y prenaient part. Nos tribus, saisies d'épouvante, nous appelaient pour les protéger; la situation était des plus graves.

Des troupes furent aussitôt envoyées à Maghrnia et à Nemours. Le général commandant la subdivision de Tlemcen se rendit sur les lieux. Ces renforts rassurèrent les tribus restées fidèles, intimidèrent les Marocains, et le calme se rétablit.

Pendant ce temps, le général de Martimprey, commandant supérieur des forces de terre et de mer en Algérie, réunissait au camp de Kiss un corps d'armée composé de deux divisions d'infanterie et une division de cavalerie, et destiné à châtier les rebelles. Le 20 octobre, tous les préparatifs étaient terminés, et dès le 22 une première division avait pris position à Sidi-Mohammed ou Berkan, situé à trente-deux kilomètres de la redoute du Kyss et à proximité du plateau d'Aïn-Taforalt, où l'ennemi s'était retranché, lorsque le choléra se mit dans l'armée et en cinq jours enleva trois mille hommes, le cinquième de l'effectif. N'importe, il fallait achever la campagne.

Nos troupes reçurent le 27 l'ordre de se mettre en marche et l'accueillirent avec joie. Les généraux de division Esterhazy et Yusuf conduisaient leurs brigades d'attaque, tandis que la cavalerie opérait une diversion dans la direction de Moulouya.

Le plateau d'Aïn-Taforalt fut enlevé au prix d'héroïques efforts. Le cheikh El-Hadj-Mimoum, chef de la montagne, s'empressa de faire sa soumission et d'accepter les conditions imposées par le général aux Béni-Snassen : il livra des otages et s'engagea à payer un impôt de guerre considérable.

Les Béni-Snassen ainsi réduits, il s'agissait d'atteindre les Maia, les Angades et autres tribus de la frontière qui avaient pris part aux hostilités. La campagne continua ; le général Desvaux et le général Durrieu se lancèrent à la poursuite des rebelles, les atteignirent, et leur enlevèrent leurs douars et leurs troupeaux.

La campagne était terminée; le 11 novembre, les troupes repassaient la frontière et regagnaient leurs garnisons respectives.

En 1860, la paix fut une première fois troublée par une insurrection locale dans le Hodna, chez les Ouled-Sidi-Rahab, dont le général Desmarest et le colonel Pein eurent facilement raison. On résolut ensuite de mettre fin aux actes de pillage et de vol dont les tribus de la Kabylie orientale se rendaient encore souvent coupables. Les troupes de la division de Constantine furent réunies le 13 mai à Millah et rejointes sur ce point par une brigade de la division d'Alger.

Cette colonne, placée sous le commandement du général Desvaux, s'avança jusqu'à Fedj-el-Arba sans rencontrer de résistance, lorsque les Béni-Khettad vinrent tout à coup attaquer pendant la nuit les avant-postes du camp. Repoussés avec perte, les rebelles se jetèrent alors sur la concession Bock et Delacroix, dans la basse vallée de l'Oued-el-Kébir. La maison fut pillée et incendiée; M. Bock et son ouvrier furent tués; M. Delacroix, blessé, fut rapporté à El-Miliah par les soins de quelques Kabyles restés fidèles.

A la suite de cette attaque, la révolte s'étendit, et la colonne, campée à Tafertas, eut successivement à combattre les Béni-Mimoun, les Béni-Yahia et les Béni-Ameur. Elle se porta ensuite chez les Béni-Flah, les Béni-Rizelli, descendit vers la vallée basse de l'Oued-el-Kébir, et rétablit l'ordre partout.

Restait une fraction insoumise, les Arb-Tesquif, de la tribu des Oulad-Aïdoun. Habitant des grottes dans des rochers et gardant un défilé très difficile à aborder, ils tenaient depuis un an tout le pays en échec. Une colonne les obligea à se rendre. Avec eux tombait la dernière résistance du pays kabyle, et la colonne expéditionnaire rentrait à Constantine à la fin d'août.

Voyant toute tentative d'insurrection sévèrement réprimée, les indigènes, éclairés par l'expérience et conduits par elle à une saine appréciation de notre force, ne donnèrent en 1862 aucun sujet de plainte contre eux, et dénoncèrent même à l'autorité militaire les fanatiques qui les excitaient au désordre.

Aussi, à défaut d'expédition militaire, nous signalerons une expédition toute pacifique, entreprise sur les ordres du maréchal Pélissier, et qui eut pour résultat d'assurer dans les profondeurs du Sahara la prépondérance de la France et la sécurité des voyageurs. Nous voulons parler des relations nouées en 1862 entre le gouverneur général et les principaux chefs des Touaregs, relations qui ont déterminé quelques-uns de ces chefs à se rendre à Paris, et ont abouti à un traité de commerce signé à Ghadamès par les représentants de la France et ceux des Touaregs.

L'année suivante ne fut pas moins calme, et l'empereur crut devoir en profiter pour essayer de mettre un terme aux inquiétudes excitées par les discussions sur la propriété arabe. Dans une lettre au gouverneur, il fit connaître que le projet de cantonner les Arabes était définitivement abandonné; et le sénatus-consulte du 22 avril 1863 vint bientôt faire savoir à tous dans quelles conditions cette propriété allait être définitivement constituée.

Nous avons déjà signalé les bases fondamentales de ce sénatus-consulte et l'effet qu'il produisit en Algérie. Les chefs arabes, voyant leur autorité diminuée, en appelèrent aux armes, et l'année 1864 va se trouver ensanglantée par des insurrections formidables sur presque tous les points de l'Algérie.

Les premiers symptômes de défection se manifestèrent dès le mois de février dans les tribus sahariennes de la province d'Oran. Le bach-agha des Ouled-Sidi-Cheikh, Si-Seliman-ben-Hamza, quitta son poste, appelant les Arabes à la guerre sainte, et annonçant qu'il allait marcher sur Géryville. Aussitôt la garnison de cette place est renforcée, et le colonel Beauprêtre, commandant supérieur du cercle de Tiaret, reçoit l'ordre d'aller surveiller le Djebel-Amour. Trop confiant dans la fidélité des Harar, qui formaient la majeure partie de son goum, le colonel se laissa tenter par l'espoir de frapper quelque coup vigoureux et se rapprocha de Géryville. Assailli dans son camp d'Aïounet-ben-Beker, le 8 avril, à quatre heures du matin, par les contingents des insurgés, auxquels s'étaient joints les goums des Harar et ceux du Djebel-Amour, il périt avec tout son détachement, mais en vendant chèrement sa vie et en faisant subir à l'ennemi des pertes énormes. Le chef des rebelles, Si-Seliman, fut tué dans le combat, et aussitôt remplacé par son jeune frère, Si-Mohammed-ben-Hamza.

Il était impossible de se méprendre sur la gravité du mouvement insurrectionnel. Une colonne fut immédiatement organisée à Saïda sous les ordres du général Martineau et chargée d'aller ravitailler Géryville. D'autres colonnes étaient également organisées et envoyées contre différentes tribus du Boghar qui faisaient défection à la même époque.

Parti de Saïda le 17 avril, le général Martineau livrait combat quelques jours plus tard, à Saïn-Legta, à cinq mille cavaliers arabes, parvenait le 27 avril à Géryville, ravitaillait cette place, et reprenait ensuite la route du nord pour opérer sa jonction avec le général Deligny. Les deux colonnes réunies parcoururent alors le pays pendant douze jours, dispersèrent les Arabes en plusieurs rencontres, particulièrement près de Chab-el-Ameur et à El-Terachi, et firent rentrer dans le devoir toutes les tribus insoumises.

Pendant que ces deux généraux étaient aux prises avec les insurgés du sud, l'insurrection gagnait d'autres tribus. Les Flittas de la subdivision de Mostaganem, soulevés par le marabout Si-Lazareg-bel-Hadj, attaquaient une petite colonne de huit cents hommes qui, sous la conduite du colonel Lapasset, se rendait de Tiaret à Relizane. Il ne restait aucune troupe de réserve ni à Alger ni à Oran; il fallut demander des renforts en France, et nos généraux durent opérer un mouvement de retraite. Ils n'en reprirent pas moins l'offensive peu après, et le 31 mai le général Jousouf se portait avec une colonne légère jusqu'à El-Gricha, principal village du Djebel-Amour, et par cette marche audacieuse terrifiait les populations rebelles , qui s'empressaient d'implorer leur pardon.

A cette même époque, le 22 mai, le maréchal Pélissier mourait, et le général de Martimprey était chargé de l'intérim du gouvernement général. Il reçut de France de nouveaux renforts qui devaient bientôt trouver leur utile emploi, car l'insurrection gagnait toujours.

Si-Lazareg, retiré chez les Flittas, faisait parcourir le pays par ses émissaires, appelait aux armes les populations, annonçant que les Français étaient en guerre avec tous les peuples, et que le moment était venu de chasser les chrétiens. Une partie des tribus du cercle d'Ammi-Moussa le suivit dans la révolte. A la tête de ces nouveaux contingents, le marabout se rue sur le caravansérail de Rahouia, en massacre tous les défenseurs, et le 26 mai vient mettre le siège

devant le poste d'Ammi-Moussa. Pendant trois jours
la redoute fut attaquée avec fureur; mais au bout de
ce temps l'apparition de la colonne Martineau fit abandonner le siège. Le marabout, toutefois, ne renonçait
pas à l'offensive, et faisait irruption dans la plaine de
Relizane, brûlant les fermes et détruisant les poteaux
télégraphiques. Le général Roze rétablit les communications, dégagea la plaine et refoula dans la montagne les bandes d'insurgés. Posté à Dar-ben-Abd-
Allah, où il fit construire une redoute, le général
repoussa deux jours de suite les attaques des rebelles. Dans un dernier combat, livré le 5 juin, le
marabout fut tué, et les trois mille dissidents qui
s'étaient rangés sous son drapeau dispersés.

Pendant que le général Roze réprimait ainsi l'insurrection des Flittas, et que le général Liébert et
le colonel Lapasset faisaient rentrer dans le devoir
d'autres tribus également soulevées, le général Deligny poursuivait ses opérations dans le sud de la province d'Oran, et, après avoir renforcé Géryville, recevait la soumission des Harar. Le général Jousouf, de
son côté, rentré à Laghouat le 8 juin, avait regagné
Boghar le 30 juin après avoir rétabli l'ordre dans cette
région.

Dans la province de Constantine, malgré la révolte
qui agitait alors la Tunisie, il avait suffi au général
Desvaux de renforcer les postes des frontières, la
Calle, Soukharas et Tébessa, pour maintenir nos
tribus dans le devoir.

Certaines tribus, plus compromises que les autres,
opposaient encore quelque résistance. Le général de
Martimprey, prenant la direction des colonnes Roze,
Liébert, Martineau et Lapasset, organisa une battue

générale dans le sud des provinces d'Oran et d'Alger. Les tribus se rendirent à merci, et, le 29 juin, le général de Martimprey s'embarquait à Mostaganem pour rentrer à Alger, laissant au général Deligny le soin de régler les conditions de l'aman.

La première partie de l'année 1864 était écoulée; mais la seconde partie de cette même année allait être encore plus féconde en insurrections que la première.

Le gouverneur général par intérim, mandé à Paris, partit d'Alger le 5 juillet, laissant le commandement au général de division Morris. Aussitôt de nouveaux troubles se manifestent dans les provinces de Constantine et d'Oran, et gagnent bientôt tout le sud de l'Algérie.

Le marabout Si-Mohammed-ben-Hamza, fugitif quelques jours auparavant, se présentait le 12 juillet devant Irendah, et de gré ou de force entraînait dans la révolte toutes les tribus des Harar, et se dirigeait avec eux vers le sud. De son côté, Si-Lala entraînait la plupart des tribus du Djebel-Amour. Les Larbaas et toutes les tribus du cercle de Boghar faisaient également défection et se portaient vers le sud-est, pillant et brûlant tout sur leur passage.

La situation devenait critique : il fallait à tout prix maintenir l'ennemi dans le sud, en attendant que la fin des grandes chaleurs permît de pousser activement les opérations. Dans la province de Constantine, quelques colonnes envoyées dans les tribus qui menaçaient de faire défection avaient suffi pour les maintenir; cependant le colonel Séroka avait eu à soutenir le 8 septembre à Baniou un violent combat d'arrière-garde contre les Ouled-Madhy révoltés.

Sur ces entrefaites, le 19 septembre, le maréchal de Mac-Mahon, duc de Magenta, récemment nommé gouverneur général de la colonie, arriva à Alger.

Après avoir pris connaissance de la situation, le nouveau gouverneur résolut d'en finir d'abord avec la révolte des Ouled-Madhy, qui menaçait de gagner tout le sud de la subdivision d'Aumale.

Toutes les colonnes en mouvement durent se concerter.

Le colonel de Lacroix, qui venait de prendre le commandement des troupes réunies à Bou-Saada, vint s'établir le 30 septembre à Aïn-Dermel, faisant couvrir l'entrée de la gorge Teniet-el-Ribh. Là eut lieu un combat de trois heures, à la suite duquel l'ennemi dut évacuer la plaine ; ce qui ne l'empêcha pas de revenir trois jours après attaquer encore le colonel de Lacroix, toujours posté au même endroit. Repoussés de nouveau, les Ouled-Madhy se jetèrent dans l'ouest pour tâcher de rejoindre le marabout Si-Mohammed-ben-Hamza. Surpris dans ce mouvement, le 7 octobre, à Aïn-Malakoff, par les colonnes réunies des généraux Jousouf et Liébert, ils furent complètement défaits : trois mille chameaux, trente mille moutons, quinze cents bœufs et un énorme butin tombèrent en notre pouvoir.

L'effet produit par ce combat, qui mit fin à la révolte de l'est, fut si grand que les Ouled-Madhy et la plupart de ceux qu'ils avaient entraînés retournèrent sur leurs pas et allèrent faire leur soumission au colonel de Lacroix.

Pendant que la situation se dégageait dans l'est, de nouvelles complications survenaient au centre et à l'ouest.

Le marabout Si-Mohammed-ben-Hamza concertait avec son oncle, Si-Lala, un double mouvement offensif et simultané sur les deux provinces d'Alger et d'Oran. Tandis que, dans la province d'Alger, Si-Mohammed soulevait les Ouled-Nayl et la majeure partie du cercle de Laghouat, Si-Lala se portait dans les derniers jours de de septembre vers les tribus établies entre Kreider et Saïda, et les entraînait dans la direction de Bedrous.

Après avoir battu le général Jolivet à El-Bedia et lui avoir enlevé ses bagages, Si-Lala se porta rapidement sur Daya, entraînant les Béni-Mathar et la plupart des tribus voisines. Le 8 octobre il venait brûler les fermes européennes de Sidi-Ali-ben-Youb. Bientôt repoussé à Touten-Yaga par le général Jolivet, il se décidait à reprendre la route du sud.

Dans la province d'Alger, le général Jousouf, à la suite d'un engagement qui avait eu lieu le 19 octobre sur l'Oued-Mzi, était parvenu à se placer entre les contingents de Si-Mohammed et les tribus insurgées du cercle de Boghar ; et, après avoir poursuivi le marabout jusqu'à Daya-Tinsafoun, avait reçu la soumission de toutes les tribus de la province d'Alger qui avaient suivi la fortune de ce fanatique.

Il se porta ensuite à la rencontre du général Deligny, avec lequel il opéra sa jonction le 19 novembre à Tadjerouna, puis regagna Laghouat.

Chargé de poursuivre le marabout, le général Deligny, parti de Tadjerouna le 20 novembre, arrivait à El-Menia après deux jours d'une marche pénible sur un terrain accidenté par des dunes alternant avec la roche nue. Laissant à El-Menia ses malades et ses approvisionnements, il gagna avec une colonne légère

Tahar et Habehi, où il comptait trouver les gens du marabout; mais, en arrivant sur ce point, il apprit que les tribus insoumises avaient mis entre elles et la colonne d'immenses espaces sans eau. Il dut s'arrêter et recevoir les offres de soumission qui lui étaient faites par quelques tribus. La colonne revint à Tadjerouna, où elle séjourna jusqu'au 9 décembre afin de couvrir la rentrée dans leur pays des populations d'Oran et d'Alger.

Pendant que le général Deligny s'enfonçait ainsi dans le sud à la poursuite de Si-Mohammed-ben-Hamza, Si-Lala essayait un nouveau mouvement dans le Tell de la province d'Oran; et les Ouled-Nahr, soutenus par les Maïa de la frontière du Maroc, commençaient à s'agiter. Le général Legrand marcha aussitôt contre les insurgés, les atteignit le 29 novembre à Sahh-Ahmed-Annoual, et les mit en complète déroute. Ils se hâtèrent de se réfugier sur le territoire marocain en laissant entre nos mains la majeure partie de leurs troupeaux et de leurs tentes.

La campagne de 1864 était terminée : la presque totalité des tribus insurgées étaient soumises. Seuls, les Ouled-Sidi-Cheikh, les Trafis et quelques fractions plus compromises d'autres tribus s'étaient réfugiées dans les vallées qui descendent vers le sud. La poursuite de ces tribus, la soumission de quelques-unes d'entre elles, fut l'œuvre des premiers jours de la campagne de 1865.

Ce fut à la suite de cette insurrection formidable que l'empereur Napoléon se décida à entreprendre un nouveau voyage en Algérie et parcourut successivement les trois provinces du 3 mai au 7 juin 1865. Nous avons déjà vu quel fut le résultat de ce voyage sous le rapport de l'administration de la colonie; il ne nous reste plus par conséquent qu'à signaler les malheurs qui vinrent fondre sur l'Algérie pendant les dernières années de l'empire.

L'année 1866 fut particulièrement néfaste. Une invasion de sauterelles telle qu'il ne s'en était jamais vu, avait dévoré les moissons et réduit à la misère les populations du Tell. Le produit des souscriptions ouvertes en France vint en partie réparer ce désastre, et la situation était moins sombre vers la fin de l'année. On avait ensemencé, au milieu d'une paix profonde, des étendues considérables. Malheureusement toutes les espérances furent bientôt déçues. Dans la province d'Alger, un tremblement de terre anéantit, le 2 janvier 1867, en moins de vingt secondes, plusieurs villages de la Métidja, et des plus prospères. Peu après, le choléra envahissait les trois provinces et enlevait les indigènes par milliers. Quand l'été vint, une sécheresse persistante détruisit sur pied toutes les récoltes; plus tard enfin, les neiges abondantes qui couvrirent le Tell et les hauts plateaux amenèrent des inondations sur les pâturages, et le bétail mourut d'inanition.

Tant de calamités devaient amener les conséquences les plus lamentables. En 1868, les habitants des steppes et des hauts plateaux descendirent dans la plaine, espérant trouver du blé; mais les habitants de la plaine étaient eux-mêmes aux prises avec la disette, et l'on vit des masses compactes d'Arabes déserter leurs douars et venir implorer la pitié des colons. Cette famine fut pour la population indigène un désastre immense, et on évalue à plus de trois cent mille le nombre des victimes.

Des souscriptions furent ouvertes en France. Le gouverneur général fit venir des grains que l'on distribua dans les tribus; les indigènes valides furent employés aux travaux publics; on essaya enfin de tous les moyens pour soulager une pareille misère; et partout le dévouement fut à la hauteur du fléau.

Le gouvernement, les particuliers, le clergé rivalisèrent de zèle en ces douloureuses circonstances. Dans chaque province on ouvrit des asiles où furent abrités et nourris plus de cinquante mille indigènes. A Alger, Mme la maréchale de Mac-Mahon dirigeait elle-même les distributions quotidiennes de vivres et de vêtements. Dans les trois diocèses d'Alger, de Constantine et d'Oran, des orphelinats étaient ouverts, où étaient accueillis par centaines les enfants des tribus; et Mgr de Lavigerie, archevêque d'Alger, entreprenait peu après le voyage de France afin d'implorer la pitié de la métropole en faveur de ces malheureux abandonnés.

Enfin le corps législatif votait deux millions quatre cent mille francs pour le soulagement de toutes ces misères, et, afin d'éviter une nouvelle crise, décidait que l'enquête agricole prescrite pour la France en 1866 serait étendue à l'Algérie.

Notre colonie se relevait à grand'peine de ses ruines que de nouvelles insurrections éclataient. Les Ouled-Sidi-Cheikh, tribus nomades dissidentes, refoulées en 1864 au delà de nos frontières du sud, osaient en 1869 faire de nouveau irruption sur notre territoire et attaquer les tribus restées fidèles. Diverses colonnes, au commandement desquelles prirent part les généraux de Wimpffen et Chanzy, les colonels de Sonis et de Colomb, furent dirigées contre les rebelles,

les battirent en plusieurs rencontres, les poursuivirent jusque dans le Maroc, sur les bords de l'Oued-Guir, et reçurent leur soumission. C'en était fait de ces révoltes jusqu'au moment où la guerre contre la Prusse allait de nouveau réveiller les idées d'indépendance des indigènes.

CHAPITRE X

L'Algérie sous le gouvernement de la défense nationale. — Décrets du 24 octobre 1870 : réorganisation administrative et politique. — M. du Bouzet, commissaire extraordinaire en Algérie; — remplacé par M. Alexis Lambert. — Le général Lallemand, commandant supérieur des forces de terre et de mer. — Soulèvement général des Arabes en 1871. — Le vice-amiral comte de Gueydon, gouverneur général de l'Algérie, 29 mars 1871. — Mokrani et Si-Aziz, chefs arabes. — Combats de l'Oued-Soufflat, d'Icheriden, de Bou-Taleb. — Le général Chanzy, gouverneur général civil et commandant supérieur des forces de terre et de mer, 1873 à 1879. — Programme du nouveau gouverneur. — Faits militaires, 1873 à 1878. — M. Albert Grévy, gouverneur général.

Une dépêche télégraphique, parvenue à Alger dans la nuit du 4 septembre, annonça à notre colonie la chute de l'empire et la proclamation de la république.

Le lendemain, le général Durrieu, gouverneur par intérim, faisait afficher une proclamation invitant la population à attendre avec calme les décisions de la mère patrie. Il était difficile aux Algériens de conserver le calme que leur recommandait l'autorité ; les esprits s'échauffèrent, et il fut bientôt évident que la colonie ressentirait le contre-coup violent des événements qui se passaient en France. La situation, du reste, présentait un caractère tout particulier.

L'empire comptait en Algérie de nombreux et redoutables adversaires, parmi lesquels figuraient de nombreux proscrits politiques de 1848 et de 1851. « Des promesses de réorganisation politique et administrative n'ayant servi qu'à discréditer le régime existant sans aboutir encore à des résultats réels, une légalité incertaine en beaucoup de points, le dualisme des pouvoirs, tout portait à l'exagération de l'individualisme dans les situations comme dans les esprits[1]. »

Aussi ne faudra-t-il pas s'étonner de rencontrer partout, dès le début, les conseils municipaux et les comités de défense en lutte avec les représentants militaires ou civils du gouvernement central, de voir ensuite des dissentiments s'élever entre ces conseils et ces comités, et produire l'anarchie la plus complète; enfin, pour compléter le tableau, une insurrection formidable éclater sur divers points et menacer l'existence de notre colonie.

Les populations européennes de l'Algérie saluèrent avec joie l'avènement de la république; les indigènes, au contraire, l'accueillirent avec une surprise mêlée d'inquiétude, mais restèrent paisibles. Déjà la plus grande partie des troupes régulières qui garnissaient l'Algérie avaient été envoyées en France pour combattre l'armée allemande; cependant on s'empressa de lever l'état de siège et de déclarer applicables à la colonie les décrets rendus par le gouvernement de la défense nationale.

[1] M. de la Sicotière.

Aussitôt des comités de défense s'organisent sur divers points, et, non contents de s'occuper des mesures relatives à la sûreté publique, s'empressent de revendiquer une partie du pouvoir exécutif, envoient à Tours des délégués chargés de presser la substitution du régime civil au régime militaire. Les conseils municipaux réorganisés les suivent dans cette voie.

Les nouveaux préfets d'Alger, d'Oran et de Constantine, MM. Warnier, du Bouzet et Lucet, avaient pris possession de leurs fonctions en faisant appel aux idées de conciliation : l'appel n'avait pas été entendu; et le général Esterhazy, nommé en remplacement du général Durrieu, gouverneur général par intérim, était accueilli à Alger, le 27 octobre, par des cris et des injures, obligé de donner sa démission et de s'embarquer pour la France. Le préfet d'Alger essaye vainement de s'interposer, de calmer l'irritation de la population; elle se tourne contre lui et l'oblige à se retirer (29 octobre). Le général Lichtlin, qui devait remplacer le général Esterhazy, ne put prendre possession de ses fonctions, et dut se réfugier à l'Amirauté en attendant son remplacement.

Partout, dans les villes, des scènes de désordre auxquelles les étrangers prennent la plus grande part. Dans les campagnes, les tribus arment les unes contre les autres; les impôts commencent à se recouvrer difficilement; les meubles et les animaux émigrent dans les montagnes; les élèves indigènes ne rentrent pas dans les collèges.

Pendant ce temps, le gouvernement de Tours élabore et fait paraître le 24 octobre de nombreux décrets destinés à transformer l'Algérie : décrets sur l'organisation politique de l'Algérie, sur la naturalisation des Israélites indigènes, sur la naturalisation conditionnelle des étrangers, sur l'organisation du jury, etc. etc. D'après le premier de ces décrets, le gouverneur général de l'Algérie devait être désormais gouverneur civil ayant sous ses ordres un général de division commandant les forces de terre et de mer. La division des départements en trois territoires, civil, militaire et mixte, était abolie; chaque département ne formait plus qu'un seul territoire, le territoire civil : néanmoins, jusqu'à ce qu'il en fût autrement ordonné, les populations européenne et indigène établies dans les territoires militaires continueraient à être administrées par un officier supérieur; les chefs des différents services civils et financiers de ces territoires étaient placés sous les ordres du préfet.

Ces décrets, connus à Alger le 31 octobre, furent accueillis avec défaveur; on ne pouvait prendre au sérieux la nomination de M. Henri Didier, renfermé dans Paris, au poste de gouverneur général civil.

Débarrassé du gouverneur général intérimaire réfugié à l'Amirauté, du préfet d'Alger qui vient de donner sa démission, le conseil municipal de cette ville, réuni au comité de défense, s'arroge une véritable dictature. M. Vuillermoz, d'accord avec le comité-conseil, s'investit lui-même des fonctions de commissaire extraordinaire par intérim (8 novembre), puis fait appel à tous les comités de défense pour les engager à approuver ces mesures révolutionnaires. Beaucoup de comités et plusieurs municipalités y adhèrent en effet; mais une résistance énergique se produit sur plusieurs points : à Bone, sous l'impulsion de M. Lambert, sous-préfet; à Constantine et dans tout ce département, sous celle de M. Lucet, préfet. Le mouvement avorte.

L'arrivée du général Lallemand (10 novembre), nommé commandant supérieur des forces de terre et de mer, et bientôt la nomination de M. du Bouzet (17 novembre), ancien rédacteur du *Temps*, préfet d'Oran au 4 septembre, aux fonctions de commissaire extraordinaire, chargé provisoirement des attributions de gouverneur général civil, calment un peu l'opinion publique.

Mais de nouvelles difficultés surgissent peu après au sujet des officiers capitulés de Metz et de Sedan, à qui l'on prodigue des avanies de toutes sortes, tandis que les Arabes, toujours calmes en apparence, font leurs préparatifs de guerre. La lutte s'engage plus vive que jamais entre le commissaire gouverneur et le comité-conseil d'Alger, et après de nombreuses péripéties se termine, d'une part par la dissolution du conseil bientôt réélu, d'autre part par la révocation de M. du Bouzet (8 février), immédiatement remplacé par M. Alexis Lambert.

C'était à ce moment même, pendant ces luttes déplorables et stériles, qu'éclataient les premiers symptômes de l'insurrection arabe.

Déjà sur beaucoup de points les tribus étaient prêtes à en venir aux mains entre elles. Le général Lallemand et le général Augeraud, qui commandait à Sétif, voulant à tout prix éviter une prise d'armes dans un moment où il ne leur restait plus aucune troupe régulière, eurent alors la pensée d'opérer un rapprochement entre les principaux chefs militaires de la Medjana et les chefs religieux de la Kabylie. Des entrevues eurent lieu au mois de décembre à Ahbou, entre le bach-agha Mokrani et le vieux cheikh Haddad et leurs enfants, sous les auspices de l'autorité française. Que résulta-t-il de cette entrevue ? On ne sait, mais la trêve sur laquelle comptaient nos généraux fut de bien courte durée.

Les Ouled-Sidi-Cheikh, tribus nomades que nous avions repoussées à plusieurs reprises dans le Maroc en 1864, 1869 et 1870, essayèrent de recommencer la lutte en janvier 1871, sous la conduite de Si-Kaddour, leur chef. Si-Kaddour envahit à l'improviste notre territoire. Vaincu au combat de Magoura et poursuivi par nos troupes, il regagna précipitamment le Maroc.

Cette première expédition eut pour résultat d'empêcher les tribus de l'Ouest de prendre part à la formidable insurrection qui se préparait.

Nos revers, le départ des derniers régiments de ligne, leur remplacement par des mobiles dépourvus d'instruction militaire, l'armement des milices algériennes et l'incorporation dans leurs rangs des étrangers, des Israélites et des musulmans, avaient persuadé les Arabes de notre complet affaiblissement. La chute de Paris ne leur laissa bientôt plus aucun doute sur notre ruine prochaine : ils n'avaient qu'à se lever pour nous chasser du pays.

L'insurrection débuta le 23 janvier 1871 par la révolte des spahis d'Aïn-Guettar, qui refusèrent de partir pour la France et regagnèrent leurs tribus. Ce fut un signal ; diverses tribus de l'Est se soule-

vèrent aussitôt; Souk-Ahrras, El-Miliah sont bloqués,
et l'agitation gagne le cercle de Tebessa. Cependant
ce premier mouvement ne tardera pas à être ré-
primé; mais l'insurrection renaîtra bientôt dans les
portions de la province de Constantine qui confinent
à celle d'Alger, puis finira par les envahir toutes
les deux. La province d'Oran, qui paraissait la
plus menacée après le 4 septembre, échappera
seule.

Des pillages, des assassinats préludent au soulèvement général. La conclusion de la paix avec la
Prusse (26 février — 2 mars 1871) ne pourra le con-
jurer; seulement elle rendra disponible pour l'Algérie une partie des troupes occupées par la guerre
contre l'Allemagne; mais ces troupes n'arriveront
qu'à la fin d'avril, lorsque déjà le mal sera à son
comble.

A la voix de Mohammed-Mokrani, back-agha de la
Medjana, la révolte éclate à la fois dans les deux
provinces d'Alger et de Constantine (15 mars 1871),
et se répand comme une traînée de poudre à travers la Kabylie tout entière. Tous les kouans de
l'association religieuse de Sidi-Abderrahman et Go-
brini se lèvent au premier signe de leur chef, le
vieux marabout El-Haddad, et la lutte prend dès
lors un caractère essentiellement religieux. Le mouvement s'étend sur une longueur de plus de trois
cents kilomètres, et couvre de sang et de ruines les
territoires de Collo, Batna, Djijelli, El-Miliah, Bougie et Tuggurt.

Jamais, depuis la conquête, une insurrection aussi
formidable, attisée par le fanatisme religieux, par
les craintes et les intérêts des grands chefs, encou-

22

ragée par le retrait des troupes, par les récits de nos désastres en France, n'aura mis l'Algérie aussi près de sa perte.

Vers cette époque, le 29 mars, M. le vice-amiral de Gueydon était nommé gouverneur général de l'Algérie; M. Tassin, directeur général des affaires civiles et financières; le général Lallemand, maintenu au poste de commandant militaire.

A peine avait-on eu le temps à Alger de réunir quelques bataillons, que les Kabyles menaçaient déjà la plaine de la Métidja; arrêtés le 22 avril près de l'Alma, ils s'enfuirent après quelques heures de combat. Le général Lallemand put alors réunir quelques troupes dans la province d'Alger, débloquer successivement Tizi-Ouzou et Dellys, pacifier la vallée de l'Oued-Sebaou et reconquérir les hauteurs de la Djurdjura.

D'autres colonnes moins importantes opéraient en même temps sur le flanc droit, délivraient Béni-Mansour, et livraient, le 13 mai, à l'Oued-Soufflat, un brillant combat dans lequel fut tué le bach-agha Mokrani. Après avoir dégagé Dra-el-Mizan, complètement soumis l'Oued-Sahel et le versant sud des montagnes, ces mêmes colonnes venaient se réunir à la colonne Lallemand pour débloquer Fort-National, et écraser l'insurrection kabyle à Scheriden, le 24 juin 1871. Cette bataille fut décisive et assura le succès de la campagne. L'état de siège qui avait été établi dans un grand nombre de cercles put enfin être levé. Les colonnes se séparèrent à Scheriden et entreprirent chacune de leur côté une série d'opérations ayant pour but de châtier les tribus rebelles et d'assurer la rentrée de l'impôt de guerre. Le sequestre fut mis sur les biens des insurgés, qui ren-

dirent quatre-vingt mille fusils et payèrent trente
millions de francs, dont dix-neuf furent répartis
entre les colons comme indemnité. Ces opérations
durèrent jusqu'au mois de septembre.

On croyait la révolte vaincue, quand un nouveau
soulèvement éclata dans l'ouest de cette même province d'Alger, chez les Beni-Menasser. En un seul
jour Cherchell était bloqué, une partie de la plaine
dévastée, et la ligne du chemin de fer entre Adelia
et Bou-Medfa sérieusement menacée. Grâce à l'activité déployée par les deux colonnes envoyées contre
les rebelles, ils furent bientôt en complète déroute.

Tandis que ces événements se passaient dans la
province d'Alger, la province de Constantine n'était
pas moins éprouvée. Au lendemain de sa déclaration
de guerre notifiée au général Augeraud le 14 mars,
Mokrani était venu mettre le siège devant Bou-Arreridj. La lutte fut acharnée; mais, au bout de douze
jours, les Kabyles s'enfuirent à l'approche d'une colonne de quinze cents hommes. Rencontrés quelques
jours après par une autre colonne, ils furent battus à
Bordj-Medjana, et rejetés dans la province d'Alger,
où Mokrani alla se faire tuer le 13 mai au combat de
l'Oued-Soufflat.

Si-Aziz, fils du cheikh El-Haddad, et le kaïd d'Aïd-
Tagrount levèrent alors l'étendard de la révolte et
fournirent un nouvel aliment à l'insurrection, qui à
la fin d'avril embrassait les cercles de Boussaada,
Bou-Arreridj, Bougie, Sétif, Djidjelli et Batna. Six
colonnes mobiles furent aussitôt organisées. Elles
partent de points opposés, s'avancent contre les
rebelles, les écrasent en diverses rencontres et finis-

sent par les rassembler et les acculer au Bou-Taleb, où fut livré le dernier et le plus sanglant combat de la campagne.

La Kabylie orientale était domptée; mais, dans l'extrême sud, Bou-Choucha s'était emparé de Tougourth, et les Mokran, conduits par Bou-Mezrag, frère et successeur de Mokrani, étaient allés l'y rejoindre.

Le général de la Croix, envoyé à leur poursuite, arrive à Tougourth à la fin de décembre, se porte aussitôt à Ouargla, où les Oulad-Mokran s'étaient réfugiés, met en fuite Bou-Choucha, disperse ses partisans et s'empare de Bou-Mezrag.

Ainsi s'éteignit cette insurrection formidable de 1871, qui laissera dans les annales de l'Algérie un long et sanglant souvenir. La gloire de l'avoir vaincue appartient aux généraux Lallemand, de la Croix et Cérez. Il était nécessaire d'achever le récit de ces expéditions avant de reprendre l'histoire chronologique des événements remarquables qui se passèrent alors dans notre colonie et modifièrent plus ou moins sa constitution.

Après la réunion de l'assemblée nationale et lorsque le gouvernement de la métropole fut régulièrement constitué, l'attention du ministère fut naturellement appelée sur l'Algérie, où les Kabyles s'insurgeaient, et dont tous les services administratifs étaient désorganisés.

Le cabinet du 18 février, tenant compte des faits accomplis, approuva la substitution du régime civil au régime militaire, et nomma le vice-amiral comte de Gueydon gouverneur général civil de l'Algérie (29 mars 1871). Il devait avoir sous ses ordres le commandant des forces de terre et de mer, le directeur général des affaires civiles et financières et en général tous les services administratifs concernant les Européens et les indigènes. Cinq mois plus tard, les fonctions de commandant supérieur des forces de terre et de mer allaient être supprimées, et les troupes de chaque province placées sous les ordres d'un général de division.

La nomination d'un vice-amiral au poste de gouverneur général civil ne fut pas très favorablement accueillie en Algérie; on parut la considérer comme un retour vers le régime militaire, mais les événements commandaient cette mesure.

Le premier devoir du nouveau gouverneur fut de réduire l'insurrection arabe. Sur sa demande l'effectif de l'armée fut graduellement augmenté, nos troupes purent reprendre l'offensive, et, après une année de combats, rétablir le calme et la tranquillité dans la colonie.

Quand la révolte fut comprimée, on procéda à une nouvelle organisation administrative, à la reconstitution des conseils de gouvernement créés par les décrets du 24 octobre 1870. Le comité consultatif du gouvernement fut appelé à donner son avis sur les affaires administratives au sujet desquelles les préfets n'avaient point à statuer. Le conseil supérieur de gouvernement, qui devait se réunir chaque année après la session des conseils généraux pour discuter le budget général de l'Algérie, fut régulièrement et définitivement établi. L'Algérie nomma les six députés, deux par province, que lui accordait la loi, comme elle devait nommer un peu plus tard un sénateur et un député par province. On s'occupa ensuite de la formation des circonscriptions cantonnales, de l'organisation administrative du Tell, en exécution des décrets du 24 octobre, enfin de l'installation sur le sol algérien des émigrés de l'Alsace et de la Lorraine. Telles furent les principales préoccupations du vice-amiral comte de Gueydon.

Il fut relevé de ses fonctions le 11 juin 1873 et remplacé par M. le général de division Chanzy, membre de l'assemblée nationale, qui avait commandé en chef la seconde armée de la Loire dans la guerre contre la Prusse. Un décret du même jour décidait que le gouverneur général civil, lorsqu'il remplirait les conditions voulues pour exercer le commandement militaire, pourrait recevoir, par délégation spéciale, le commandement supérieur des forces de terre et de mer. Le général Chanzy était investi en même temps de ces deux fonctions. Cette nomination fut le signal d'une nouvelle direction donnée à l'administration de notre colonie. L'expérience avait démontré que l'application des décrets des 24 décembre 1870 et 20 février 1873, sur l'extension du territoire civil et la division du Tell en circonscriptions cantonales, n'était possible qu'à la condition, pour l'administration et la justice, de disposer de moyens d'action suffisants; or, ces moyens faisant défaut, l'organisation nouvelle avait engendré, dans la plupart des territoires où elle était appliquée, des embarras et des difficultés considérables. Pour remédier à cet état de choses, un décret du 11 septembre 1873 autorisa le nouveau gouverneur à suspendre l'exécution des décrets dans toutes les parties du territoire où il jugerait leur application prématurée, et à replacer transitoirement

ces territoires sous l'action du commandement militaire.

Le 8 octobre, un nouveau décret avait porté de cinq
à six le nombre des délégués des conseils généraux
au conseil supérieur de gouvernement. La réunion
de ce conseil, le 3 décembre suivant, fournit au général Chanzy l'occasion de produire devant les délégués du pays le programme qu'il avait arrêté. « On
ne réalise pas le progrès en le décrétant, disait-il,
mais on l'obtient par des mesures sages et efficaces.
Je rendrai mieux ma pensée, continuait le général
Chanzy, en vous citant une de mes premières impressions en arrivant en Algérie, il y a trente ans,
au début de ma carrière militaire. On lisait alors, sur
le poteau à l'angle nord-ouest du champ de manœuvre
de Mustapha, ces mots qui me frappèrent : « Route
« d'Alger à Laghouat. » Ce n'était alors qu'un programme que nous avons réalisé successivement par
la conquête. Cette même impression je l'ai ressentie
en lisant les décrets de 1870 : eux aussi n'étaient que
le programme de ce qui nous reste à faire pour assurer l'œuvre de colonisation qui doit justifier notre
implantation sur le sol algérien. Les décrets indiquent
bien le but à atteindre ; ils ont formulé ce qui, constamment, a été le fond de la pensée de tous ceux
qui se sont voués à ce pays. Mais que sont-ils par
le fait ? l'étiquette du poteau de Mustapha. C'est bien
là le programme ; il faut l'accomplir, sans se dissi-
muler les difficultés qui peuvent naître sur la route,
mais en tenant compte des écueils et des dangers
qui compromettraient le résultat. »

Assimilation de l'Algérie à la métropole « en tenant
compte transitoirement des conditions exceptionnelles

que crée la différence dans les origines des diverses populations qu'il s'agissait de transformer et d'agréger », tel fut le programme que le général Chanzy opposa sans cesse « aux théories dangereuses qui, se dissimulant sous le titre d'une autonomie favorable aux intérêts particuliers de ce pays, ne tendent qu'à briser sucessivement les liens qui doivent nous rattacher constamment à la patrie commune dans ses malheurs comme dans sa prospérité. »

Toutefois le général Chanzy ne fut pas uniquement occupé de l'exécution des décrets sur l'extension du territoire civil; nos rapports avec les tribus arabes donnèrent lieu à quelques événements qu'il importe de signaler.

L'année 1873 ne fut marquée dans la province d'Alger que par les démarches faites par Si-Eddin, frère de Kaddour-ben-Hamza, pour négocier de la soumission des Ouled-Sidi-Cheikh-Cheraga, ces immortels ennemis de la domination française. Venu à Laghouat, puis à Alger, il y reçoit l'assurance que les conditions déjà portées à la connaissance des Ouled-Sidi-Cheikh ne seront pas modifiées : ceux-ci recevront l'aman complet, mais ils n'exerceront plus de commandements et accepteront la résidence qui leur sera imposée, en laissant un membre de la famille Ben-Hamza en otage sur un des points du Tell choisi à cet effet. Ces conditions ne furent pas acceptées, et après de nouvelles démarches, en 1874 et en 1875, quelques bandes des Ouled-Sidi-Cheikh, alliées à des tribus marocaines, vinrent, de temps à autre, tenter quelques coups de main sur nos frontières contre nos tribus restées fidèles. Celles-ci, ayant réuni leurs contingents à Coléah au mois d'août, se portèrent jusque dans le voisinage de Touat, et enlevèrent aux Marocains la plus grande partie de leurs troupeaux. D'autres troubles de même nature éclatèrent près de Laghouat; mais cette effervescence, qui n'avait pour cause aucun motif hostile à la France, mais seulement des compétitions entre tribus, se calma d'elle-même.

Dans la province d'Oran, nos frontières furent attaquées, dès le commencement de l'année 1873, par les Ouled-Sidi-Cheikh-Gharaba, commandés par Si-Mammar-Oued-Cheikh-Taied, auquel vint se joindre son cousin Seliman-ben-Kaddour. Ce dernier, ex-agha des Halmyans, interné depuis quelques années à Aïn-Temouchent, avait réussi à tromper notre surveillance et à s'échapper. L'envoi de quelques troupes suffit pour rétablir la tranquillité.

Sur ces entrefaites, le 11 septembre 1873, l'empereur du Maroc, Moulah-Abderahman, vint à mourir au moment où, cédant à nos instances, il allait éloigner de nos frontières les Ouled-Sidi-Cheikh et les interner dans l'intérieur de son empire. L'avènement de son successeur fut le signal de troubles qui s'étendirent à tout le Maroc, et nous obligèrent à maintenir nos troupes sur la frontière.

Dès les premiers mois de l'année 1874, la réconciliation des deux fractions rivales des Ouled-Sidi-Cheikh vint de nouveau menacer nos populations du sud et du sud-ouest, qui, en effet, étaient attaquées et pillées en février 1874. En avril, Si-Mammar et Seliman-ben-Kaddour se disposent à faire une pointe dans l'intérieur de notre territoire pour nous enlever les Rezaïna, serviteurs religieux des Ouled-Sidi-Cheikh, retombés en notre pouvoir en 1871 et cantonnés dans le cercle de Saïda. Ils s'avancent jusqu'au bord du Choot-Chergui et détruisent quelques douars des Trafis; mais le goum de cette tribu se rassemble, les poursuit et les atteint à Nefich, au nord de Chellala. Les Ouled-Sidi-Cheikh furent complètement défaits, Si-Mammar tué, et Seliman blessé.

Cette victoire nous débarrassa pour quelque temps des entreprises des tribus dissidentes.

Cependant les troubles continuèrent pendant toute l'année sur la frontière marocaine sans atteindre notre territoire; ce fut seulement en 1875 que les Ouled-Sidi-Cheikh recommencèrent leurs incursions dans le sud de la province d'Oran, cherchant à amener la défection des tribus fidèles à la France. Plusieurs engagements eurent lieu entre les contingents des tribus sans amener d'incidents remarquables. La lutte se passait de l'autre côté de notre frontière, et l'empereur du Maroc était obligé d'intervenir sans pouvoir apaiser complètement les troubles.

Le général Chanzy eut encore à réprimer, en 1876, l'insurrection des gens d'El-Amri, dans le Lab-Dahraoui, contre lesquels fut envoyé le général Carteret. Vint encore une insurrection dans l'Aurès, également réprimée.

Sous l'administration du général Chanzy, la colonisation fit de grands progrès, l'Algérie se couvrit de chemins de fer, et son commerce avec l'Europe atteignit le chiffre de trois cent quatre-vingts millions.

Le 18 février 1879, le général Chanzy ayant été nommé ambassadeur à Saint-Pétersbourg, M. Albert Grévy fut nommé gouverneur général civil le 15 mars suivant, et le général Saussier commandant du 19e corps d'armée.

La nomination de M. Albert Grévy fut le signal d'une application plus large du régime civil, en attendant que la commission d'enquête nommée par le corps législatif pour se rendre en Algérie ait pu se rendre un compte exact de la situation, et qu'une organisation nouvelle et plus complète puisse être votée et appliquée.

CHAPITRE XI

Histoire de la colonisation en Algérie depuis la conquête d'Alger. — État des concessions faites par le gouvernement. — Population européenne et indigène. — L'insuffisance de la population pour l'exploitation de la contrée. — L'Algérie aux diverses expositions. — Renseignements statistiques sur les principales cultures de l'Algérie : céréales, vin, tabac, coton, soie, lin et chanvre, fourrages, etc. — Voies de communication, routes et chemins de fer. — Établissements d'instruction publique.

Alger était depuis peu en notre pouvoir : le pied de nos soldats avait à peine touché les premiers contreforts de l'Atlas, et déjà de hardis colons venaient s'établir dans les plaines de la Mélidja. Nous ne parlons pas de ces spéculateurs moins courageux et moins recommandables qui l'ont achetée tout entière, sans la voir; d'Arabes aussi peu scrupuleux qui vendaient ce qui ne leur appartenait pas. Nous rappelons les efforts de quelques vrais propriétaires, qui, dès les premières années, ont eu foi dans l'avenir de l'Afrique, qui lui ont porté leurs familles et leurs fortunes; et il en est quelques-uns qui ont vu plus tard tous ses désastres sans laisser ébranler un instant leur courage.

En même temps des populations agglomérées commençaient à former des villages nouveaux.

En 1832, des familles alsaciennes arrivèrent du Havre à Alger; le duc de Rovigo les plaça dans le sahel d'Alger, à Déli-Ibrahim et à Kouba. En 1836, sous l'administration du maréchal Clausel, un centre de population fut créé à Bouffarik. Ses habitants eurent beaucoup à souffrir de la guerre et de l'insalubrité du territoire qui les entourait. La ville de Cherchell, ayant été complètement abandonnée, fut repeuplée, en 1840, par les soins du maréchal Vallée. Des groupes s'établissaient spontanément, sans intervention de l'autorité, dans la banlieue d'Alger, en choisissant de préférence les lieux où se trouvaient des camps ou des stations militaires, comme Hussein-Dey, Birkadem, Birmadrais, Texerain. D'autres avaient élevé leurs habitations plus avant, au cœur du Sahel, près des camps de Douera et de Machena.

Cependant les premiers essais de colonisation, à proprement parler, ne remontent pas au delà de 1841. On était au milieu de la guerre, les hostilités s'étendaient jusqu'à la banlieue d'Alger. On songea à faire de la colonisation où l'élément militaire prédominait. On pensait qu'il fallait l'enfermer dans des fossés, dans des enceintes continues. On commença l'*obstacle*, cet immense retranchement qui devait entourer la plus grande partie de la Métidja, et on créa les grands villages militaires de Fouka et de Méred, entourés de murailles, à l'abri desquelles étaient les maisons des colons, bâties sur un plan uniforme par le génie militaire. Elles devaient être peuplées par des soldats libérés, organisés en compagnies, et commandés militairement.

Fouka seul fut peuplé de cette manière; mais on ne tarda pas à reconnaître les difficultés et les dépenses excessives propres à un système qui faisait de la colonisation avec des célibataires sans ressources, qu'il fallait marier pour leur donner une famille, doter, loger, nourrir et habiller, et qui travaillaient en commun.

Afin de peupler Méred, on employa des soldats encore attachés au drapeau, résolus à se fixer en Algérie, et ayant des habitudes agricoles. Une compagnie ainsi recrutée fut installée dans ce village, et une autre dans le camp de Maelma.

On voulut ensuite faire de la colonisation civile. Un arrêté du 18 avril 1841 en fixa les conditions. C'est d'après ce système que furent créés et constitués, du 12 janvier 1842 au 24 décembre 1843, douze centres nouveaux, savoir : Drariah, l'Achour, Cheraga, Douera, Saoula, Ouled-Fayet, Baba-Hassan, Montpensier, Joinville, Kreciya, Douaouda et une annexe de Méred; en 1845, Souma et Notre-Dame de Fouka, Sidi-Chami, Mazagran, Saint-Denis du Sig, Arzeu, Aïnsifia. Trois autres anciennement créés ont été complétés selon le même mode, Déli-Ibrahim, Bouffarik, Cherchell.

Plusieurs villages ont été établis dans les parties extrêmes du sahel par des condamnés militaires, qui, énergiquement conduits, sont, comme on le sait, d'excellents travailleurs, faisant vite et à bon marché. Nous citerons Saint-Ferdinand et Sainte-Amélie, et, en 1841, les villages de Maelma et Zéralda, dans le sahel d'Alger; de Dalmatie, à l'est de Blidah et du Foudouk, au pied de l'Atlas; de Damrémont, Vallée et Saint-Antoine, auprès de

Philippeville, ainsi que plus tard Gastonville, Robertville, etc.

D'autres villages ont été créés par les grands propriétaires du sol, entre autres : Saint-Jules et Caussidou, sur le revers méridional du sahel, en face de la Métidja, à gauche de la route d'Alger à Blidah par Douera.

Une société renommée par ses habitudes agricoles et ses austérités religieuses, les trappistes, forma le projet, à la fin de 1842, de fonder en Algérie une vaste exploitation. Ses propositions, appuyées chaleureusement par plusieurs membres des deux chambres, furent favorablement accueillies par le gouvernement. On leur concéda l'ancien camp de Staouéli, d'une contenance de mille vingt hectares, limitée au nord par la mer, au sud par l'Oued-Bridia, à l'est par l'Oued-Bakara et la plaine, à l'ouest par la plaine. Ces religieux se sont mis aussitôt à l'œuvre, enseignant aux autres colons et aux Arabes la manière de cultiver la terre et de gagner le ciel. Ils ont planté plus de dix mille arbres d'essences variées, défriché six cents hectares de terre, dont partie est semée en céréales, partie convertie en prairies. Ils ont une vigne de cent hectares en plein rapport, de grands jardins potagers et une magnifique pépinière, qui contient plus de cinq mille sujets; ils ont essayé un grand nombre de cultures, parmi lesquelles il faut compter celle du tabac, qui a réussi complètement; outre les travaux agricoles, ils ont exécuté des constructions considérables.

Indépendamment de ces concessions faites par la direction de l'intérieur à titre gratuit, la direction des finances a opéré la concession d'un grand nombre d'immeubles ruraux appartenant au domaine. Les concessionnaires de ces immeubles sont tenus d'y construire des bâtiments d'exploitation, d'y faire des travaux d'assainissement, de mettre les terres en culture dans un délai fixé, de faire des plantations, de greffer des oliviers, etc., de payer, en outre, au domaine une redevance annuelle fixée ordinairement à un franc par hectare.

Après la révolution de février, l'Algérie joua un grand rôle dans les utopies gouvernementales. Des milliers de bras étaient inoccupés, on résolut de s'en servir pour hâter la colonisation de l'Afrique française. L'assemblée nationale mit une grande précipitation à voter un crédit de cinquante millions pour l'établissement de colonies agricoles : nouvelle expérience qui a coûté quelques milliers d'hommes et quelques millions de francs.

L'échec subi par les colonies qu'on avait voulu fonder en 1848, plutôt pour débarrasser Paris et les grandes villes de la partie la plus turbulente de leur population, a exercé une influence funeste sur l'immigration européenne dans notre colonie. L'administration se vit dès lors obligée d'agir très prudemment, et de ne reprendre le travail de la colonisation qu'avec la certitude de réussir. Elle se livra à de longues études sur le sol, et sur le mode qu'il convenait d'adopter pour constituer la propriété et pour établir les futurs immigrants. Cette période d'études préparatoires terminée, on s'est mis définitivement à l'œuvre.

Jusqu'alors les villages agricoles avaient été l'œuvre exclusive de l'administration, qui les avait fondés avec des crédits alloués au budget de l'État. C'est l'admi-

nistration seule qui, indépendamment des travaux publics qu'exigent les créations de ce genre, avait dû
aider les colons dans leur période d'installation, sub-
venir en grande partie à leurs besoins par des secours
de toute espèce, souvent même construire elle-même
les maisons destinées à abriter les premiers habitants
de ces centres. Mais cette charge, si lourde au point
de vue des dépenses publiques, ne pouvait se per-
pétuer. Il fallait que désormais l'industrie privée
vînt largement en aide à l'État pour continuer l'œuvre
qu'il a entreprise : l'avenir de la colonisation dépendait de ce concours; mais, pour l'obtenir, il fallait
que le gouvernement encourageât de tous ses efforts
l'esprit d'association à se porter en Algérie, pour y
appliquer ses forces au repeuplement du pays et au
développement des cultures.

Au lieu de donner des terres et même des maisons
à des gens ne possédant rien, et ne pouvant faire les
avances nécessaires pour la mise en valeur, on fit
des concessions gratuites à tous ceux qui offraient des
garanties de moralité, de capacité et de fortune suffisantes. On mesura les concessions non plus aux
demandes des colons, mais aux ressources de ceux
qui les feraient valoir. On confia à de riches concessionnaires, à des compagnies disposant de capitaux
importants, la création de villages étudiés et préparés
par l'administration. C'est ainsi que la compagnie
genevoise des colonies de Sétif, constituée par le décret du 26 avril 1853, put créer plusieurs villages à
l'aide de familles recrutées en Suisse, dans le Pié-
mont et en France.

D'après le *Tableau de la situation des établissements
français en Algérie* publié par le gouvernement en

23

1856, le total des concessions, tant urbaines que rurales, faites depuis l'occupation jusqu'au 31 décembre 1854, était de 17,046 pour les trois provinces, et comprenait une superficie de 194,023 hectares. Dans ce tableau étaient comprises les concessions faites depuis la législation de 1853 sur cette matière et dont le chiffre s'élevait à 1,771, formant une superficie de 50,334 hectares, dont 20,000 concédés à la compagnie genevoise.

Malheureusement ce régime des concessions gratuites amena des abus. Le trafic des concessions était devenu si ordinaire, qu'il n'était pas rare de voir des individus ne demander des concessions que lorsqu'ils avaient trouvé un acquéreur. Il fut même question de restreindre les espaces illimités que les Arabes parcouraient avec leurs troupeaux, de cantonner les Arabes afin de livrer à la culture européenne des espaces plus considérables. Mais il ne fut pas donné suite à ce projet, qui avait soulevé parmi les Arabes les plus vives inquiétudes; et le sénatus-consulte du 22 avril 1863 inaugura un nouveau système de colonisation basé principalement sur la libre transmission des biens entre Européens et indigènes.

Dès lors le régime de la concession gratuite des terres n'avait plus sa raison d'être : donner pour rien ce que d'autres pouvaient vendre, c'était, en effet, déprécier la valeur des terres et empêcher les transactions sérieuses; un décret du 31 décembre 1864 substitua à la concession gratuite le système des ventes à prix fixe et à bureau ouvert pour l'aliénation des terres domaniales en Algérie. Toutefois la gratuité était maintenue exceptionnellement pour le cas où les besoins de la défense, ou tout autre motif d'ordre public, nécessiteraient, sur un point avancé du pays, la création de nouveaux centres de population.

Ainsi réduite à ses propres forces, l'initiative individuelle ne produisit, jusqu'en 1869, que des résultats peu importants sous le rapport du peuplement et de la colonisation. Le gouvernement résolut alors de lui venir en aide de nouveau, et de créer lui-même des centres de population. Onze villages ou hameaux, comprenant 437 feux et 15,382 hectares, allaient être installés par les soins de l'administration, quand la guerre contre la Prusse fit ajourner ces projets à des temps meilleurs.

Aussitôt après la signature du traité qui enlève à la France deux de ses plus belles provinces, l'assemblée nationale, par deux lois successives, prit les mesures nécessaires pour que les habitants de l'Alsace et de la Lorraine qui voudraient quitter leur pays et passer en Algérie, y trouvassent de bonnes terres mises à leur disposition par l'État.

Enfin le décret du 16 octobre 1871 vint jeter les nouvelles bases de la colonisation qui ont persisté jusqu'à nos jours. Les principales dispositions de ce décret ont pour but d'assurer le peuplement par l'obligation de la résidence; d'empêcher le retour de la cédée aux indigènes; de favoriser l'élément d'origine française pour laisser à notre colonie sa physionomie nationale; d'éviter enfin le gaspillage des ressources mises à la disposition des nouveaux colons.

Les modifications apportées à ces dispositions par le décret du 15 juillet 1874 ont pour but de réduire de neuf à cinq le nombre des années de location imposées au concessionnaire avant la remise du titre définitif de propriété, et de lui faciliter l'exploitation de sa concession en lui permettant de transporter ses droits à titre de garantie des prêts qui pourraient lui être consentis.

Depuis le décret du 16 octobre 1871 jusqu'au mois de mars 1874, 877 familles, comprenant 4,205 personnes, reçurent des concessions, et furent installées sur le sol algérien.

Plusieurs sociétés sollicitèrent et obtinrent des concessions de terres en se conformant aux prescriptions du décret de 1874, c'est-à-dire en s'engageant à construire et à peupler un ou plusieurs villages, et de consentir la rétrocession des terres au profit de familles d'ouvriers ou de cultivateurs d'origine française. C'est ainsi que la société d'Haussonville, dite des Alsaciens-Lorrains, a pu créer deux villages : Azib-Zainoun, aujourd'hui Haussonville et Bou-Khalfa. Une autre société, à la tête de laquelle se trouvent plusieurs conseillers généraux du département d'Alger, a également obtenu des concessions de terres et créé plusieurs villages.

De 1871 au 1er septembre 1875, il a été affecté à la colonisation 247,190 hectares ; il a été créé 113 villages ou hameaux, savoir : 33 dans la province d'Alger, 31 dans la province d'Oran, et 49 dans celle de Constantine ; enfin, pendant cette même période, 18 centres anciens avaient reçu un accroissement de territoire. Depuis cette époque, le mouvement continue dans les mêmes proportions.

D'après le dénombrement de 1876, la population de l'Algérie s'élevait à 2,816,575 habitants, Européens et indigènes, non compris l'effectif des troupes, qui était de 51,051 hommes. Cette population se compose de trois classes ou races principales : les Kabyles ou Berbères, qui sont les aborigènes, les premiers habitants du pays; les Arabes, issus de la conquête musulmane; les colons français et autres Européens. A ces trois classes il convient d'ajouter quelques classes secondaires relativement peu importantes.

La population coloniale, en 1839, ne comptait guère que 23,000 individus environ. En six années, sous le gouvernement du maréchal Bugeaud, le nombre des colons s'éleva presque subitement de 23 à 96,000. En 1863, la population européenne de l'Algérie n'est pas moindre de 210,000. Et l'on peut déjà remarquer en passant que le doublement de la population coloniale a eu lieu, en Algérie, en moins de dix-huit ans, au lieu qu'en Amérique le doublement de cette même population n'a lieu que tous les vingt-cinq ans. Depuis cette époque, les colons algériens ont continué de s'accroître à peu près dans les mêmes proportions. En 1876, la population européenne (Français, étrangers et Israélites naturalisés) était de 344,749, non compris les troupes ni la population en bloc. Dans ce total, les Français figurent pour 156,365; les Israélites naturalisés sont au nombre de 33,312; les étrangers enfin, au nombre de 157,072, répartis en différentes nationalités; de telle sorte que la population européenne présente la proportion suivante : les Français et les Israélites naturalisés, 57 pour 100; les Espagnols, 25 pour 100; les Italiens, 6 pour 100; les Anglo-Maltais, 4 pour 100; les autres nationalités, Allemands, Suisses, Portugais, Belges, etc., 8 pour 100.

On voit que l'élément français, qui, dans les premières années de l'occupation, était bien inférieur à l'élément étranger, le domine aujourd'hui.

Pour donner une idée de la marche progressive de la population à partir de la conquête, nous allons mettre sous les yeux du lecteur le chiffre qu'elle a atteint de cinq ans en cinq ans, depuis cette époque jusqu'à la fin de 1876.

Au 31 décembre 1830, 602; — en 1835, 7,812; — en 1840, 27,865; — en 1845, 95,321; — en 1851, 131,283; — en 1856, 159,252; — en 1861, 192,746; — en 1866, 218,000; — en 1872, 279,691; — en 1876, enfin, 344,749.

Malgré cet accroissement, le chiffre de la population européenne est encore loin de ce qu'il devrait être pour l'exploitation de cette vaste contrée. La population indigène elle-même est insuffisante pour les nécessités de la production agricole. Qu'est-ce que deux millions huit cent mille habitants pour quarante millions au moins d'hectares, soit un habitant pour seize hectares environ?

Aussi la main-d'œuvre est-elle chère, et une partie de la récolte, les fourrages notamment, se perd faute de bras.

Le seul remède à cette situation est l'accroissement de la population européenne par l'émigration; aussi l'émigration ne saurait être trop encouragée.

Le second élément de la population de l'Algérie est l'élément indigène. Il devient de jour en jour plus difficile de bien distinguer les Kabyles des Arabes, parce qu'un grand nombre de tribus ou de fractions de tribus d'origine berbère ont adopté la langue arabe. Aussi les derniers dénombrements de la population en Algérie ne distinguent-ils plus les Kabyles ou Berbères des Arabes. Le recensement de 1861, fait par les bureaux arabes, donnait pour résultat le chiffre de

2,732,851 âmes pour l'ensemble de la population indigène ou non européenne, y compris 358,760 Arabes
fixés dans les villes. Dans ce chiffre, les deux grandes
classes d'indigènes n'étaient pas distinguées, et il
faut recourir au recensement de 1857 pour trouver des
renseignements précis sur l'importance de chacune
de ces classes. En 1857, les Arabes étaient au nombre
de 1,385,432, non compris les Arabes des villes, ce qui
eût pu donner 1,500,000 en chiffre rond; on ne comptait, au contraire, que 959,381 Kabyles ou Berbères.
Ces derniers étaient donc aux Arabes à peu près comme
deux est à trois. Mais le dénombrement de 1872, fait
à la suite de la terrible épidémie cholérique de 1867, de
la grande famine de 1868 et de la sanglante insurrection de 1871, accusait une notable diminution de la
population indigène; on ne comptait plus alors que
2,125,052 musulmans, Arabes ou Kabyles. Cette diminution portait presque exclusivement sur l'élément
arabe, de telle sorte que, depuis cette époque, on
peut dire que les deux éléments de la population indigène sont d'une égale importance. Le dénombrement de 1876 a permis de constater un accroissement
notable de la population musulmane : ce dénombrement porte, en effet, à 2,462,936 le nombre des
Arabes et des Berbères répandus sur toute la surface
de l'Algérie.

A côté de ces trois races principales, les Arabes,
les Kabyles et les Européens, qui comprennent la
plus grande partie de la population algérienne, il faut
signaler quelques races secondaires de moindre importance : ce sont les Maures, les Koulouglis, les
Juifs et les nègres. Le Maure est l'habitant indigène
des villes, et surtout des villes du littoral. Les Kou-

louglis proviennent du mélange des Turcs avec les femmes mauresques; cette race est à peu près disparue. Les Juifs sont nombreux en Algérie, 34,000 environ; ils se livrent généralement à de petites industries; mais beaucoup, comme banquiers et négociants, ont acquis des fortunes considérables, et depuis qu'un décret de 1870 les a naturalisés en bloc, ils ont les mêmes droits civils et politiques que les Français eux-mêmes.

Malgré les obstacles qui retardent son développement, les progrès accomplis dans l'œuvre de la colonisation algérienne sont manifestes. Le développement des cultures y marche de pair avec celui de la population; les cultures industrielles y prennent chaque année une extension nouvelle, et les grandes industries qui tendent à s'établir dans le pays contribueront puissamment au progrès de la civilisation. Déjà on a pu constater les progrès accomplis aux grandes expositions organisées depuis trente ans, tant en France qu'à l'étranger. Aucune ne s'est passée sans que l'Algérie ait tenu à honneur d'y figurer.

A l'exposition universelle de 1855, l'Algérie comptait déjà cinq cent vingt-deux exposants et obtenait deux cent cinquante récompenses. Le nombre des exposants et des récompenses obtenues n'a fait que s'accroître depuis cette époque. Partout, à l'exposition universelle de Vienne de 1873, comme à l'exposition universelle de Paris de 1878, les produits nombreux et variés de l'Algérie attiraient un grand concours de visiteurs qui les examinaient avec le plus vif intérêt.

Nous avons déjà énuméré dans notre premier chapitre quelles étaient les productions du sol algé-

rien; nous ajouterons seulement ici quelques renseignements statistiques sur les principales d'entre
elles.

Autrefois l'Algérie était le grenier de Rome. A
l'époque de l'occupation française, elle était bien
déchue de cette antique gloire et allait chercher au
dehors des quantités considérables de grains et de
farine pour son alimentation. Aujourd'hui, non seulement elle se nourrit elle-même, mais elle exporte
l'excédant de ses récoltes.

La superficie cultivée en céréales (blé, orge et
avoine) était, en 1876, de 2,959,069 hectares; la récolte était de 18,319,707 quintaux métriques. La récolte
pour cinq années, 1872 à 1876, avait été de 78,561,682
quintaux métriques. L'Algérie livra, pendant cette
même période, 8,929,692 quintaux à l'exportation,
représentant une valeur de 207,178,692 francs. Ces
quelques chiffres suffisent pour montrer les développements pris par la culture des céréales.

La vigne a trouvé en Algérie un sol et un climat
qui lui conviennent à merveille. Dans le principe,
chaque colon importait en Algérie les cépages et les
procédés de fabrication de son pays d'origine. L'expérience a aujourd'hui démontré que les cépages qui
réussissent le mieux sont ceux du Languedoc. En 1876,
la superficie des terrains plantés en vignes était de
12,868 hectares; le rendement moyen, de 50 hecto-
litres par hectare : ce qui donne, à raison de 25 à
30 francs l'hectolitre, un produit annuel de 12 à
1,500 francs.

Indépendamment des vins rouges des environs
d'Oran, de Mascara et de Tlemcen, qui sont très
appréciés, on peut signaler certains vins blancs des

territoires de Bone et de Douera, et les vins de dessert, secs et doux, des vignobles de Médéah et de Pélissier.

Une autre culture d'importation française est celle du tabac, qui a pris des développements considérables. Introduite en 1844 par trois colons sur une superficie de 1 hectare 42 ares, elle donnait une récolte de 2,007 kilogrammes. Dès 1856, la récolte était de plus de 3,000,000 de kilogrammes. En 1877, la culture du tabac s'était étendue sur 7,141 hectares, et donnait un rendement total de 5,105,929 kilogrammes; en moyenne, on peut estimer de 1,000 à 1,500 francs le revenu brut de 1 hectare de terre planté en tabac, et de 8 à 900 francs le revenu net.

Le rapport officiel de l'exposition de Vienne, en 1873, constate que l'art de préparer le tabac est arrivé, en Algérie, à une très grande perfection, et que nulle part ailleurs on ne fabrique mieux et à meilleur marché.

La culture et la préparation du tabac y sont complètement libres. L'État n'intervient que par les achats qu'il fait aux producteurs. Sur les 5,000,000 de kilogrammes de tabac produits chaque année, l'État, par l'intermédiaire de la régie, en achète en moyenne 4,000,000, représentant une valeur de 3,000,000 de francs environ.

Le reste de la production coloniale trouve son placement soit dans la consommation algérienne, soit dans l'exportation, qui, en 1873, atteignait le chiffre de 776,000 kilogrammes, et se trouvait réduite en 1875 à 471,000.

La production de la soie et du coton n'a pas suivi les mêmes développements.

La culture du coton en Algérie n'est pas d'importation française. Les historiens arabes parlent avec admiration des magnifiques plantations de cotonniers qui couvraient autrefois le sol algérien; mais cette culture avait presque entièrement disparu au moment de l'occupation française. Depuis lors, plusieurs essais ont été faits dans les départements d'Alger et d'Oran, et furent l'objet d'encouragements tout particuliers. L'empereur Napoléon III donna pendant cinq ans, sur sa cassette particulière, une somme de vingt mille francs pour cet objet. Aussi cette culture, à laquelle douze ans auparavant quelques hectares à peine étaient consacrés, occupait-elle en 1855 près de 4,000 hectares. Mais une étude attentive de la nature de la plante et des conditions dans lesquelles elle peut prospérer a fait reconnaître que les Algériens, impuissants à lutter avantageusement avec les pays producteurs des cotons à bon marché, doivent concentrer leurs efforts sur la production du coton de luxe dit *longue soie,* qu'ils peuvent obtenir de qualité très supérieure. La vérité est que l'exportation des cotons de l'Algérie, qui était encore en 1870 de 347,900 kilogrammes, représentant une valeur de 700,000 francs, est tombée en 1876 à 75,300 kilogrammes, valant 150,000 francs. On peut toutefois évaluer à 400,000 hectares l'ensemble des terres susceptibles, en Algérie, de produire le cotonnier dans de bonnes conditions.

La production de la soie, au lieu de suivre une marche ascendante, a donné des résultats de moins en moins satisfaisants. En 1853, l'Algérie comptait 335 éducateurs du ver à soie, qui livrèrent à la pépinière centrale 13,000 kilogrammes de cocons; en 1855, le nombre des éducateurs n'était plus que de 130, qui fournirent seulement 2,544 kilogrammes de cocons. Cette industrie a subi un nouvel arrêt pendant ces dernières années par suite du manque de débouchés, et surtout de la maladie qui a sévi sur le ver et la graine. Les primes accordées et la subvention donnée aux filatures ont amélioré la situation. A la fin de 1876, le nombre des éducateurs était de 150, ayant récolté 6,156 kilogrammes de cocons.

Le lin et le chanvre sont maintenant cultivés en Algérie, et leur culture tend à s'étendre de jour en jour davantage, tout en étant encore loin d'atteindre le développement qu'elle prendra le jour où les colons auront trouvé un débouché assuré pour leurs pro- ‘ duits.

En 1867, la culture du lin s'étendait, en Algérie, sur une superficie de 3,000 hectares. Pendant l'année 1876, 1,177 planteurs ont cultivé 5,555 hectares de lin, qui ont rapporté 3,700,000 kilogrammes de graines et 16,200 kilogrammes de filasse. Le commerce de graines de lin a donné lieu depuis 1867 à une exportation régulièrement croissante.

Les quatre variétés de chanvre dont la culture a été tentée en Algérie ont donné des résultats encourageants. Le chanvre donne un rendement moyen de 1,000 à 1,200 kilogrammes de filasse par hectare.

Il est un autre produit du sol algérien, produit pour ainsi dire spontané, et qui ne coûte d'autre travail que celui de la récolte : ce sont les fourrages. « Dès les premiers jours de pluie, en novembre, les plaines, les vallées, les coteaux et les plateaux se couvrent d'une abondante végétation, qui, au printemps, atteint de

un mètre à un mètre cinquante de hauteur. » Aussi
l'Algérie, qui a eu le mérite, pendant la guerre de
Crimée, de fournir aux armées de la mère patrie de
larges approvisionnements en orges, farines, biscuits,
bois, chevaux même, leur a également fourni des
quantités énormes de fourrages. Chaque année l'Algérie en exporte encore d'assez grandes quantités,
et en exporterait même davantage, si, faute d'argent, faute de bras, faute de routes, faute de débouchés, les colons n'avaient pas tous les ans la
douleur de laisser sécher sur pied la presque totalité
des foins qui au printemps couvrent les terres de
l'Algérie.

Si l'on consulte le tableau du commerce général de
l'Algérie, on peut voir que les exportations ont pris
depuis la conquête une marche ascendante régulière,
en rapport avec l'augmentation de la population, et
que le mouvement des importations, au contraire, se
ralentit de plus en plus. En 1876, sur un chiffre total
de 380,062,977 francs, les importations figurent pour
une somme de 213,352,396, et les exportations pour
166,538,580; c'est-à-dire que les importations forment
environ les 57 centièmes, et les exportations les 43 centièmes du total général.

Pour faciliter les transactions du commerce et l'écoulement de tous les produits algériens, il était nécessaire que l'administration s'occupât activement de
leur procurer des débouchés en reliant par de bonnes
voies de communications les régions de l'intérieur
au littoral. « Les centres colonisés, dit la notice publiée par les commissaires délégués à l'exposition de
l'Algérie en 1878, sont généralement échelonnés sur
les routes, ou placés tout au moins à leur proxi-

mité, de manière à faciliter les relations quotidiennes de la vie, les échanges et l'écoulement des produits. »

Cinq grandes routes nationales, vingt routes départementales s'embranchant sur les premières, desservent les principaux centres; cinquante chemins vicinaux de grande communication, et autant de chemins vicinaux et ruraux qu'il en faut pour satisfaire aux besoins des communes et des propriétaires terriens : tel est l'ensemble des moyens de communication qui relient actuellement entre eux les différents points de l'Algérie. Le développement total de ces routes est de 7,267 kilomètres.

L'Algérie ne tardera pas à posséder en outre un réseau complet de chemins de fer, dont le principal sera relié au Maroc et à la Tunisie; sur cette ligne centrale et parallèle à la Méditerranée viendront s'embrancher de nombreuses lignes allant du littoral au sud des trois provinces. Nous pouvons donner dès maintenant la nomenclature des lignes exploitées ou qui le seront prochainement : Ligne d'Alger à Oran, ouverte en 1871; — de la Maison-Carrée à Ménerville, ouverte en 1870; — du Tlelat à Sidi-Bel-Abbès, ouverte en 1877; — d'Arzeu à Saïda, ouverte en 1879; — de Philippeville à Constantine, ouverte en 1870; — de Constantine à Sétif, ouverte en 1879; — de Bone à Aïn-Mokhra, ouverte en 1862; — de Bone à Guelma, ouverte en 1877; — de Guelma au Khroub, par Hamman-Meskhroutin, ouverte en partie en 1879; — de Bône à Souk-Ahrras, par Duvivier, ouverte en 1879. Ces différentes lignes forment un développement total de 1,323 kilomètres.

Bien qu'il reste encore des travaux considérables à exécuter pour compléter le réseau définitif des voies de communication, on ne saurait méconnaître que l'Algérie est déjà, sous ce rapport, un pays des mieux dotés, et que l'État a fait dans le passé et fait encore chaque jour des sacrifices considérables pour cet objet.

Les intérêts moraux et intellectuels de la colonie ont été et sont encore l'objet d'une vive sollicitude. On peut suivre, dans le tableau général de la population scolaire en Algérie, de 1836 à 1877, dressé par M. de Salve, recteur de l'académie d'Alger, la progression croissante qu'a suivie la fréquentation de nos diverses écoles. Elles réunissaient déjà en 1850 les dix centièmes de la population européenne; et en 1855 l'enseignement primaire comptait 178 écoles de garçons, 119 écoles de filles, et 67 salles d'asile. Aujourd'hui toutes les communes de l'Algérie possèdent au moins une école publique. Le nombre des écoles primaires est de 662, dont 232 de garçons, 229 de filles et 201 mixtes. Le nombre des élèves est de 51,592, non compris les salles d'asile et les orphelinats; ce qui fait que les écoles ouvertes pour l'enseignement des Européens réunissent un peu plus du cinquième, presque le quart de la population européenne. Aucun État de l'Europe n'est, à cet égard, aussi avancé.

L'enseignement secondaire est donné en Algérie dans onze établissements publics, dont deux lycées, ceux d'Alger et de Constantine, neuf collèges communaux et quatre libres.

L'enseignement supérieur comprend l'école préparatoire de médecine et de pharmacie d'Alger et les cours publics d'arabe établis à Alger, à Oran et à Constantine.

En résumé, la situation de l'Algérie s'améliore chaque année. L'œuvre de la conquête est entièrement terminée; celle de la colonisation s'avance, et les résultats déjà obtenus permettent de compter sur l'avenir le plus prospère de la France africaine.

FIN

TABLE

PREMIERE PARTIE

CHAPITRE I.

CHAPITRE II

CHAPITRE III

L'AFRIQUE CHRÉTIENNE

CHAPITRE IV

TABLE 371

CHAPITRE V

PÉRIODE TURQUE (de 1516 à 1830). — Origine d'Aroudj (Barberousse). — Ses premières entreprises. — Il s'établit à Tunis. — Il est rejoint par son frère Kaïr-ed-Din. — Aroudj est blessé en voulant s'emparer de Bougie. — Les deux frères Barberousse se rendent maîtres de Djidjelli.—Leur politique à cette occasion à l'égard du sultan de Constantinople. — Nouvelle et inutile tentative d'Aroudj contre Bougie. — Il est appelé à Alger par Salem-ben-Toumi pour l'aider à délivrer cette ville des Espagnols. — Accueil qu'il reçoit des Algériens. — Aroudj fait mourir Salem et se proclame roi d'Alger. — Il appelle son frère auprès de lui. — Il s'occupe de l'administration et se place sous la protection du Grand Seigneur, dont il se déclare vassal. — Accroissement de sa puissance.— Tentative de l'Espagne contre Alger.— Elle échoue complètement. — Aroudj s'empare de Tlemcen, et s'en fait proclamer sultan. — Ses cruautés. — Les Espagnols reprennent Tlemcen.—Aroudj s'enfuit et est tué sur les bords du Rio-Salado.— Portrait d'Aroudj-Barberousse. — Organisation de l'Odjac. — Khaïr-ed-Din, Barberousse II, est proclamé roi ou bey d'Alger. — Nouvelle expédition des Espagnols, dirigée par Hugues de Moncade. — Elle échoue comme la première. — Cruauté de Barberousse II envers les prisonniers. — Il est élevé à la dignité de pacha. — Ses projets sur Tlemcen. — Il fait monter sur le trône de cette ville un prince qui lui est dévoué. — Il s'empare de Mostaganem, de Ténès et de Mazouna. — Il résiste à la fois au bey de Tunis et aux Algériens révoltés. — Ses

CHAPITRE VI

CHAPITRE VII

TABLE 373

SECONDE PARTIE

CHAPITRE I

TABLE - 375

CHAPITRE II

CHAPITRE III

CHAPITRE IV

CHAPITRE V

Commission nommée pour l'examen des affaires d'Afrique. — Ordonnance du 24 juillet 1834 sur l'organisation politique des *possessions françaises dans le nord de l'Afrique*. — Institution d'un gouverneur général. — Ses attributions. — Le général Drouet d'Erlon premier

TABLE 377

CHAPITRE VI

CHAPITRE VII

Le général Bugeaud nommé maréchal de France. — Le duc d'Aumale gouverneur de la province de Constantine. — Situation d'Abd-el-Kader et de la deïra. — Le maréchal gouverneur s'occupe des travaux de la colonisation. — Expédition sur Biskara ou Biskra. — Résultats de cette campagne. — Les émissaires d'Abd-el-Kader. — Soulèvement des Flissas. — Leur châtiment. — Abd-el-Kader cherche à reconstruire sa puissance dans le Riff, province du Maroc. — Plaintes du gouvernement français à l'empereur du Maroc. — Réponse de ce souverain. — Violation du territoire français par les troupes marocaines. — Le maréchal gouverneur franchit la frontière du Maroc. — Bataille

TABLE 379

CHAPITRE VIII

CHAPITRE IX

CHAPITRE X

CHAPITRE XI

TABLE 381

FIN DE LA TABLE

BIBLIOTHÈQUE DE LA JEUNESSE CHRÉTIENNE

FORMAT IN-8° — 1re SÉRIE

RELIGION — MORALE

BIENFAITS DU CATHOLICISME dans la société, par M. l'abbé Pinard.

GÉNIE DU CATHOLICISME (le), par M. l'abbé Pinard.

PENSÉES DE PASCAL sur la religion, par l'abbé V. Rocher, chanoine d'Orléans.

LES APOLOGISTES DU CHRISTIANISME AU XVIIe SIÈCLE

6 Volumes publiés sous la direction de Mgr Dupanloup, évêque d'Orléans, par M. l'abbé V. Rocher, chanoine d'Orléans.

PENSÉES DE LEIBNITZ sur la religion et la morale, par M. Émery.

PENSÉES DE BACON, KEPLER, NEWTON ET EULER sur la religion et la morale.

PENSÉES DE DESCARTES sur la religion et la morale, recueillies p. M. Émery.

EXPOSITION DES PRINCIPALES VÉRITÉS DE LA FOI, tirée des ouvrages de Fénelon, par M. l'abbé Dupanloup.

Ce volume n'est que la première partie du Christianisme présenté aux hommes du monde par Fénelon, ouvrage recueilli et mis en ordre par M. l'abbé Dupanloup, aujourd'hui évêque d'Orléans. (Rocher, éditeur à Paris.)

DÉMONSTRATION DU CHRISTIANISME, tirée des Œuvres de Bossuet, 2 vol.

LA DOCTRINE CATHOLIQUE, exposée par Bourdaloue et Massillon.

ŒUVRES LITTÉRAIRES

BOSSUET DE LA JEUNESSE, par Saucié.

BUFFON (œuvres choisies).

P. CORNEILLE (chefs-d'œuvre).

FÉNELON (œuvres choisies).

FLEURS DE LA POÉSIE FRANÇAISE.

FLEURS DE L'ÉLOQUENCE.

FRAYSSINOUS (conférences choisies).

LITTÉRATURE FRANÇAISE (histoire de la), par M. Saucié.

SÉVIGNÉ (choix de lettres de Mme de).

PIERRE SAINTIVE, par Louis Veuillot.

RACINE (œuvres choisies).

SILVIO PELLICO (œuvres choisies).

TABLEAU DE LA LITTÉRATURE ALLEMANDE, par Mme Amable Tastu.

TABLEAU DE LA LITTÉRATURE ITALIENNE, par Mme Amable Tastu.

TRÉSOR LITTÉRAIRE des jeunes personnes

HISTOIRE ET BIOGRAPHIE DE PERSONNAGES ILLUSTRES

ANGLETERRE SOUS LES TROIS ÉDOUARD, PREMIERS DU NOM (l').

BRETAGNE ANCIENNE ET MODERNE (hist. de la), par Ch. Barthélemy.

CHARLES VI, LES ARMAGNACS ET LES BOURGUIGNONS, par M. Todière.

CHINOIS (les), par M. de Chavannes.

CROISADES (histoire des), abrégé, par MM. Michaud et Poujoulat.

DUCS DE BOURGOGNE (les).

FRANÇAIS EN ALGÉRIE, par L. Veuillot.

FRANÇOIS Ier ET LA RENAISSANCE, par M. de la Gournerie.

FRÈRE PHILIPPE (vie du), par M. Poujoulat.

FRONDE (la) ET MAZARIN, p. M. Todière.

HENRI IV (hist. de), par J.-J.-E. Roy.

HISTOIRE DE L'ALGÉRIE, par Roy.

HISTOIRE DE FRANCE, par Émile Keller; 2 volumes.

IRLANDE (l'), par MM. H. de Chavannes et Huillard-Bréholles.

LOUIS XIV (hist. de), par A. Gabourd.

NAPOLÉON Ier, EMPEREUR DES FRANÇAIS (histoire de), par A. Gabourd.

PHILIPPE-AUGUSTE, par M. Todière.

QUATRE DERNIERS VALOIS (hist. des).

RÉVOLUTION FRANÇAISE (histoire de la), par M. Poujoulat; 2 volumes.

ROME ET LORETTE, par Louis Veuillot.

SAINT AUGUSTIN (histoire de), par M. Poujoulat; 2 volumes.

THOMAS MORUS ET SON ÉPOQUE.

TURQUIE (histoire de), par Barthélemy.

VOYAGES

DEUX ANS DANS L'AFRIQUE ORIENTALE, par Émile Jonveaux.

NAPLES, LE VÉSUVE ET POMPÉI.

PÈLERINAGES DE SUISSE (les), par Louis Veuillot.

SOUVENIRS ET IMPRESSIONS DE VOYAGE, par le vicomte Walsh.

OUVRAGES DE SCIENCE VULGARISÉE

ANIMAUX A MÉTAMORPHOSES (les), par Victor Meunier.

ANIMAUX D'AUTREFOIS (les), par le même.

ARCHÉOLOGIE CHRÉTIENNE, par M. l'abbé J.-J. Bourassé.

BOTANIQUE ET PHYSIOLOGIE VÉGÉTALE, par M. Jéhan.

CHASSES DANS L'AMÉRIQUE DU NORD (les), par Bénédict-Henry Révoil.

CULTURE DE L'EAU (la), par C. Millet.

ENTRETIENS SUR LA CHIMIE, par M. Ducoin-Girardin.

ENTRETIENS SUR LA PHYSIQUE, par M. Ducoin-Girardin.

ESPRIT DES OISEAUX (l'), par Berthoud.

ESPRIT DES PLANTES (l'), par Grimard.

FERME-MODÈLE, par M. de Chavannes.

GÉOLOGIE CONTEMPORAINE (la), par M. l'abbé G. Chevalier.

LA BÊTE, par le R. P. de Bonniot.

LEÇONS D'ASTRONOMIE, par Desdouits.

PÊCHES DANS L'AMÉRIQUE DU NORD, par Bénédict-Henry Révoil.

PIERRES ET MÉTAUX, par A. Mangin.

PLANTES UTILES (les), par A. Mangin.

POISONS (les), par A. Mangin.

SCIENCE ET LES SAVANTS AU XVIe SIÈCLE (la), par Paul-Antoine Cap.

SERVITEURS ET COMMENSAUX DE L'HOMME, par Saint-Germain Leduc.

TABLEAU DE LA CRÉATION, par M. Jéhan; 2 volumes.

2509. — Tours. Impr. Mame.

Imprimé en France
FROC02n1318260914
13785FR00008B/79/P